中国社会科学院　学者文选

沈有鼎集

中国社会科学院科研局组织编选

中国社会科学出版社

图书在版编目（CIP）数据

沈有鼎集／中国社会科学院科研局组织编选. —北京：中国社会
科学出版社，2006.12（2018.8 重印）
（中国社会科学院学者文选）
ISBN 978-7-5004-5908-8

Ⅰ.①沈…　Ⅱ.①中…　Ⅲ.①沈有鼎（1908~1989）—文集
②逻辑—文集③哲学—文集　Ⅳ.①B261-53

中国版本图书馆 CIP 数据核字（2006）第 136260 号

出 版 人	赵剑英
责任编辑	李树琦
责任校对	周　昊
责任印制	李寡寡

出　　版	中国社会科学出版社
社　　址	北京鼓楼西大街甲 158 号
邮　　编	100720
网　　址	http：//www.csspw.cn
发 行 部	010-84083685
门 市 部	010-84029450
经　　销	新华书店及其他书店

印刷装订	北京市十月印刷有限公司
版　　次	2006 年 12 月第 1 版
印　　次	2018 年 8 月第 2 次印刷

开　　本	880×1230　1/32
印　　张	12.625
字　　数	301 千字
定　　价	79.00 元

凡购买中国社会科学出版社图书，如有质量问题请与本社营销中心联系调换
电话：010-84083683

出 版 说 明

一、《中国社会科学院学者文选》是根据李铁映院长的倡议和院务会议的决定，由科研局组织编选的大型学术性丛书。它的出版，旨在积累本院学者的重要学术成果，展示他们具有代表性的学术成就。

二、《文选》的作者都是中国社会科学院具有正高级专业技术职称的资深专家、学者。他们在长期的学术生涯中，对于人文社会科学的发展作出了贡献。

三、《文选》中所收学术论文，以作者在社科院工作期间的作品为主，同时也兼顾了作者在院外工作期间的代表作；对少数在建国前成名的学者，文章选收的时间范围更宽。

中国社会科学院

科研局

1999 年 11 月 14 日

目　　录

中国名辩思想

哲　　学

其　　他

编 者 的 话

　　沈有鼎先生（1908—1989）字公武，生于上海市。他是当代中国逻辑学家、哲学家。1929 年沈先生毕业于清华大学哲学系，同年考取公费留学美国哈佛大学。他师从 H. M. 舍弗和 A. N. 怀特海，于 1931 年获硕士学位。同年至德国海德堡大学和弗赖堡大学访问研究。1934 年回国后，他历任清华大学、北京大学教授。1955 年调任中国科学院哲学研究所（现为中国社会科学院哲学研究所）研究员。

　　沈有鼎先生学贯古今，融汇中西，是蜚声中外的大学者。他的主要研究领域是逻辑学，其重点是数理逻辑和中国古代名辩思想。同时他对中外哲学、佛学与因明、数学、周易、古文字学、语言学、历史学、音乐等都有深入的研究。下文概介沈先生在几个领域里的主要贡献。

　　沈先生是中国早期少数几位数理逻辑学家之一。他对经典命题逻辑、直觉主义命题逻辑、相干命题逻辑、模态命题逻辑等都有很深入的研究。他在数理逻辑领域里的主要贡献是建立了两个新的逻辑演算系统，构成了两个悖论。

　　1.“初基演算”。初基演算是比 Johansson 的极小演算更

"小"的命题演算。建立初基演算的意义在于，从它出发一方面可以逐步扩展为 Johansson 极小演算，Heyting 的构造性命题演算，再到二值演算；另一方面可以逐步扩展为 Lewis 的 S_4、S_5，再到二值演算。初基演算是上述两个方面演算的共同基础，建立初基演算可以加深我们对命题演算构成的理解。同时，初基演算还给出了一种简单而严格的命题演算证明的新的系列标记法。

2. 不依赖量词的部分的纯逻辑演算。所谓"纯逻辑演算"是专指加入了"同一"概念之后的狭谓词演算。纯逻辑演算中不依赖量词的部分是纯逻辑演算中极其微小的部分。这项研究成果从带等词的一阶逻辑中分离出一个完全的、可判定的子系统。沈先生没有按照通常的办法给出本系统的公理，而是采用一种和命题演算中运用真值表判定一公理是否定理的方法相类似的判定方法，把真值表推广为"值表"。而这种方法本身就可以理解为一种公理系统。

3. "所有有根类的类"的悖论。即对于类 A 而言，如果有一个由类组成的无穷级数 A_1，A_2…（不一定都不相同）使得

$$\cdots \in A_2 \in A_1 \in A,$$

则称 A 为无根的；并非无根的类，称为有根的。令 K 是由所有有根类组成的类。假定是无根的，那么有一个由类组成的无穷级数 A_1，A_2，…使得

$$\cdots \in A_2 \in A_1 \in K$$

由于 $A_1 \in K$，A_1 就是一个有根类；由于

$$\cdots \in A_3 \in A_2 \in A_1,$$

A_1 又是一个无根类。但这是不可能的。所以，K 是有根类。因而 $K \in K$，并且我们有

$$\cdots \in K \in K \in K,$$

因此，K 又是无根类。

这一悖论跟所有非循环类的类的悖论以及所有非 n - 循环类的类的悖论一起，形成了一个三体联合。

4. 两个语义悖论。一个是命题：

（1）"我正在讲的不可证明"。

通过简单的论证，可以得出（1）既可证明又不可证明。另一个悖论是（1）的对偶命题：

（2）"我正在讲的可以反驳。"

这个命题既真又假。

沈先生指出，在对所给语言能形式化的东西未做精确刻画时，（1）和（2）只不过分别是两个悖论序列的首项。

悖论问题研究对哲学和逻辑的发展都有深远的意义。

沈先生在数学领域里有两项成果值得注意。一是通常的抽象集合论只讲有序集和良序集，不讲半序集，而沈先生认为半序集和良序集比有序集更为重要。他指出柏克霍夫《格论》（第一版）在定义半序集的积时，这个积不一定是半序集。沈先生发现的半序集的半序集的积的两个新的定义，所定义的积都是半序集，这就克服了柏克霍夫的缺点。在偏序集的积的研究中，他提出实质积和随选集两个新的概念。二是在构造性数学研究中，沈先生指出，要弄清数学中的广义的能行性，纠正布劳维尔所规定的数学的范围，从而划清构造性数学的特定范围，必须（1）严守布劳维尔能行性语言的范围，把布氏系统形式化；（2）遵照古典数学所用的全部形式逻辑，来建立一个包括古典数学和构造性数学的全面数学，并把它形式化。后者尤为重要。这两项形式化工作对推动数学发展既意义重大又极为紧迫。

沈先生在先秦名辩思想研究中取得了多项重要成果。

1. 沈先生在诂解《墨经》中有关逻辑学的文字的基础之上，

以现代逻辑为工具去研究《墨经》的逻辑学，挖掘出《墨经》中许多鲜为人知的逻辑思想。比如，他对"言尽悖"、"非诽"等命题的阐释，揭示了中国古代人对自相矛盾命题的独特悟性；对"兼爱相若，……其类在死蛇"的疏解，揭示出古人对关系命题的本质的深刻理解；对"谓'彼是，是也'不可"的解释，揭示了《墨经》用"彼"、"是"等代词当变项使用的特点；用公式"a∪a＝a"解说《墨经》中"彼彼止于彼，此此止于此"、"彼此彼此"与"彼此同"、"彼此不可彼且此"，揭示出中国古代语言里诸如"牛马"、"夫妻"、"兄弟"等"二名并举"的特殊形式及其推理原则；对"侔"、"止"等辩说方式的巧妙阐释，既揭示了这些辩说方式的一般推理本质，也充分显示了中华民族的思维特点。更重要的是，沈先生揭示了《墨经》的逻辑学体系。《墨经的逻辑学》一书在阐述《墨经》的认识论之后，根据《小取》的规定，依次阐述了辩的目标和功用、名、辞、说和辩的原则及个别方式、《墨经》与各学派的关系等，这就把《墨经》的逻辑体系大体揭举了出来。他指出，"'辞以故生，以理长，以类行'十个字替逻辑学原理作了经典性的总结"。"《墨经》的逻辑学已经超出了论辩术的范围，成为具体科学的研究工具"。他紧紧抓住逻辑是研究推理的这个本质问题，阐述中国古代思想家对归纳、演绎、类比推理的认识历史，指出类推（或推类）是中华民族最为常用的一种推理形式，也是中国古代逻辑不同于西方逻辑和印度因明的最根本的特征。沈先生的《墨经的逻辑学》是中国逻辑史领域里的一部重要著作，它把我国学者对《墨经》逻辑的研究提高到一个新的高度。

2. 沈先生对《墨经》四篇的编制的研究，也是一项值得重视的成果。他在伍非百、栾调甫对此研究的基础上，善者从之，不善者或补充或批驳，提出了许多新的重要见解。他指出，《墨经》之《经上》、《经下》经历了古直行本（有错简前后两种本）、离章直行本、旁行本（出现在牒字之后，实由离章而来）、近世直行本（始于宋刊本）、近世旁行本几个阶段，解决《墨经》四篇的编制问题，将大大有助于校勘。同时，沈先生鉴于诸家对《经上》、《经下》分章（或条）"多寡悉异"，无共同之标准或间架，致使讨论紊乱的情况，参照西方学者对亚里士多德著作标出段行的做法，建议以栾调甫《旁行例》6 条对《墨经》建立一"共同之机械标准"，以方便讨论，克服紊乱。这个建议是很重要的。

3. 沈先生提出并论证中国历史上有 3 个公孙龙。他早年就怀疑《公孙龙子》6 篇是否为先秦的公孙龙所作。20 世纪 70—80 年代，他一连撰写 8 篇论文对此作了深一步的研究。他全面考察了到目前为止所能见到的从战国到东汉文献里反映出来的公孙龙的学说的倾向性，进而同现行 6 篇论述的公孙龙的思想作比较，发现两者"有很多不同的地方"。先秦的公孙龙是"诡辩家"或"潜性的哲学家"，而现行《公孙龙子》的作者"公孙龙"则是"显性的哲学家或逻辑学家"。先秦的公孙龙"不太叫人喜欢，但它有很多辩论技巧可以供人学习"；现行《公孙龙子》作者"公孙龙"是"受了道家的洗礼，是晋代的刑名家按自己的形象改造过的公孙龙，比较令人喜欢"。

沈先生根据他研究的结果，提出中国历史上有 3 位有名的公孙龙：

（1）战国初孔子弟子公孙龙，尹文之师。

（2）战国末辩者公孙龙，和尹文无关联。

（3）晋代人心目中的理想的名家或刑名家"公孙龙"。

（1）和（2）的混淆与（2）和（3）的纠缠并非毫无关联。汉代流传的《公孙龙子》14 篇是（2）的著作，仅有诡论，没有哲学命题，严格遵守辩论规则，可以和芝诺的诡论相媲美，比较能令逻辑研究者满意。后代流行的《公孙龙子》6篇是（2）和（3）的混合，主要是（3）。其中两篇没有诡论，仅有哲学命题；两篇把一些诡论牵强地服务于哲学命题。这些哲学命题是晋代人阐发出来的隐藏在诡论背后并被认为合理内核的哲学前提或其他哲学命题。除《迹府》外的5篇《公孙龙子》基本上是晋代刑名家（如鲁胜、阮裕、爰俞等）按自己的形象完成的创作。5篇虽比14篇更令人喜欢，但其"不三不四"的性质却使一些逻辑研究者大为不满。流行的"公孙龙流入诡辩"的公式十分牵强，是把历史过程整个颠倒了。

抓住反映先秦公孙龙面貌的较早文献作全面的考察，这是破解现行《公孙龙子》作者之谜的一把钥匙。沈先生提出的战国末辩者公孙龙和晋人改造过的"公孙龙"都值得研究，这对我们了解战国末辩者思想与晋代刑名家思想的联系和区别有重要的意义。

4. 沈先生研究先秦名辩思想所遵循的原则和所运用的方法对学术界有重要的指导作用。

他指出，搞学术史的人一定要尊重历史，实事求是，坚决放弃主观主义。研究《墨经》，他首先提出"让《墨经》自己来注释自己"的诂解原则。在校勘方面，没有十分必要的时候不轻易改动原文。在注释方面，要反复比较各种可能的解释，经过了精审的考虑，然后采取一个比较自然最合理的说法；若是找不到一个合理的解释，也不强解。研究惠施，他指出，现存惠施的材料，只有结论，没有论证，是没有逻辑意义的。大家凭想象去猜，虽然有可能猜中，但必定缺乏足够的根据；有时大家猜得不同，也无法判定谁是谁非。因此，与其大家凭自己想象去猜，还不如等待将来某一天再挖出一个"马王堆"来，大家就可以凭古代资料去研究了。这充分反映出一位老专家严肃的科学态度和实事求是的精神。他的话对我国当前的学术界是很有针对性的。

沈先生指出，研究古籍要把文字考辨和思想阐发结合起来。无考辨之功的思想，有时尽管分析得非常巧妙，却往往不是古人的思想。无思想阐发的考辨，有时尽管十分精细，却常常不得思想之要领。针对学术界研究古籍的实际情况，他特别强调学者要加强文字考辨之功，要自己动手做文字考辨工作，而不能"放心地"利用前人的考辨成果。他在古籍研究中，一方面对某些学者不重视考辨提出了尖锐的批评，一方面自己作出榜样，作出成果。

沈先生指出，搞科学研究要提倡科学想象。他说："对古代文献的考据，由于材料的限制，有时不可能得出百分之百可靠的结论，只能凭或然性作出判断，或提出猜想和假设。"又说："大家不妨发挥一下郭老（沫若）所提倡的科学性的'想象力'。"当然，这里所说的想象力不是凭空胡思乱想，而要有根据，并且要用理智和实践去检验想象力所提供的假设。沈先生对古籍的研究中，特别是对公孙龙其人其书的研究中发挥了高超的想象力，得出了一系列假设和猜想，令人拍案叫绝。

20 世纪 30 年代，沈先生研究中国传统文化，提出了许多重要的新见解。

1. 在哲学方面，他提出了中华民族性和哲学关系的新观点。他说，中国人往往悟性很强，那种直觉的本领，当下契悟的机性远过于西洋人和印度人，因此对待事物持一种不分析的态度；中国人又大都看重现实生活，而对现实生活以外的问题不太理会，所以讲究中庸、调和，不走极端。一方面，中国人保持这明澈的悟性，理性的尊崇，客观的态度，调和的综合的精神，这些大有益于哲学和文化的发展；另一方面，中国人不取分析的态度，缺乏彻底清晰的思想活动，缺乏积极的综合的方术和组织思想的能力，因此对于哲学问题不理会，对于哲学系统不努力。因此他得出，中国以往的历史虽然没有多少系统的哲学思想，却处处充满了哲学的精神，中华民族"不愧是一个'哲学的民族'"。他乐观地预言："无论如何，我们现在已经可以知道：哲学在中国将有空前的复兴，中国民族将从哲学的根基找到一个中心思想，足以扶植中国民族的更生。这是必然的现象。"贺麟先生当年评论说，沈先生说出了"非卓有见地的人不敢说的话"。至今仍有学者著文高评沈先生的上述观点。

2. 沈先生早年发表了评王光祈的《东西乐制之研究》一文，反驳某些"自命开明的中国人"以为中国没有什么高尚的音乐，音乐不是中国民族之所长的论点，尖锐地指出："岂知在中国古代，音乐是唯一的艺术，也代表了艺术的一切。古书中惟有关于音乐的记载，才是十足地表现着艺术的眼光的。""音乐无疑地是古代中华民族精神生活的极诣！"又说："在某种意义内，中华民族确是世界上最富有音乐性的民族。它的潜藏着的能力，受着西洋文化的熏习，将起一空前的酝酿与发展。中国民族将在音乐里表现它的沉毅和平苍郁神秘的灵魂。"该文对王光祈所谓中国古代的标准度量衡皆起于黄钟之律说，对古人计算十二律管的方法的评价等予以商榷，并对后者做了精确的计算。该文还对中国俗乐的七律旋宫制的音阶、音值做了细致的论证。这是一篇理论性和技术性都十分强的乐制论文，也是一篇关于中国传统美学的论文。赵元任先生评价说，此文写得很深，许多专家都不一定看得懂。

3. 沈先生对周易有深刻的见解，1936年他在《哲学评论》上发表《周易卦序分析》一文，连标点在内不足200字，指出周易卦序用建构原则而不用平等原则"是以义味深长，后世儒者多不能晓"。又指出，主卦从卦其排列则上篇象天而圆，下篇法地而方。有三序：回互之序，交错之序，顺布之序。"井然森然杂而不乱，学者所宜用心焉"。胡世华先生评论说，这是关于周易卦序的真正科学研究。

沈先生晚年（1972年以后）给王浩先生写过许多讨论学术问题的信，其中就哲学、逻辑、数学等领域的若干重要题目发表了他的看法。

比如，他认为作为方法论的广义的哲学，有不能谨严阐述的方面和世界观很难分开，也有能谨严阐述的方面，它的范畴分析的精确程度可能接近形式逻辑，但就内容说它比形式逻辑的范围更广阔；大体上说，欧洲大陆上的逻辑实证论跟艾耶尔大不相同，后来都多多少少地转向康德哲学，以至于每当考虑逻辑实证论都习惯于只考虑艾耶尔，但这习惯是没有历史根据的，完全错误的；哥德尔自命为柏拉图主义者，但实际上他是随时准备退到康德的立场的；应该有一种哲学所需要的普遍语言和理论，其中有大量之自指语句，此理论可能不出悖论，也可能出局部化的悖论；在普遍的哲学语言问题上，哥德尔的话和维特根斯坦的话在一定程度上沟通起来了；亚里士多德的模态是本体论的，不是纯逻辑的……

又比如，他认为三阶逻辑可以确信不应当叫做纯逻辑，但二阶逻辑似乎有理由要求包括在纯逻辑中；搞清楚构造性集合论和古典逻辑与集合论的根本性的关系是数学基础研究中最为重要也最为迫切的问题；他不赞成布劳维尔那样把数学限制到构造性部分；古典数学不"包括"构造性数学，古典数学和构造性数学二者都"包括"在"模态"数学中。在"归纳论"的计划中间存在有以构造性数学的"精神"解释古典数学的企图，这个计划在哲学上也许是有吸引力的，但其结果从逻辑观点来看将是一个难于处理的系统，或许它只相当于古典数学的必要部分的一个构造性的相容性证明，然而这项结果是极其重要的；连续统问题长久不得解决，是古典集合论的耻辱……关于弗协调逻辑，他谈到了"矛盾局部化"的问题，认为"不包括 $p\bar{p}\to q$ 因而不怕悖论出现的数学系统在一定范围内是可以成功的"，并指出这一工作与构造性数学的两项形式化工作相比，研究方向是相反的。

再比如，他认为，中国语言在精神上似乎生来就是"辩证的"，用汉语表达逻辑思想现在仍旧相当困难；在心思、词、客体这样一个三角关系中，不但从言者看词表达心思，从听者看心思解释词也很重要，词表示客体和心思意指客体似乎也是说不同的关系……

沈先生上述观点是在给同行的信中自由叙述的，也多是他深思之后得到的。进一步研究和发挥他的这些看法可能会得到重要的学术成果。

哲学研究所前任领导邵波同志，现任所长李景源同志，十分关心《沈有鼎集》的编选工作；哲学所逻辑室的刘新文同志，科研处的王平同志承担了一些打字工作。并此志谢。

张清宇　刘培育　诸葛殷同

2004 年国庆节

逻辑与数学

论 表 达 式

　　一表达式不是指一个特殊的有意义的记号（或记号的复合），而是指借助它由任意的约定而使一个特殊的记号（或记号的复合）呈一定意义的一般的型式。特殊的记号（或记号的复合）将称作表达式的一次出现。例如，"3"这个你刚刚读过的记号和你正在读的"3"这个记号以及你现在将要读的一个是同一表达式"3"的三次出现。

　　不过，一个表达式在另一表达式中的一个出现将既不是指一个特殊的记号也不是指构成头一个表达式的一般型式。一个例子将说明这意思。我们说，在表达式"3^3"中有表达式"3"的两个出现。因为表达式"3^3"不是一个特殊的记号，也不是"3"的以其特殊记号的两次出现。而表达式"3^3"是一个一般的型式，"3"在"3^3"中的两次出现不能是一般型式，因为它们是同一个一般型式，即表达式"3"。

　　我们也将说一表达式在另一表达式的某一出现中的出现。在这个场合，"出现"涉及所有特殊的记号（或记号的复合）。

　　一表达式的（在三种意义的第一种意义上的）出现或者是真正的或者是表面上的。在练习书写时一个人写许多表达式而没有实际上"使用"它们。所写下的记号因此只是所涉及的表达式的表面上的出现。

一个使得它的一真正出现只能是在某个其他表达式的一个出现中之出现的表达式，称作带状的表达式。不是带状的表达式说成是可隔离的。这个区别是十分重要的。

作为例子，表达式"是"、"和"、"不"、"看"、"$\sum\limits_{x=1}^{n}$"、"因此"、"是有死的"、"天国中的何种艺术"，都是带状的表达式，而表达式"来！""苏格拉底是有死的"，"$2+7=9$"，"噢，天哪！""柏拉图是人，所有的人是有死的；因此柏拉图是有死的"，是可隔离的。

一个表达式的一次出现，它不是在另一表达式的一个出现中的出现，叫做是一隔离的出现。一个不是隔离的出现叫做一联合的出现。

一个表达式的一真正出现或者是有实效的或者是非有实效的。比如在上面列举的例子中我使用表达式"来！"而没有实际上想让任何人到我处来；所以那里是该命令表达式的一个非有实效的出现，它是在引号内给出的。（注意，我们是说表达式在引号内给出，而不是说带引号的表达式。一般来说，当人们提及一表达式时，他使用引号，引号不是所提及的表达式的一部分。）

一真正的隔离的出现总是一可隔离的表达式的出现，并且总是有实效的。不过，从我们刚才的讨论可知，一可隔离的表达式的一个真正的出现不总是有实效的，因不总是隔离的。并且，甚至一可隔离的表达式的一个真正的有实效的出现也不总是隔离的。这样，在我们所举的最后一个例子（三段论）中，表达式"柏拉图是有死的"的出现，若不因为这三段论仅是作为一个例子，就会是有实效而不是隔离的。

总计有五种表达式的真正的出现：

（1）［可隔离的］表达式的［有实效的］隔离的出现。

（2）可隔离的表达式的有实效的联合的出现。

（3）带状的表达式的有实效的［联合的］出现。

（4）可隔离的表达式的非有实效的［联合的］出现。

（5）带状的表达式的非有实效的［联合的］出现。

在方括号中的形容词是能从不加括号的形容词推知的，因此是可省略的，倘若心中总是记住真正的这形容词的话。

一表达式在另外表达式中的一个出现是有实效的或非有实效的，按照第一个表达式在第二个表达式的一有实效的出现中的相应的出现是有实效的或非有实效的而确定。

一可隔离的表达式的意义完全由表达式能通过它的一个隔离的出现使用的目的确定。借助这个考虑使得我们能够澄清我们的观点，并且回答某些疑难问题。特别是，我们的标准有助于确定不同的表达式的意义相同。这样，两个不同的命令表达式具有相同的意义，当并且仅当它们作出相同的命令；两个不同的感叹词具有相同的意义，当并且仅当它们表达同一个情感；两个疑问表达式具有相同的意义，当并且仅当它们问同一问题；两个直陈表达式具有相同的意义，当并且仅当它们提供相同的信息。因此，如果命题是断言的表达式的意义，那么认为只有二不同命题观点立即就显出是错误的。因为我们知道，不是所有真的断言都提供同一信息，或适用于同一目的。当他应该说"伦敦是英国的首都"时，说"巴黎是法国的首都"的小学生显然是说错了，虽然这两个断言是同样地真的。同样地，并不是所有假的断言，都提供相同的错误信息。

目的是心理的，或者至多不过是超感觉的但仍是经验的。然而，意义可以不是心理的甚至不是经验的。因此，虽则意义是由目的确定的，意义不是跟目的自身等同的。

　　现在可以更清楚地理解表达式的有实效的与非有实效的出现之间的区别了。一可隔离的表达式的一个有实效的出现体现并且满足确定这可隔离表达式的意义的目的。另一方面，一非有实效的出现不满足该目的。比如，令"p"代表"柏拉图是有死的"，"q"代表"苏格拉底是有死的"，表达式"p"在表达式"p·q"中（或者在表达式"p·q"的任何隔离的或至少是有实效的出现中）的出现是有实效的，因为当断定"p·q"是有实效的时，断定"p"是总的断定的要素，也是有实效的。（注意，我写"p"的地方罗素会写成"⊢ p"，"~p"罗素会写作"⊢ ~p"，等等。当我提及命题时，我写作"「p」"。）但是在表达式"~p"中，"p"的出现不是有实效的，因为断定"p"不是否定中（即"~p"中）的一要素。

　　同样地，一带状的表达式的一个有实效的出现满足对于作此表达式是本质性的目的。在表达式"~p"中，"~"的出现是有实效的；因为当"~p"是有实效地使用时，人们是作否定，而表达式"~"对否定的目的起本质性的作用。但是在表达式"~(~p)"中，"~"的第二个出现是非有实效的，因为"~p"的出现在这里是非有实效的。"~"的第一个出现是有实效的；因为当整个表达式"~(~p)"是有实效地使用时，人们是要否定什么，而这也是借助"~"的第一个出现人们才否定他所想要否定的东西。我们不应产生误解，说"p"在"~(~p)"中的出现是有实效的。的确，当我们否定「~p」时，我们暗含着断定「p」；但这只是暗含的。另一方面，在断定"p·q"中，我们是明确地断定「p」的，所以"p"在"p·q"中的出现是有实效的。

　　一个可隔离的表达式的意义是一可隔离的意义。不过，并不是必然地对任何可隔离的意义总存在某个可隔离的表达式；这样的一个表达式仍只是一个可能性。例如，可以想象某些超穷数将永远不会有为了（单个地）提及它们而创造的表达式，虽然存在创造出某些这样的表达式的可能性。不仅如此，甚至这也不是必然的，即一个表达式（它是已被创造出的）必有实际的出现。例如，可以想象对于（单个地提及）某些大的有穷整数的阿拉伯数字表达式将永远不会有任何实际的出现。然而，这种表达式存在，因为某些任意的协约存在；并且如果有人使用这些表达式，那么一个知道阿拉伯记法的人将会理解它们，而无需对它们作进一步的说明。

在这里就一表达式的一个实际出现的确切意思是什么说点意见，也许不是不合适的。也许会争辩说，写在黑板上的一个有意义的粉笔记号是持久留存的，并且严格地说只是许多相似的粉笔记号在时间上一个接着另一个，因此在该粉笔记号中我们已经有这表达式的不止一个出现。不过，人们觉得像这样的考虑是不相干的。这种感觉是有根据的；因为存在的多重性，可以说，是由目的的单一所凝聚，因而构成表达式的一个单一的出现，而不是多个出现。由此得出，出现在同一本书的不同复本中的一个句子不应认为在许多复本中有许多不同的出现；自然，如果一个作者实际上重复他已经说过的东西（如罗素先生经常做的），重复被认为是同一表达式的不同的出现。

我们现在将按照意义的多样性对可隔离的表达式作若干分类。这些分类也可以看作是可隔离的意义的分类。它们在品性上是尝试性的并且不认为是最终的。

可隔离的表达式或者是感叹的或者是非感叹的。

非感叹的可隔离表达式或者是理论的或者是命令的。

理论的可隔离表达式或者是疑问的或者是非疑问的。

此外，可隔离的表达式或者是交流的或者是自表达的。例如，一个命令表达式是交流的，如果它表达一个命令；它是自表达的，如果它表达说者的一个决定或决心。用于提供信息的陈述是交流的，但是一个事实上的判断是自表达的。一个疑问表达式是交流的，如果征求信息；它是自表达的，如果它陈述一个思考和研究的问题。的确，自表达的表达式常常具有社会的特性，甚至可能打算被听到的；然而它们仍然是自表达的而不看作是交流的表达式。一个交流的表达式是不能用作自言自语的表达式。交流的表达式与教育和宣传有关；自表达的表达式与发现和独创性有关。

所有感叹的表达式是自表达的。

这些意见列表如下：

（1）理论的非疑问的 $\begin{cases} 交流的。 \\ 自表达的。 \end{cases}$

（2）疑问的 $\begin{cases} 交流的。 \\ 自表达的。 \end{cases}$

（3）命令的 $\begin{cases} 交流的。 \\ 自表达的。 \end{cases}$

（4）感叹的——自表达的。

理论的非疑问的可隔离表达式再又或者是名称性的或者是非名称性的。

一个名称性的可隔离表达式叫做一个名字。存在理论的非疑问的可隔离的但不是名字的表达式这一点，是由存在断言的表达式证实的。因为一个断定的表达式，如像"苏格拉底是有死的"，不是所断定的命题（即苏格拉底是有死的）的名字。提及一个命题与断定它之间有重要的差别。断定一个假命题，在某种意义上，包含一个错误；而提及一个假命题不包含错误。

维特根斯坦鼓吹的观点：名字不是可隔离的表达式，是以下面的信条为根据的；"词以两种不同的方式——单独的和在命题中出现是不可能的。"（《逻辑哲学论》，2.0122.）按照维特根斯坦，比如"苏格拉底"这词，永不单独出现，而总是在如"苏格拉底是贤明的"、"苏格拉底是有死的"这样的表达式中出现。但是，很明显，如果我们前面的讨论是正确的，那么不仅存在可隔离表达式的联合出现和隔离的出现，并且甚至还存在有实效的联合的出现。因而我们认为维特根斯坦的论证不是有效的而予以拒绝。

名字的有实效的出现是非常普通的。每当一个名字作为主语出现在一断定的表达式中，那么这出现总是有实效的，虽然是联合的：某个对象被提及，为了谈论它而被提及。另一方面，要找到名字的真正隔离的出现的好的实例，是有点困难的。几乎我们也许碰巧发现的任何实例都是不适当的；一个名字似乎单独出现在一张相片的下面或一本书的封面上，但是那里意图是传达一个断定、一个信息，以及像"这是……"、"这里开始……"这一类的某种东西，等等。如果一个名字像我们主张的那样真是可隔离的表达式，那么它们的真正隔离的出现必定至少是可能的。的确，没有理由说明为什么不可能有这样的出现，即这样一种出现：只表达一个冥想或提出一个观念而没有更多东西的一个出现。这样的出现是稀有的，其原因必定是实际的和功利主义的。

一个名字是自表达的还是交流的依据它是表达一个（自语的）冥思还是给出一个观念而定。下面的讨论将只涉及交流的名字。

名字的意义不是借助它提及的对象。因为，让我们假定，某个断定的表达式的意义的某一名字的意义就是借助这名字提及的对象，于是，借助这名字提及的对象也就是这名字命名的对象，即所议论的断定的表达式的意义。这样，名字的意义就将与断定的表达式的意义等同。但是，如我们已经表明的，一个名字和一个断定的表达式满足两个根本不同的目的，因而不可能有相同的意义。

因此我们不仅应当区别一个名字和它的一个出现，区别一个名字和它的意义，而且也应区别意义与对象。不过，意义能用另一个名字指称（提及），这另一个名字仍有其自身的意义。这名字仍又能用另外的名字指称，它亦复有其自身的意义。如果我们用"「苏格拉底」"表示名字"苏格拉底"的意义，并且使用缩写 S ＝苏格拉底，我们有下面的图：

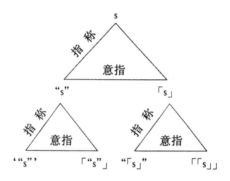

在这个图中，对象是用它们的名字表示的。这样，在顶部我们写上苏格拉底的名字来表示苏格拉底他自身。在第二行，表示（指称）指称苏格拉底的名字，我们写上名字，它指称指称苏格拉底的名字；如此等等。在理解这个图时，必须把现实的这种无穷的不可捉摸性牢记心中。

非名称性的、理论的、非疑问的可隔离的表达式或者是断定的或者是推理的。

一个证明是一推理的可隔离的表达式。推理理论已经因缺乏对推理自身性质的了解而蒙受重大的损失。一个证明常常仅被看作是一个具有某些性质的断定的序列（如罗素先生）。但是，人们应该问一问，构成这个序列的特征是什么？它是时间的吗？如果一个证明仅是（碰巧具有某些性质的）断定的出现的一个时间的序列，它们聚合在一道就会是偶然的而没有逻辑的意义。另一方面，如果一个证明是断定的合取，那么前提与结论之间就没有区别（除作为一种偶然性外），可以用任何混沌的次序重新排列断定，而失去推理的全部线索。

因此，我们主张，许多断定必是合在一起形成一个单一的表达式，这表达式是证明。人们可能会争辩说，证明的单一性仍然是心理的。对这个反对意见我们从下述两方面作答。首先，逻辑的新近发展表明，证明可用一种严格的方法写成。的确，直至它提供支配书写有效证明的严格原则，没有一种逻辑理论是完备的和满意的。容易了解，这种严格不单是心理学上的，而且有严格的逻辑意义。

其次，我们强调，如果证明是心理学上的，那么名字和命题也是同样地心理学上的。确实，上帝无需要推理，但他也无需任何命题。（他不犯错误他无需否定。）如果上帝需要命题（因为我们需要它们），那么，我们将说，他也一样需要推理。

在一证明中结论的出现是其自身有实效的。一个证明不只是表明，如果如此这般，那么如此这般，而是说：因为如此这般（因为我们全已知道或者已经确立），因此如此这般。

一断定的表达式按照它是表达一个判断（因其独创性和发现）还是目的在于对他人提供信息，分别为自表达的或交流的。

一推理的表达式按照它是表达一个推理（自语式的）还是目的是使他人相信，提供一个证明，而为自表达的或交流的。

结果列表如下：

$$
\text{理论的非疑问的} \begin{cases} \text{名称性的} \begin{cases} \text{交流的。} \\ \text{自表达的。} \end{cases} \\ \text{断定的} \begin{cases} \text{交流的。} \\ \text{自表达的。} \end{cases} \\ \text{推理的} \begin{cases} \text{交流的。} \\ \text{自表达的。} \end{cases} \end{cases}
$$

后　记

这篇文章写于 1931 年，在我熟悉胡塞尔的逻辑著作之前。它是我对数学符号系统和一般语言的性质作形式的和结构的理解的首次努力。虽然我后来发现，我的某些结果已经由胡塞尔讨论过，我不认为现在把我的文章按它原来的样子印出来是多余的。文章后面部分对可隔离的表达式的尝试性的分类是十分初步的和不详尽的，对于评断所考虑的现象的巨大复杂性是完全不充分的。有三个进一步的论点，其重要性值得一提，作为对全文的改正和改进。

1. 把一个表达式的特征刻画为"一般的型式"（可感知元素的构形），虽然具有清晰和易了解的优点，它实际包含表达式与声音的形式之间混淆。一个表达式不是不同的具体对象（记号）的共同的单纯性质（像一个型式）。它具有特殊的语言的存在，先于它的具体的出现。

不论它被赋予意义与否，一物理的型式本质上仍旧保持这同一的物理的型式。但是有意义是一表达式的本质。"物理的型式"不是以"表达式"作为种的属。不过，人们不应被导致认为，表达式是由物质的和心理的元素二者构成的。因为一个表达式的出现总是完全物质的和完全是在可见的空间的，虽然对它们的理解是心理的。因此，一个表达式是具有不依赖于它的出现的这样特殊的语言的存在的一个虚构。

2. 这篇文章把一表达式的一次实现跟它的一次个体化（出现）混同了。在一本书的不同复本中出现的同一句子在不同的复本（或在一本书）中只有一实现，但它仍有许多个体化，即许多复本中的许多出现。一表达式的实现，其结果是这表达式的至少一个出现。另一方面，一表达式可能根本没有实现（甚至没有出现）。表达式的表面出现是那些不是从实现而得的，所以，一表达式可以出现而没有"实现"。

总起来说，一表达式或者没有实现，或者有一个或许多实现。一表达式的每一实现的结果是这表达式的一个或多个真正的出现。因此，一表达式或者没有真正的出现，或者有一个或许多真正的出现。同所有这一切无关，并且没有实现的介入，一表达式或者没有表面的出现，或者有一个或许多表面的出现。

3. 某些逻辑学家所持的观点：一个证明其自身是一个复杂的断定，需要特别的反驳。事实上，这个观点比已在文章中提及并反驳过的观点，即证明不过是具有某些性质的断定的序列，具有更多的真理的外貌。为了表明一断定与一证明之间的本质差别，我们对证明的特征作以下的考察。

为了一个证明是有效的，结论是从前提逻辑地得出来的这一条是不充分的。当我们加上进一步的要求，前提应是全部都真的，也还是不足够的。事实上，两个条件都需更严格。首先，不仅要结论是从前提逻辑地得出来的，并且还必须表明在证明中它是怎样从它们得出来的（如果包含多步）。否则，人们就可以把每一证明都写成形式："从 p，q，等等，得出 r。"在一个系统化的理论中，首先给出公理，然后只是以任何混乱的次序陈述定理，没有表明每个定理是怎样从公理得出来的，也就是充分的了。一个困难的证明的发现将是某种仅有纯主观价值的东西，而不可能以逻辑的方式告诉其他的人。只要这样说就足够了："从这些公理得出毕达戈拉斯定理"，用不着表明导出后者的推理的步骤；换句话说，全然没有给出证明。显然，这是发展一个系统的曲解且不可能的方法。

其次，一个证明中的前提不仅应是真的，它们还必须是已知的或已承认的。否则，我们可以在一个系统化的理论中随意改变证明的次序而没有使它们有所变更。显然，这种做法通常是不可能的；因为一个证明可能在某一阶段在系统中是有效的，而在"在前的"阶段不有效：当证明使用真的但在该较早的阶段尚未证明的——还未曾知道的前提时，情形就是如此。另一方面，一个断定的有效性不是相对于"阶段"或情况。一个真的断定，不论它在何处说出，总是真的。因此一个证明与一个断定是根本不同的某种东西。

在只有两个条件中的第一个被满足（它应当表明结论是怎样从前提得出来的）的场合，一个证明实际上所证明的是一个假言命题，它以所谓的"前提"作为连接在一起的前件并以所谓的"结论"作为后件。真正的结论自然就是这整个复杂的假言命题。（这就是这样的证明的情形，证明虽然可能包含许多步骤，实际上没有使用前提。因为一个证明中前提的数目不必大于零。）

反对我们的因其有效性依赖于已获得的知识的阶段而将证明与断定相区别，也许会进一步论证说，一个完备的证明永远应以自明的第一个前提开始；换句话说，这是通过追踪推理直至初始命题而对结论的真理性的一个显示。这样一个显示的有效性不相对于已获得的知识的任何"阶段"。就此而言，它与断定没有区别。我们的回答是，这个意义上的"显示"显然由其自身形成一类，而不可从属于断定的类之下，除非这两个类是等同的。但是，下述事实，即存在不能作为显示的断定（例如：任何一个派生的、不是初始真理的断定），表明这两个类是不同的，所以没有显示能是一单纯的断定。

我们的论证由下面的考虑而加强，一个不是有效的（或不真的）断定并不不再是一个有意义的断定（因为它可以仍旧符合支配意义的规则）。另一方面，一个不是有效的显示全然不是显示，而是荒谬与混乱。同样的意见也适用于通常意义的证明。

（原文为英文，《哲学评论》第 6 卷第 1 期，1935 年 3 月。张尚水译。）

论有穷系统

一

我们可以适宜地把逻辑科学研究分为三部分。它们分别论述：（1）有穷领域；（2）超穷领域；（3）不确定领域，或称悖论领域。其中第一个领域（有穷领域）形成一个很严密的领域，以至于涉及这领域的问题即使并非全部也大部分似乎能独立解决，而不受那些烦扰另外二个领域的困难的影响。对于逻辑学家来说，暂时只注意这一领域也许是件聪明的事。

本文内容是谢孚《记号相对性》一文的续篇。它是有穷领域方面的一个研究。因此，这里所作的一些甚至最一般的陈述当被推广应用到超穷领域时都需要修正。

采纳罗素类型论的一种改良形式，对于作数学的分析是很有用的。可以证明，虽然任一个有穷系统都有一种跟这改良理论相一致的形式，但严格地讲这样一种形式并不是必要的。在开始讨论以前，我们将先解释一下这个理论。

一个类型就是一函项所涉及的某变项的定义域。我们引进这样一个独断而合宜的原则：不完全重合的二个类型一定互相排斥。任一个对象属于而且只属于一个类型。理论上说来，在有穷领域中我们可以只使用一元函项，从而避免引进任意的序列阶次概念。我将把涉及二个变项的 R$\hat{x}\hat{y}$，看成为一个仅涉及一个变项但以一元函项为值的一元函项。这样的函项值被称为中间值。因此，我们认为 R$\hat{x}\hat{y}$具有形如 Ra$\hat{y}$ 或 P$\hat{y}$ 的中间值。表达式 "Rab" 意指（Ra$\hat{y}$）b，即，（Ra）b。当得到不再是函项的值时，我们就称这个值为最终值。例如，如果 "Rab" 是一个命题，那么 Ra 就是 R 的一个中间值，Rab 是 Ra 的中间值，也是 Ra 以及 R 的最终值。大体上，项 R 或 R$\hat{x}\hat{y}\hat{z}\cdots$将被认为具有形如 Ra$\hat{y}\hat{z}\cdots$的中间值，记作 "Ra"。

同一个函项的（中间）值应当都属于同一个类型。二个函项具有同一个类型，当且仅当它们的（中间）值具有同样的类型（称之为 T）并且它们的（中间）变项以同一类型（称之为 T'）为定义域。T 和 T'可以相同，也可以不同。这样，一函项的类型就可由二个类型来定义，一个是函项值的类型 T，另一个是变项值的类型 T'。于是，函项的类型可以表示成 TT'。例如，如果 T_0 是 ~P 的类型，那么由 P 也属于 T_0 可知 ~$\hat{P}$ 或 ~ 属于 $T_0 T_0$。

所以，我们说函项的类型是派生的。非派生的类型是初始的。在任一个系统中总有真值的类型，也就是初始的逻辑类型。一个符号，不论是简单的还是复杂的，只要它的对象属于这一类型就被称为一个命题。只有这样的一个符号单独出现时，它才具有断定意义。系统中所有其他的初始类型都是非逻辑的，可以称之为个体的类型。最终值都属于某个初始逻辑类型的函项被称为命题函项，反之最终值都属于某个初始的非逻辑类型的函项则被称为描述性函项。当一系统中初始类型的个数有穷时，该系统中全部类型的总数是阿列夫 0。

我将假定下列三个原则，称之为外延公设：

（1）任二个对象 a 和 b，如果对于任一个 R 而言由 "Ra"
为真命题可知 "Rb" 也是真命题，那么 a 和 b 恒同。重要的是
要注意，这里的 R 不一定是在系统中可提及的，不过它的类型
当然应当是在系统中的。

（2）如果一命题 "p" 出现在另一个命题 "q" 中，并且对
"p" 代入第三个与之同真同假的命题 "r"，那么将不影响 "q"
的真假。

（3）任二个函项 R_1 和 R_2，如果对于任一个使 "R_1a" 有意
义的 a 而言 R_1a 恒同于 R_2a，那么 R_1 和 R_2 本身是恒同的。因
此，如果类型 T 中对象的个数为 μ 并且 T′中的为 ν，那么 TT′中
函项的个数为 μ^ν。

由上面的原则可知，真值类型中有且仅有二个对象。这二个
真值被称为真和假。例如，我们既可以说 "Ra" 是一个真命题，
也可以说 Ra 为真。不过，我们也许还会用含混的词组 "为真"
同时表达这两种说法。

二

关于变项的本性作一些附注将是于事有补的。如果我们考虑
表达式 "$\phi(\phi\hat{x})$"，那我们就可看到诸如 "$\phi\hat{x}$" 一类记号固有
的、十分严重的歧义性。这里，帽号 "∧" 的辖域既可以划在
第一个 "ϕ" 之前也可以划在二个 "ϕ" 之间。在后一情形下，
表达式 "$\phi(\phi\hat{x})$"（最好记成 "$\phi\phi$"）违反了关于类型的原则。
不过，前一情形中没有任何类型上的违反。这个表达式可以被写
成 "$\hat{x}\{\phi(\phi x)\}$"。这样，我们当然可以有 ~(~p)。我们现在引
进的这一奇妙的记号，总是明确地表示出可以称之为一变项的
"辖域" 的东西（但不要跟一变项的 "定义域" 相混，那完全

是另一码事）。例如，每当看到"ẍ｛ø（øx）｝"中的表达式
"ø（øx）"，也就是包含在紧跟于ẍ后的括号中的整个表达式，我们
也就知道变项"x"的辖域是表达式"ø（øx）"。二个变项的辖域
不是一个完全在另一个之外，就是一个包含另一个而不为它所包
含。（由于我们并不构造多于一个（中间）变项的函项，二个变项
的辖域决不会完全重合。）当一个变项的辖域包含另一个变项的
辖域时，有必要用不同的字母来表示这二个变项；不过，它们也
许有跟它们的定义域一样的类型。

　　像"ẍÿ（Ryx）"那样定义 R 之逆的表达式应当读成"ẍ｛ÿ
（Ryx）｝"，或者更严格地读成"ẍ〔ÿ｛（Ry）x｝〕"。（很显然，ẍÿ
（Rxy）跟 R 相同、ẍ（Rx）a 跟 Ra 相同、ẍÿ（Rxy）ab 跟 Rab 相
同、ẍÿ（Ryx）ab 跟 Rba 相同，等等，每当这些表达式有意义时
总是如此。）

　　往往（实际上，在本文中一直都在）发生这样的事：在一个
不完全以符号语言表达的讨论中，一变项的辖域也许会超出这讨
论的符号部分而延伸到汉语中。于是变项被称为待定常项、参变
项、或自由变项，这些名词都具有同样的意义。"自由变项"不是
一个不适当的名称；因为，虽然辖域限于符号部分的变项因歧
义所造成的影响必定消失在这符号部分的某个地方，但待定常项因
歧义所造成的影响将遍及整个符号部分。很显然，在一个完全符
号的、道地的陈述性内容中可以没有自由变项。但是在一个容许
作种种经验解释（或其他解释）的"公设性"系统中，因此而有
种种解释的概念总是自由变项。由于辖域并不划在系统中的任何
地方，这些自由变项本身也不能在系统中弄明白。在系统中必须
把这些可变的概念当作常项来处理。系统本身不是真正陈述性的。

　　假定我们说"函项p̈（~p）的任一个值 ~q"，等等。那很显
然，符号"~q"并不表示任何一个具体的值，从而跟"p̈（~p）"

一样糟糕。然而，我们并没有犯什么错误。由于"q"是变项，符号"~q"当然是函项；但这里变项"q"只是在汉语中弄明白的，因此应当被当作系统中的常项来处理。

有时我们说"如果我们有一个常项R，那么这个R"，等等。很清楚，这里的"R"是一个变项。但是，称它为"常项"那也是完全正确的；因为，"R"显然是一个常项的变项（更精确地说，是以常项为值的变项）。"如果我们有一个常项R"那是说"对任一个常项R"，等等。在一个实际情况下，R是常项，我们就说："如果我们有一个实际情况"，等等。因此，这里说"如果我们有一个变项"就是错误的；因为这样说时"R"将成为一个变项的变项，这不是原句中的意义。

这些说明可以除去可能的混淆或误解。它们表明我为什么要偏离谢孚的风格。

三

一个初始系统是有关宇宙或现实的某一部分（方面）的一种陈述性理论。初始系统的逻辑形式被称为初始系统形式。我在一种很专门的意义下使用"逻辑形式"这一名词。它指称能用逻辑词项关于某件事情所说的一切话语的逻辑产物。例如，我们可以说基数是类的逻辑形式。用这种方式定义基数有一个优点。如果把阿列夫0看成一个类的类，那它就可能会是一个空类。在这一情形下阿列夫1也一定是空类，从而恒等于阿列夫0。但是作为逻辑形式，阿列夫1是不同于阿列夫0的，道理就在于逻辑无法证明由阿列夫0所定义的类的类是空类，并且（因此而）恒等于由阿列夫1所定义的类的类。按此理解，逻辑形式都是超越概念。

欧氏空间（或欧氏几何）既可被看作为一个道地的（真的

或假的）初始系统，也可被看作为一个初始系统形式。在后者
的情形中，它不是真正陈述性的。

一个典型系统是设想一个初始系统的一种方式，也就是指定
初始类型的一种方式。典型系统的逻辑形式被称为典型系统形
式。今后我们将引进谢孚的术语"回归系统形式"来概括一族
重要的典型系统形式；也就是那些"穷举的"和"单基的"系
统形式。仅由点形成初始非逻辑类型的欧氏几何可被视为一个典
型系统或者一个（超穷）回归系统形式（一个典型系统形式）
的例子。另一个不同然而等价的回归系统形式是仅由球面形成初
始非逻辑类型的欧氏几何。后者（并非前者）将被称为亨廷顿
回归系统形式。

一个基础化系统是设想一个典型系统的一种方式，也就是使
该系统中所有概念都有定义或者都可用指定的初始概念（借助
于逻辑概念）来定义的一种方式。如果该系统中二个表示同属
一个类型的两对象的（常项）表达式"a"和"b"，无论简单
还是复杂，使得"a = b"由该系统认定为真（由该系统断定，
或从该系统可推演），那么就称它们意指同一个概念；否则，称
它们意指不同的概念。当后者成为事实时，并不能据以推出
"a = b"为假，除非该系统是"穷举的"。就一个"穷举的"系
统来说，"概念"和"系统中可提及的对象"是同义的。在定义
一个概念时，定义或许是直接的、或许是间接的。间接定义具有
形式"a = ($_{2}$x)(ϕx)Df"。当且仅当"E! ($_{2}$x)(ϕx)"由系统认
定为真时，我们才能承认它。从外延的观点来看，这两种定义之
间的差别并不如罗素好像曾经认为的那样绝对；因为，它是相对
于基础化的具体方式的。

基础化系统的逻辑形式被称为基础化系统形式，或简称基形
式。不要把一个基形式设想为某种允许在其上构作矛盾性系统的

语言。因为，它也决定了那些断言；而且，当该系统形式是穷举时就完全决定了它们。在亨廷顿基形式（或基础化系统，依人们以何种方式理解它而定）中，只有一种（非逻辑）初始概念"包含"。这种概念具有类型（T_0T_1）T_1，或者 $T_0T_1T_1$，这里 T_0 是真值的逻辑类型，T_1 是球面的非逻辑类型。亨廷顿基形式是设想亨廷顿回归系统形式的一种特别方式；因为，很显然在保持球面的初始类型的同时，我们也能选取其他初始概念。

不要认为如何指定初始逻辑概念将对基础化系统有影响。特别，我们可以指定下列三个概念为初始逻辑概念：

（1）　～，具有类型 T_0T_0；

（2）□，具有类型 $T_0T_0T_0$；"□pq"意指 p·q；我们可以利用"□pqr"作为"□（□pq）r"的缩写，意指 p·q·r；

（3）∏，具有含混的类型 $T_0(T_0T)$，或者 $T_0 \cdot T_0T$，这里 T 可以是任何类型，初始的或导出的，逻辑的或非逻辑的。"∏ø"意指（x）·øx。这样，"∏ẍ（øxx）"就意指（x）øxx；等等。我们可以用"∏ẍÿ（øxy）"或"∏ø"作为"∏ẍ{∏（øx）}"（即，"∏ẍ{∏ÿ（øxy）}"）的缩写，意指（x, y）·øxy。（带分音符的字母总是与其后的表达式一起出现。）

作为（直接）定义的一个例子,我们可以给出下面等词的定义：

I = aḃ〔∏ø ｛～〔□（øa）｛～（øb）｝｝｝〕Df;

对此，我们最好采用下面的书写格式：

I Df aḃ ｛∏ø（～：. □：øa： ～.øb）｝。

"Iab"意指 a = b。

当一个是某个变项的定义域的类型第一次出现（在一个复杂的表达式中）时把它的名字作为该变项的添标写出来，就像"ṗT_0"这样，有时是足以避免含混的。我们也可以引进记号"｜T｜"作为"（₂øT₀T）（∏ø）"的缩写。这个定义仅当我们假定了外延公设时才是可以承认的。根据这个定义我们可以看到，"｜T｜a"意指"a 属于类型 T"。例如，我们可以说"｜T_0T_0｜～"。如果 T_1 是球面的类型，那么｜T_1｜就是由全体球面组成的类。形如"｜T｜a"的命题每当有意义时总是真的。

有某些概念可以不用任何初始概念来定义。例如，恒等运算可以定义为 $\ddot{x}(x)$。"是真的"可以定义为 $\dot{p}T_0(p)$，这是类型 T_0 上的恒等运算。另一个例子是：

Cv Df $\ddot{R}\ddot{x}\ddot{y}(Ryx)$。

正如所见，"CvR"就是 R 之逆。这最后一个例子也显示出了我们的一元函项观点的某种优点：命题函项 Cv 可以漂亮地用作一个描述性函项。

一个法规系统，或说一部法规，是设想一个基础化系统的一种方式；按此方式，该系统认定为真的任何命题都可从指定的初始命题借助于逻辑来论证。推理理论提出了某些古怪的问题，这里将不予讨论。法规系统（法规）的逻辑形式被称为法规系统形式，或称法规形式。亨廷顿几何公设构成一部法规或法规形式，这是设想亨廷顿基形式的一种特别方式。因为，由亨廷顿法规形式中同样的初始类型（变项）和初始概念——球面和包含，我们显然可以提出一个不同的公设组，使得一组公设能从另一组推出并且反之亦然。

也可以把一个基础化系统设想为一组法规、一个典型系统设想为一组基础化系统以及一个初始系统设想为一组典型系统。最终归入同一个初始系统的系统都是等价的。类似的附注也适用于系统形式。

逻辑形式相同但自身之间并不等价的一些初始系统，可以是关于宇宙之不同方面的不同理论。正因如此，一个初始系统形式还可被看成为一组这样的初始系统。下图描绘了所有归结于同一个初始系统形式的法规、法规形式和初始系统之间的关系：

初始系统形式 α

初始系统 Ⅰ ≒ 初始系统 Ⅱ ≒ ⋯

法规形式 1
⇕

$\left\{\begin{array}{l} \text{法规 } A_1 \ \ ≒ \ \ \text{法规 } A_2 \ \ ≒ ⋯ \\ \qquad ⇕ \qquad\qquad ⇕ \\ \text{法规 } B_1 \ \ ≒ \ \ \text{法规 } B_2 \ \ ≒ ⋯ \\ \qquad ⇕ \qquad\qquad ⇕ \\ \text{法规 } C_1 \ \ ≒ \ \ \text{法规 } C_2 \ \ ≒ ⋯ \end{array}\right.$

⇕ ⇕

法规形式 2
⇕

$\left\{\begin{array}{l} \text{法规 } D_1 \ \ ≒ \ \ \text{法规 } D_2 \ \ ≒ ⋯ \\ \qquad ⇕ \qquad\qquad ⇕ \\ \text{法规 } E_1 \ \ ≒ \ \ \text{法规 } E_2 \ \ ≒ ⋯ \end{array}\right.$

⇕ ⇕

法规 F_1 ≒ 法规 F_2 ≒ ⋯

⇕ ⇕

法规形式 3
⇕

$\left\{\begin{array}{l} \text{法规 } G_1 \ \ ≒ \ \ \text{法规 } G_2 \ \ ≒ ⋯ \\ \qquad ⇕ \qquad\qquad ⇕ \\ \text{法规 } H_1 \ \ ≒ \ \ \text{法规 } H_2 \ \ ≒ ⋯ \\ \qquad ⇕ \qquad\qquad ⇕ \\ \text{法规 } J_1 \ \ ≒ \ \ \text{法规 } J_2 \ \ ≒ ⋯ \\ \qquad ⇕ \qquad\qquad ⇕ \\ \text{法规 } K_1 \ \ ≒ \ \ \text{法规 } K_2 \ \ ≒ ⋯ \end{array}\right.$

⇕ ⇕

⋮ ⋮ ⋮ ⋮ ⋮

上图中的记号"≬"意指等价但不恒等。"≒"意指不等价。

<h1 style="text-align:center">四</h1>

　　如果"∼p"被基础化系统 S 认定（断定或可推演）为真，则称命题"p"被 S 斥为假命题。

　　如果基础化系统 S 既认定某个命题为真又把它斥为假命题，则称 S 为不协调的。

　　可以证明，在一个不协调的系统中，每一个命题立即可被认定为真和被斥为假命题。因为，如果有某个命题"p"被该系统认定为真和被斥为假命题，那么这也就意味着"p"和"∼p"都被认定为真（断定为真，或可推演为真）。于是，系统中可提及的任何命题 q 都可这样来推导：从"∼p"推出"∼p∨q"，再从"p"和"∼p∨q"就可推出"q"。类似地，我们可以导出"∼q"。另外也很显然，在一个不协调的（典型）系统中，由于形如"a=b"的命题恒被认定为真（虽然同时因任一个命题"a=a"遭拒绝而被斥为假命题），各个类型中只能有一个概念。

　　如果有某个可用基础化系统 S 中的概念来定义的命题既不被认定为真也不被斥为假命题，则称 S 为不穷举的。易见，没有一个不协调的系统是不穷举的。

　　如果某个基础化系统既不是不协调的又不是不穷举的，则称之为穷举的。当这是事实时，相应的典型系统、初始系统和法规，以及相应的基本形式、典型系统形式、初始系统形式和法规形式，就都被称为穷举的。

　　如果在某个穷举的典型系统中，初始非逻辑类型的个数有穷，并且各初始非逻辑类型中对象（元素）的个数也有穷，则称该系统为有穷的。相应的系统和系统形式也都被称为有穷的。

从现在起，本文将只考虑有穷的穷举系统。这二个形容词将略而不提。

初始非逻辑类型多于一个的典型系统可以等价地归结为仅有一个初始非逻辑类型的典型系统。我们把这个唯一的初始非逻辑类型称为基本类型。特别，我们可以把所给系统的所有初始非逻辑类型中的所有元素混装在一个（基本）类型中，于是这类型的基数就是那些类型的基数的总和。（类型都是互相排斥的。）做到了这一点以后，就不难在意义的结构方面作出调整。（做这件事当然有各种不同而等价的方式；例如，可以把某个关系的真或假延伸到本来无关的所有相关类型上。严格地讲，所产生的总是一个新关系，老关系对于在新系统中展开而言在类型上是不充分的。应当注意的是，原来的类型作为类仍然是可提及的。）

有且只有一个初始非逻辑类型的典型系统，被称为是单基的。我们将总是以 T_1 表示这个基本类型，并以 T_0 表示真值类型。其他所有类型都是派生的。

一个关系谓词就是属于某个类型 T_0T_1、或者 $T_0T_1T_1$、或者 $T_0T_1T_1T_1$ 等等的一个对象。"T_1" 在该类型的名称中重复的次数，被称为该关系谓词的次数。下面，我们将总是以"关系"一词替代"关系谓词"。一次关系被称为类。（可提及的或不可提及的）s 次关系的总数恒为 2^{n^s}，这里 n 是 T_1 中元素的总数。真值可被看成为 0 次关系。（$2^{n^0}=2$.）

一个单基的基础化系统总可（不影响基本类型地）归结为一个等价的基础化系统，其中仅有的初始概念是关系（关系谓词）。这个断言的证明太复杂，这里不宜给出。

最后，总有可能把这些关系归结为唯一的一个次数为 $n-1$ 的初始关系，这里 n 是 T_1 中元素的个数。归结为次数小于 $n-1$

的初始关系并不总是可能的，但归结为较高次数的初始关系却总是可能的。特别，次数 n 对于理论讨论是方便的。

为了粗略说明一下上面那些断言的真实性，我们引进有序"s-元组"的记法。一个有序三元组将表示成 "$\lceil abc \rceil$"，这是 "$\dot{R}(Rabc)$" 的一个缩写。它具有类型 $T_0 . T_0 T_1 T_1 T_1$，或者更一般的 $T_0 T$，这里 T 是 R 的类型。我们可以看到，"$\lceil abc \rceil R$" 意指 Rabc。这种记法也可推广到其他次数上。现在，我们来考虑带有多个初始关系 R_1、R_2、R_3 等等的系统，这些关系的次数分别为 s_1、s_2、s_3 等等。于是，如果我们随意地以 a_1、a_2、a_3、$\cdots$、a_n 表示 T_1 中元素，并且写下 gR 的所有 $\sum n^s$ 形式，这里 g 是一个 s-元组，s 是 R 的次数，那么我们将发现其中有些是真的而另一些则是假的。当这些真假完全确定时，我们也就写下了整个系统。我们将选定一个任意的、无重复元素的 n-元组，设其为 $\lceil a_1 a_2 a_3 \cdots a_n \rceil$，并名之为 D_0；然后，我们记下

$$D_0 R_0，或 R_0 a_1 a_2 a_3 \cdots a_n。$$

现在，对我们的图式试作元素间的各个 $n! - 1$（非恒等的）置换（即，替代、一一运算）。如果某个置换不影响任何一个 gR 的真假，并且它将 D_0 变换成 n-元组 D_r，那么我们记下

$$D_r R_0。$$

不过，如果某个置换影响某个 gR 的真或假，并且它将 D_0 变换成 D_w，那我们则记下

$$\sim \cdot D_w R_0。$$

这样，我们共记下 n! 个陈述。最后，如果 D_x 是某个带有重复元素的 n-元组，那我们记下

$$\sim \cdot D_x R_0。$$

于是，我们一共有 n^n 个陈述。可以确信，这些陈述给我们以原来图式的一个等价形式，它把许多初始关系归结为一个 n 次关系

R_0。如果我们现在从各个非重复的 n-元组中略去最后一次元素，那我们仍有同样多（n!）个不同的 n－1 元组。因此，我们可以很容易地看到 R_0 的次数是如何能被归约到 n－1 的。除此之外，归约并非总是可能的。例如，下面的图式就不能把它的 R 的次数归约到 2。

Rabc	～·Rabd	～·Raaa
Racd	～·Racb	～·Raab
Radb	～·Radc	等等，等等，
Rbad	～·Rbac	所有对带重复
Rbca	～·Rbcd	元素的三元组
Rbdc	～·Rbda	而言的否定陈
Rcab	～·Rcad	述。
Rcbd	～·Rcba	
Rcda	～·Rcdb	
Rdac	～·Rdab	
Rdba	～·Rdbc	
Rdcb	～·Rdca	

由上述讨论显然可知，单基的典型系统完全由不影响其图式的全体（基本类型中元素的）置换决定。［不过，图式并不由全体置换决定，因为它已经是一个基础化系统的表达；我们可以用一个图式唯一地表达一个典型系统或系统形式，只要我们使用谢孚的确证变项并放弃 R。在这样一个图式中，符号"a"等等就像确证变项一样是"自由变项"；它的辖域虽然超出该图式（进入有关这图式的讨论），但不像确证变项那么远。］由于任二个不影响该图式的置换的"积"仍是不影响该图式的置换，这些置换组成了一个置换群。（这个群的"阶"是取同一个确证变项的、非重复 n-元组的个数。）反之，任一个 n"次"置换群一定决定

一个典型系统，它的基本类型由执行置换的 n 个元素组成。因为，如果我们按类似于上面阐明的方式进行，那我们总能作出一个图式；也就是说，在随意地写下

Ra$_1$a$_2$···a$_n$

以后，我们在这个 n-元组上实施给定群中的所有置换，如此就得到跟该群中置换一样多的陈述。这些陈述都是肯定性的；任何其他的 n-元组将否定性地跟 R 联结在一起，于是该图式是完全的。

在群论中，"置换群"一词被含混地用来指一个置换群的以及一个实际的置换群的逻辑形式。为了清楚起见，当讲到形式时我们宁可用名词"置换群形式"或"回归系统形式"。我们已经看到，一个单基的典型系统形式完全由一个回归系统形式决定，并且反之亦然。因此，我们将也用"回归系统形式"一词含混地指典型系统形式。

（T$_1$ 中元素的）一个置换可被当作类型 T$_1$T$_1$ 的一个对象，它满足条件 E!$(_2\rho)\{\prod \ddot{x}(I: \rho \cdot \sigma x: x)\}$。（我们也可以把一个置换看成为类型 T$_0T_1T_1$ 的一个一一关系。）在类型 T$_1$T$_1$ 的 n^2 个对象中间，有 n! 个满足这个条件。（在类型 T$_0$T$_1$T$_1$ 的 2^{n^2}个对象（关系）中间有 n^n 个一多（运算）关系，其间有 n! 个一一（置换）关系。（这 n! 个置换之一是恒等置换 $\ddot{x}(x)$，将以 E 表示之。置换 ρ 和置换 σ 的积定义为 $\ddot{x}(\rho \cdot \sigma x)$。我们称此为 P$\rho\sigma$。P$\rho\sigma$ 和 P$\sigma\rho$ 一般并不等同。如果 P$\rho\sigma$ = P$\sigma\rho$，那么 σ 和 ρ 就是相互"可置换的"。

一个置换群就是一组置换，使得其中任二个置换的积仍在其中。下面的图将被发现为是有益的：

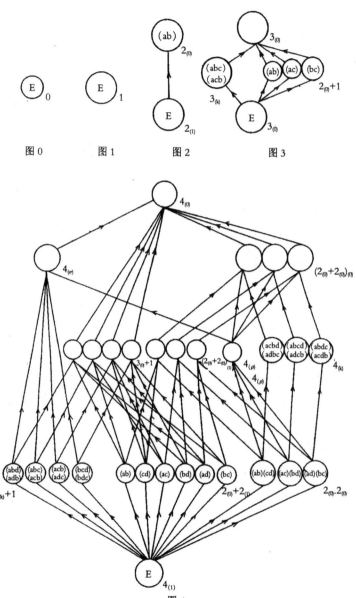

图 0   图 1   图 2   图 3

图 4

图的系列可以无限制地继续下去。图 0、1、2、3 中的圆分别表示 0、1、2、3 次置换群。任一个圆 C 所表示的置换群，由所有写在圆中的、（直接或间接）指向于 C 的置换以及（若有的话）写在 C 中的置换所组成。

这些图有两种解释：

（1）我们可以认为各图表示如此种类的一个单基的典型系统（或系统形式）：系统中所有对象都可以作为概念在系统中提及。（显然，这样的系统形式完全由元素的基数决定。）各个圆则表示（各种类型的）对象的一个无穷集合，使得这些对象中的任何一个都可借助于逻辑概念利用其他对象来定义。具有同样逻辑性质（形式）的集合是由相互接触的圆表示的。如果一个圆 A（直接或间接）指向于一个圆 B，那么这意味着由 B 表示的集合中的任一个对象是可用由 A 表示的集合中的任一个对象（借助于逻辑概念）来定义的，但反之不然。对于任一个图中的任意多个圆 S，在同一个图中总有一个圆 C，不是不同于 S 中所有的圆就是恒同于 S 中某个圆，并且 C 指向于 S 中各个不与之恒同的圆，其他的圆要是不指向于 C 也就不能具有这同样的性质。由 C 表示的集合中的任一个对象都可利用由 S 中圆所表示的全部集合中的一些对象来定义，只要这些对象至少包含各个集合中的一个对象。C 被称为 S 的基圆。如果对象 q、u、w、…属于由（不一定都不相同的）圆 Q、U、W、…表示的集合，并且 C 是圆组 Q、U、W、…的基圆，那么由 C 指向于的圆所表示的集合中的任一个对象都可利用 q、u、w、…借助于逻辑概念来定义。这样就有相对可定义性的一个完全描述。（例如，如果 $R' = \hat{x}(Rxx)$，那么 R' 可以利用 R 来定义；但逆之一般不然。因此，表示包含 R 的集合的圆在一般情形下都指向于（即，有一个从这个圆上行的箭头，或从这个圆出发的一连串）表示包含 R' 的集合的圆。

（2）另一方面，也可认为任一个圆表示某种（单基的）典型系统，这种系统中可提及的对象只有这个圆表示的集合中的全部对象，以及由它们可以定义的对象。不要认为，由一个圆 C 表示的群中的置换总是在由 C 表示的集合中的对象之间；这往往不是事实。如果有人猜想任一个典型系统都可通过（按已经描述的方式）以决定该系统的全部（或部分）置换为初始概念来达到基础化，那就完全搞混了。事实上，这些置换并不总是在系统中可提及的。不过，有时也会发生这样的情形：由这些初始概念开创的典型系统恒同于所决定的系统。例如，具有形式 $3_{(k)}$ 的系统其情形就是如此。但是，具有形式 $3_{(0)}$ 的群中的置换开创具有形式 $3_{(1)}$ 的系统，而具有形式 $3_{(1)}$ 的群中的那些置换则开创具有形式 $3_{(0)}$ 的系统。另一方面，在 $2_{(0)}$ 开创自己（即，$2_{(0)}$）的同时，$2_{(1)}$ 也开创 $2_{(0)}$。因此，存在有不能被如此基础化的系统：所有的初始概念都是置换。例如，具有形式 $2_{(1)}$ 的系统就是这样的一种系统。我们应当牢记这一点，以免产生可能有的直觉上的混淆。

当我们有一个单基的典型系统 S 时，我们总可构作另一个单基的典型系统 Q，它的基本类型跟 S 的一样，但它的概念则全部是由 "S′"（并非 S 中概念）借助于逻辑概念可定义的概念。Q 被称为 S 的超越系统，一般不恒同或等价于 S。作为 Q 的形式的回归系统形式，被称为作为 S 的形式的回归系统形式之超越回归系统形式。因此，$3_{(k)}$ 的超越回归系统形式是 $3_{(0)}$，$3_{(1)}$ 的也是 $3_{(0)}$，而 $3_{(0)}$ 本身的则是 $3_{(0)}$。但是，$2_{(0)}+1$ 的超越回归系统形式是 $2_{(0)}+1$ 自身。

我们现在用下面的 "家谱" 来描述这些事实：

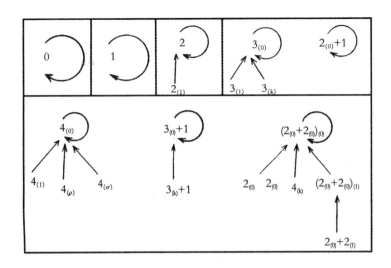

回归系统形式就这样按家族分组。各族有一个为其自身的超越回归系统形式的回归系统形式；我们称之为终极回归系统形式。具有同一个超越回归系统形式的回归系统形式组成一代；那个超越回归系统形式将被称为它的开创者。如果某一代的开创者是一个终极回归系统形式，那么这个开创者自身也在这一代，这一代就被称为初生代。例如，正如由 $(2_{(0)} + 2_{(0)})_{(0)}$、$2_{(0)} \cdot 2_{(0)}$、$4_{(K)}$ 和 $(2_{(0)} + 2_{(0)})_{(0)}$ 组成的那一代一样，以它自身的成员 $(2_{(0)} + 2_{(0)})_{(0)}$ 为开创者。但是，如果某一代的开创者不是一个终极回归系统形式，那么开创者就不在这一代中；因此，由 $2_{(0)} + 2_{(1)}$ 单独组成的一代以 $(2_{(0)} + 2_{(0)})_{(1)}$ 为开创者。一个家族由互相排斥的许多代组成，因开创者的关系而联合起来。

　　要是猜想同一族的或者同一代的回归系统形式都等价（即，猜想它们出现在同一个初始系统形式下），那就全然搞错了。因此，$3_{(k)}$ 必定不等价于 $3_{(0)}$；因为，在一个具有形式 $3_{(k)}$ 的系统

中我们有可提及的——关系 R，它的图式为 Rab、Rca、～Rba、
～Rcb、～Rac 等等，但这关系在具有形式 $3_{(1)}$ 的系统中不可定
义。一般说来，每当具有不同的回归系统形式的二个系统等价
时，一个系统的基本类型并不能被转换成另一个的基本类型。换
句话说，基本类型相同（相互可转换的类型）但回归系统形式
不同的二个系统决不等价。这些附注足以说明，我为什么不接受
谢孚的"层次性"作为等价的准则。

一个图中相互接触并合起来表示一个回归系统形式的圆
的总数，被称为这个回归系统形式的系数。具有一个回归系
统形式 H 的群中的置换（包括恒等置换）的总数，被称为 H
的阶或无差别度。在具有一个回归系统形式 H 的系统的基本
类型中，元素的数目称为 H 的次数。如果 n 是 H 的次数，而
i 是 H 的阶，那我们定义 H 的势为 n!/i。令 p 为这个势，我
们就有

$$i \cdot p = n!。$$

如果 H 的超越回归系统形式为 H′，那么 H 的势等于 H′的势。我
们称这结果为系数定理。如果 H 是终极回归系统，那它的势就
等于它的系数。以 c 表示系数，一个回归系统形式的比率 r 就可
定义为 p/c。我们有

$$c \cdot r = p，$$
$$i \cdot c \cdot r = n!。$$

下面的表格列出了次数不高于 4 的回归系统形式的势、系
数、等等：

次数	回归系统形式	阶	势	系数	比率	H 的超越回归系统形式
n	H	i	p	c	r	
0	0	1	1	1	1	0
1	1	1	1	1	1	1
2	$2_{(0)}$	2	1	1	1	$2_{(0)}$
	$2_{(1)}$	1	2	1	2	
3	$3_{(0)}$	6	1	1	1	$3_{(0)}$
	$3_{(k)}$	3	2	1	2	
	$3_{(1)}$	1	6	1	6	
	$2_{(0)}+1$	2	3	3	1	$2_{(0)}+1$
4	$4_{(0)}$	24	1	1	1	$4_{(0)}$
	$4_{(\sigma)}$	12	2	1	2	
	$4_{(e)}$	4	6	1	6	
	$4_{(1)}$	1	24	1	24	
	$3_{(0)}+1$	6	4	4	1	$3_{(0)}+1$
	$3_{(k)}+1$	3	8	4	2	
	$(2_{(0)}+2_{(0)})_{(0)}$	8	3	3	1	$(2_{(0)}+2_{(0)})_{(0)}$
	$4_{(k)}$	4	6	3	2	
	$2_{(0)}\cdot 2_{(0)}$	2	12	3	4	
	$(2_{(0)}+2_{(0)})_{(1)}$	4	6	3	2	
	$2_{(0)}+2_{(1)}$	2	12	6	2	$(2_{(0)}+2_{(0)})_{(1)}$

很显然，比率为1的回归系统形式是终极回归系统形式，反之亦然。从逻辑的观点来看，回归系统形式的势极其重要。当具有同样逻辑形式（性质）的对象中的任一个总属于合起来表示一个回归系统形式的那些圆中的某一个所表示的集合时，该回归系统形式的势就等于这些对象的总数。（这个逻辑形式仅用基本类型和逻辑概念就可定义，无须用该系统的初始非逻辑概念。在我们承认后面这些概念的情形中将产生"派生势"的问题，本文不予讨论。）

五

　　本节我们将给出回归系统形式的某些几何例子。在各个例子中，我们仅给出基本类型的元素；系统中的概念就是利用几何概念和这一基本类型可以定义的所有概念。要注意的是，"一寸长"或"三寸长"并不是几何概念。但是，"一度"（角）、"九十度"、"三倍长"等等都是几何概念。在某些情形中，我们还须附加一个概念到几何概念中去；这个概念就是（顺时针方向）概念 Clc。"Clcpqrs"意指，"p、q、r、s 四点不在同一平面上，并且由 p 看来从 q 到 r、再到 s、最后回到 q 的圆周运动是顺时针方向进行的"。它促使我们想象一个置换，这置换不影响把我们的图形旋转一周时所产生的某个系统。因此，可以有七种方式把一个正方形旋转一周，各种方式导致顶点的一个不同排列。这样，在该回归系统形式中就有八个置换（包括恒等映射）。在立体的情形中，我们实际上无法通过一个第四维来使它旋转，因而我们将诉诸反射和旋转。在特别注明要附加 Clc 为我们的概念的地方（记为"附加 Clc"），那将意指在所考虑的情形中不允许作反射。另一方面，在特别注明不附加 Clc 为我们的概念的地方

（记为"不附加 Clc"），那将意指旋转不能穷举所有置换，还必须诉诸反射。当没有提到这两个条件中的任何一个时，其含意就是附加不附加 Clc 为我们的概念对我们的系统丝毫也没影响，因而我们不必利用反射，因为反射并不给出任何还未由旋转给出的置换。理论上讲，一致放大或收缩也是合法的运算。但由于在我们所有的插图中图形都具有有穷大小，很显然放大对我们一点帮助也没有，尽管它是可允许的。

$2_{(0)}$,	二个不同的点。
$2_{(1)}$,	二个（不同的）同心圆。
$3_{(0)}$,	一个等边三角形的三个顶点。
$3_{(k)}$,	一个正四面体的、相邻于同一个顶点的三条棱。附加 Clc。
$2_{(0)} + 1$,	一个等腰但不等边的三角形的三个顶点。
$3_{(1)}$,	一个不等边三角形的三个顶点。
$4_{(0)}$,	一个正四面体的四个顶点。不附加 Clc。
$(2_{(0)} + 2_{(0)})_{(0)}$,	一个正方形的四个顶点。
$4_{(k)}$,	一个正方棱锥的、相邻于锥顶的四条棱。附加 Clc。
$(2_{(0)} + 2_{(0)})_{(1)}$,	一个非正方形的菱形的四个顶点。
$2_{(0)} \cdot 2_{(0)}$,	一个非矩形的等腰梯形的四个顶点。
$3_{(0)} + 1$,	一个等边三角形的三个顶点和中心。
$3_{(k)} + 1$,	一个正四面体的一个顶点和相邻的三条棱。附加 Clc。
$2_{(0)} + 2_{(1)}$,	一个等腰三角形的三个顶点和底边的中点。
$4_{(\sigma)}$,	一个正四面体的四个顶点。附加 Clc。

$4_{(\rho)}$,　　　　　　　一个非正方形的矩形的四个顶点。

$4_{(1)}$,　　　　　　　四个（不同的）同心球。

注。本文未完。笔者发现自己不能继续讨论下去。由外延公设以及某个（本文未曾给出的）原则可以很自然地得出结论说，一个初始系统形式完全由一个"群"或者更确切地说一个"群形式"所决定，并且反之亦然。这个原则是说，任二个具有一一对应关系（这关系本身是可提及的并且已知为一一的）的、可提及的类应被认为是相互可转换的。（要注意的是，为了证实（例如）亨廷顿回归系统形式跟以所有欧氏点为元素而产生的回归系统形式等价，某个这样的原则是必要的。）就只含有可提及对象的初始系统来说，在逻辑形式方面不应当有任何区别。由于不满足这一条件的系统并不如此，正如不彻底只是由主观不明确引起那样，结论只能说在外延的客观次序方面不会有什么区别。因此，外延观点对于论述系统化次序显然是不充分的，似乎有必要作更为根本的讨论。

附注。本文是在数年前写的。文中讲到的《记号相对性》是谢孚教授以前未发表的文章，他在这篇文章中没有采用"回归系统形式"（tropicity）一词，这词是他后来采用的。我文章中所用的方法并不来自谢孚，因此可能出现的任何错误都由我单独负责。

（原文为英文，《清华学报》第10卷
第2期，1935年4月。张清宇译。）

所有有根类的类的悖论

对于类 A 而言，有一个由类组成的无穷级数 A_1，A_2，…（不一定都不相同）使得

$$\cdots \in A_2 \in A_1 \in A,$$

则称 A 为无根的。并非无根的类，被称为有根的。令 K 是由所有有根类组成的类。

假定 K 是无根的。那么有一个由类组成的无穷级数 A_1，A_2，… 使得

$$\cdots \in A_2 \in A_1 \in K。$$

由于 $A_1 \in K$，A_1 就是一个有根类；由于

$$\cdots \in A_3 \in A_2 \in A_1,$$

A_1 又是一个无根类。但这是不可能的。

所以，K 是有根类。因而 $K \in K$，并且我们有

$$\cdots \in K \in K \in K。$$

因此，K 又是无根类。

这一悖论跟所有非循环类的类的悖论以及所有非 n - 循环类的类的悖论（n 是一个给定的自然数）一起，形成了一个三体联

合。其中第三个悖论有一个特殊情况就是，所有不属于自身的类的类的悖论（n = 1）。

更精确地说，一个类 A_1 是循环的，仅当有某个正整数 n 和类 A_2，A_3，…，A_n 使得

$$A_1 \in A_n \in A_{n-1} \in \cdots \in A_1。$$

对于任一个给定的正整数 n 而言，一个类 A_1 是 n - 循环的，仅当有类 A_2，…，A_n 使得

$$A_1 \in A_n \in \cdots \in A_2 \in A_1。$$

十分显然，通过类似于上面的讨论，我们就得到一个所有非循环类的类的悖论，以及对各个正整数 n 得到一个所有非 n - 循环类的类的悖论[①]。

清华大学，北京。

（原文为英文，美国《符号逻辑杂志》第 18 卷第 2 期，1953 年 6 月，第 114 页。1952 年 12 月收到。张清宇译。）

---

① 审稿人指出，在 *Mathematical Logic*（美国马萨诸塞州剑桥市，1951 年修订版）一书的第 128 页至第 130 页上 W. V. Quine 证明了一个结果，这结果相当于所有非 n - 循环类的类的悖论。

两个语义悖论

考虑这样一个命题：

(1) 我正在讲的不可证明。

假定这个命题可以证明。那么它一定是真的，用它自己的话说，也就是它不可证明；这将跟我们的假定矛盾。

假定它可以证明将引出矛盾，因此这命题不可证明。换句话说，这命题是真的。这样，我们也就证明了这命题。

所以，这命题既可证明又不可证明。

在上述讨论的第二部分中，如果我们是在一个给定的形式系统 S 中来谈(1)的证明，那么我们就不能说已经在 S 中证明了这一命题。因为，很有可能这一论证无法在 S 中形式化。正如我们大家都知道的那样，哥德尔在他 1931 年的著名论文中确实证明了，在适当的系统 S 中可以构造一个声称自身在 S 中不可证明的命题。我们不妨回顾一下哥德尔所作的结论，它是说如此构造的命题虽是真的但在 S 中不可证明。所以，只要限于考虑给定系统中的可证性，我们也就不会因此而产生矛盾。

(1) 的对偶命题如下：

（2）我正在讲的可以反驳。

假定这命题是真的，或者用它本身的话来讲，它可以反驳。那么它一定是假的，这就跟我们的假定相矛盾。

假定它可以反驳将引出矛盾，因此这命题是假的。这样，我们也就反驳了这命题。弄清这命题可以反驳，也就是说它是真的。

所以，这命题既真又假。再一次利用哥德尔的做法，我们就可在一个适当的系统 S 中找出一个声称自身在 S 中可反驳的命题。所要作的结论就是，这命题虽是假的但在 S 中不可反驳（即，它的否定在 S 中不是可证明的）。

也许有意思的是要看到，在对所给语言能形式化的东西未作精确刻画时，（1）和（2）只不过分别是两个悖论序列的首项。首先考虑跟（2）有关的下列命题：

（2_1）可以证明我正在讲的可以反驳；

（2_2）可以证明"可以证明我正在讲的可以反驳"；等等。

这些命题中的每一个都既真又假。例如考虑（2_2）。如果它是真的，那么由可证命题都真可知，（2_2）在去掉最初四个字"可以证明"和双引号后所得的命题是真的，后者再去掉"可以证明"四个字后也是真的。这也就是说，（2_2）可以反驳，即，被证明为是假的。所以，（2_2）是假的。

这一讨论确立了（2_2）的虚假性，因此（2_2）可以反驳。确立了（2_2）可以反驳，因而也就可以证明（2_2）可以反驳。同样我们也可以得出结论，可以证明"可以证明（2_2）可以反驳"；也就是说，（2_2）是真的。

类似地，我们还可把这一讨论推广到（1）上来证明下列各个命题既可证明又不可证明：

（1_1）可以证明我正在讲的不可证明；

（1_2）可以证明"可以证明我正在讲的不可证明"；等等。

北京大学

（原文为英文，美国《符号逻辑杂志》第 20 卷第 2 期，1955 年 6 月，第 119～120 页。1954 年 4 月 17 日收到。张清宇译。）

初 基 演 算[*]

命题演算的构成，通常有三步骤的说法，即从 Johanson 的"极小演算"到 Heyting 的构造论命题演算再到二值演算。此外，Lewis 从模态或严格蕴涵出发，也分别了许多步骤，以达到二值演算为终极；特别值得注意的是最后三个步骤，即从 S 4 到 S 5 到二值演算。这两个三步骤就某意义说乃是通常命题演算的构成中最本质的步骤。综合这两个三步骤，会带来许多便利，而本文所提出的也就是作为二者共同基础的初基演算。

初基演算是一个比 Johanson 的"极小演算"更"小"的命题演算。在本文的叙述中，初基演算只用四个联结词，即絜合（"∧"），析取（"∨"），否定（"⌐"），蕴涵（"⊃"）。把蕴涵作为严格蕴涵来看，初基演算是完全包含在 Lewis 的模态系统 S 4 中的。在 Lewis 所提出的五种模态系统 S 1—S 5 中，S 4 的重要性远远超过了其余四种。（参看〔1〕。）从形式看，S 4 中那些至多仅包含絜合、析取、否定，严格蕴涵四个联结词的定理里面有些也是"极小演算"的定理，有些则不是。不是的就例如

---

* 1956 年 6 月 22 日收到。——《数学学报》编者注

下列八个定理（为一律起见，我们把表示严格蕴涵的"$\prec$"写成"$\supset$"）：

$$A \wedge \neg A \supset B$$

$$A \vee B \wedge \neg A \supset B$$

$$\neg \neg A \supset A$$

$$(\neg A \supset A) \supset A$$

$$A \vee \neg A$$

$$\neg (A \wedge B) \supset \neg A \vee \neg B$$

$$(\neg A \supset B) \supset A \vee B$$

$$(A \supset B) \supset \neg A \vee B$$

（为了节省括弧，我们规定："$\supset$"的分离力强于"$\wedge$"，"$\wedge$"的分离力又强于"$\vee$"；"$\neg$"的辖域，与通常一样，总是选择最小的。）这里面除了头两个，其余六个定理（从形式看）甚至还不是 Heyting 的"直觉主义命题演算"的定理。反过来，有些"极小演算"的定理当我们把"$\supset$"看作严格蕴涵时就不是 S 4 的定理。我们举下列六个定理为例，这六个甚至还不是 Lewis S 5 的定理：

$$B \supset (A \supset B)$$

$$B \supset (A \supset A \wedge B)$$

$$B \wedge (A \supset C) \supset (A \supset B \wedge C)$$

$$(A \wedge B \supset C) \supset [B \supset (A \supset C)]$$

$$[A \supset (B \supset C)] \supset [B \supset (A \supset C)]$$

$$\neg (A \wedge B) \supset (A \supset \neg B)$$

这中间头一个乃是一向被认为数理逻辑"奇说"之一的命题演算定理。

初基演算可以看作 S 4 与 "极小演算" 交叉中的一部分。它不包含以上所举 14 个定理中任何一个。不消说，下列两个既不包含在 "极小演算" 中又不包含在 S 4 （或 S 5） 中的 Heyting 命题演算的定理也不是初基演算的定理：

$\neg A \supset (A \supset B)$

$A \vee B \supset (\neg A \supset B)$

（甲）初基演算的第一部分

初基演算的第一部分只用两个联结词，即 "$\supset$" 与 "$\wedge$"。命题变项 （其值是任何不包含自由变项的命题） 即大写拉丁字母在我们不看作对象语言中的符号，于是初基演算在我们这处处用到大写拉丁字母的叙述中所有的只是公理模式，推理模式（主要是基本推理模式），定理模式。我们把公理模式与定理模式简称为公理与定理。由于这样，我们虽然经常会运用 "代入" 的方法，"代入" 却不是一个推理模式。

初基演算共用两个基本推理模式：

$$\text{I} \quad \dfrac{\begin{array}{c} A \\ A \supset B \end{array}}{B} \qquad\qquad \text{II} \quad \dfrac{\begin{array}{c} A \\ B \end{array}}{A \wedge B}$$

初基演算的第一部分所用的公理有下列七个 （实际上是模式）：

A1 $A \supset A$

A2 $(B \supset C) \supset [A \supset (B \supset C)]$

A3 $A \wedge (A \supset B) \supset B$

A4 $(A \supset B) \wedge (B \supset C) \supset (A \supset C)$

A5 $A \wedge B \supset A$

A6　A∧B⊃B

A7　（A⊃B）∧（A⊃C）⊃（A⊃B∧C）

以下是一些比较重要的定理。我们把每个定理的证明的模式都按着次序标明在该定理后面。

A8　A∧B⊃B∧A

〔A 6—A 5—Ⅱ—A 7—Ⅰ〕

我们可以把Ⅱ—A 7—Ⅰ读作如下的推理模式：

$$\frac{A⊃B \quad A⊃C}{A⊃B∧C}$$

A9　A⊃A∧A

〔A 1—A1—Ⅱ—A 7—Ⅰ〕

这两个 A 1 是完全相同的，没有作不同的代入，因此我们特别加上标记。

A 10　A∧（A⊃B）⊃A∧B

〔A 5—A 3—Ⅱ—A 7—Ⅰ〕

A 11　（A⊃B）⊃（A⊃A∧B）

〔A 1—A 2—Ⅰ—A 1—Ⅱ—A 7—Ⅱ—A 4—Ⅰ〕

我们可以把 A 2—Ⅰ与Ⅱ—A 4—Ⅰ读作如下的推理模式：

$$\frac{B⊃C}{A⊃（B⊃C）} \qquad \frac{A⊃B \quad B⊃C}{A⊃C}$$

A 12　（B⊃C）⊃〔（A⊃B）⊃（A⊃C）〕

〔A 2—A 11—A 4—A 2—Ⅰ—A 11—Ⅰ—A 4—Ⅱ

—A 4—Ⅰ—Ⅱ—A 4—Ⅰ—Ⅱ—A 4—Ⅰ〕

为使证明容易些，我们可以先用 A 2—Ⅰ—A 11—Ⅰ—A 4—Ⅱ—A 4—Ⅰ来证明如下的辅助推理模式（这模式暂时称之为Ⅲ）：

$$\frac{B \supset C}{(A \supset B) \supset (A \supset C)},$$

然后由 A 2 得

$$(B \supset C) \supset [(A \supset B) \supset (B \supset C)],$$

由 A 11 得

$$[(A \supset B) \supset (B \supset C)] \supset [(A \supset B) \supset (A \supset B) \wedge (B \supset C)],$$

由 A 4—Ⅲ得

$$[(A \supset B) \supset (A \supset B) \wedge (B \supset C)] \supset [(A \supset B) \supset (A \supset C)],$$

连用两次Ⅱ—A 4—Ⅰ就得 A 12。有了 A 12，以后我们用到Ⅲ的时候就把Ⅲ写作 A 12—Ⅰ。

A 13　$(A \supset B) \supset [(B \supset C) \supset (A \supset C)]$

　　　〔A 2—A 11—A 8—A 4—Ⅱ—A 4—Ⅰ—A 12—Ⅰ—

　　　Ⅱ—A 4—Ⅰ—Ⅱ—A 4—Ⅰ〕。

这也是由 A 2，由 A 11，由 A 8—A 4—Ⅱ—A 4—Ⅰ—A 12—Ⅰ分别得三式，再运用两次Ⅱ—A 4—Ⅰ。

A 14　$(B \supset C) \supset (A \wedge B \supset A \wedge C)$

　　　〔A 5—A 2—Ⅰ—A 6—A 13—Ⅰ—Ⅱ—A 7—Ⅰ—

　　　7—Ⅱ—A 4—Ⅰ〕。

无须指出，A 13—Ⅰ（还有前面的 A 11—Ⅰ与后面的 A 15—Ⅰ）可以读作推理模式。

A 15　$[B \supset (A \supset C)] \supset (A \wedge B \supset C)$

　　　〔A 14—A 3—A 12—Ⅰ—Ⅱ—A 4—Ⅰ〕。

A 16　$[A \supset (A \supset B)] \supset (A \supset B)$

　　　〔A 15—A 9—A 13—Ⅰ—Ⅱ—A 4—Ⅰ〕。

A 17　$[A \supset (B \supset C)] \supset [(A \supset B) \supset (A \supset C)]$

　　　〔A 15—A 8—A 13—Ⅰ—A 12—A 11—A 13—Ⅰ—

　　　Ⅱ—A 4—Ⅰ—Ⅱ—A 4—Ⅰ—Ⅱ—A 4—Ⅰ〕。

由 A 15，由 A 8—A 13—Ⅰ，由 A 12，由 A 11—A 13—Ⅰ分别得四式，再连用三次Ⅱ—A 4—Ⅰ。

A 18　（A⊃B）∧（A∧B⊃C）⊃（A⊃C）

　　　〔A 12—A 11—A 13—Ⅰ—Ⅱ—A 4—Ⅰ—A 15—Ⅰ〕。

A 19　（A∧B）∧C⊃A∧（B∧C）

　　　〔A 5—A 5—Ⅱ—A 4—Ⅰ—A 5—A6—Ⅱ—A4—Ⅰ—
　　　A 6—Ⅱ—A 7—Ⅰ—Ⅱ—A 7—Ⅰ〕。

由于两个 A 5 完全相同，证明一共用了八个前提，不是九个。

A 20　A∧（B∧C）⊃（A∧B）∧C

　　　〔A 5—A 6—A 5—Ⅱ—A 4—Ⅰ—Ⅱ—A 7—Ⅰ—A 6
　　　—A 6—Ⅱ—A 4—Ⅰ—Ⅱ—A 7—Ⅰ〕。

（乙）初基演算的第二部分

初基演算的第二部分引入了第三个联结词即"∨"，并在第一部分已有的七个公理上面增加了下列四个公理：

A 21　A⊃A∨B

A 22　B⊃A∨B

A 23　（A⊃C）∧（B⊃C）⊃（A∨B⊃C）

A 24　A∧B∨C⊃（A∧B）∨（A∧C）

以下是一些比较重要的定理。

A 25　A∨B⊃B∨A

　　　〔A 22—A 21—Ⅱ—A 23—Ⅰ〕

A 26　A∨A⊃A

　　　〔A 1—A 1—Ⅱ—A 23—Ⅰ〕

A 27　（A⊃B）⊃（A∨B⊃B）

〔A 1—A 2—Ⅰ—A 23—Ⅱ—A 18—Ⅰ〕

A 28　（A⊃B）⊃（A∨C⊃B∨C）

〔A 21—A 12—Ⅰ—A 22—A 2—Ⅰ—Ⅱ—A 7—Ⅰ—
A 23—Ⅱ—A 4—Ⅰ〕

A 29　A∨C∧B∨C⊃（A∧B）∨C

〔A24—A8—A24—A8—A21—Ⅱ—A4—Ⅰ—A6—A⌐22
—Ⅱ—A4—Ⅰ—Ⅱ—A23—Ⅰ—Ⅱ—A4—Ⅰ—Ⅱ—A4
—Ⅰ—A6—A22—Ⅱ—A4—Ⅰ—Ⅱ—A23—Ⅰ—Ⅱ—
A4—Ⅰ〕

A 30　A∨（B∨C）⊃（A∨B）∨C

〔A21—A 21—Ⅱ—A4—Ⅰ—A22—A21—Ⅱ—A4—
Ⅰ—A22—Ⅱ—A23—Ⅰ—Ⅱ—A23—Ⅰ〕

A 31　（A∨B）∨C⊃A∨（B∨C）

〔A21—A21—A 22—Ⅱ—A 4—Ⅰ—Ⅱ—A 23—Ⅰ—
A22—A22—Ⅱ—A4—Ⅰ—Ⅱ—A 23—Ⅰ〕

（丙）初基演算的第三部分

初基演算的第三部分引入了第四个联结词即"⌐"，并在第
二部分已有的 11 个公理上面增加了下列三个公理：

A 32　（A⊃B）∧⌐B⊃⌐A

A 33　A⊃⌐（B∧⌐B）

A 34　A∧⌐（A∧B）⊃⌐B

以下是一些比较重要的定理。

A 35　（A⊃B）⊃（￢B⊃￢A）

〔A 2—A 11—A 8—A 32—Ⅱ—A 4—Ⅰ—A 12—Ⅰ—
Ⅱ—A 4—Ⅰ—Ⅱ—A 4—Ⅰ〕

A36　￢（A∧￢A）

〔A 1—A 33—Ⅰ〕

这一证明有两点可以注意：（1）本文其他定理的证明都是可以
由定理本身与方括弧中所给的模式序列来完全确定的，但本定理的
证明则不然，因为在这里 A 1 中作什么代入是完全任意的。（2）A 1
可以用任何其他公理或已证明的定理来代替，例如我们就可以用 A
33 来代替 A 1，这样可以表明本定理是不依赖 A 1 的。

A 37　A⊃￢￢A

〔A 33—A 34—Ⅱ—A 18—Ⅰ〕

A 38　（A⊃￢B）⊃￢（A∧B）

〔A14—A33—Ⅱ—A7—Ⅰ—A32—A8—A35—Ⅰ—Ⅱ
—A 4—Ⅰ—Ⅱ—A 4—Ⅰ〕

A 39　（A⊃￢B）⊃（B⊃￢A）

〔A 35—A 37—A 13—Ⅰ—Ⅱ—A 4—Ⅰ〕

A 40　（A⊃￢A）⊃￢A

〔A 38—A 9—A 35—Ⅰ—Ⅱ—A 4—Ⅰ〕

A 41　（A⊃B）∧￢（A∧B）⊃￢A

〔A 8—A 11—A 35—Ⅱ—A 4—Ⅰ—A 15—Ⅰ—Ⅱ—
A 4—Ⅰ〕

A 42　（A⊃B）∧（A⊃￢B）⊃￢A

〔A 38—A 14—Ⅰ—A 41—Ⅱ—A 4—Ⅰ〕

A 43　￢A∧￢B⊃￢（A∨B）

〔A 5—A 39—Ⅰ—A 6—A 39—Ⅰ—Ⅱ—A 23—Ⅰ—
A 39—Ⅰ〕

初基演算的第三部分在本文的叙述中除最后一个定理即A43以外，是完全不依赖第二部分的，因而是与第一部分直接联系的。

（丁）从初基演算到二值演算

初基演算具有两个重要的特性，这两个特性也是"极小演算"与 S 4 所具有的。

第一个特性是：初基演算的每一个推理模式（基本的或演出的）都有一个与之相应的定理模式（或公理模式）。这意思是说：令 A，B，…表示任何一些确定的（不包含自由变项的）命题。那么（1）$\dfrac{A}{B}$适合于初基演算的推理模式之一的必要与充分条件是 A⊃B 适合于初基演算的定理模式之一。由于Ⅰ，这条件是充分的。这条件之所以是必要的，是因为当$\dfrac{A}{B}$适合于初基演算的某一（可能是演出的）推理模式时，我们一定有一个在 A 这一假定之下的 B 的证明，这证明的结论是 B 而证明中所用到的除了 A 以外只有初基演算的公理与基本推理模式。而我们可以用下述方法把这证明改变为一个不依赖 A 这一假定的 A⊃B 的证明。我们只需在证明中当用到 A 这一假定时改用 A 1 即 A⊃A，当用到任何公理 α 时改用 α—A 2—Ⅰ〔初基演算的每一公理都是具有 C⊃D 的形式的，因此这样改是可能的，改后所得结果是 A⊃（C⊃D）〕，当用到Ⅰ时改用 Ⅱ—A 7—Ⅰ—A 3—Ⅱ—A 4—Ⅰ，当用到Ⅱ时改用 Ⅱ—A 7—Ⅰ。（2）$\dfrac{\dfrac{A}{B}}{C}$适合于初基演算的推理模式之一的必要与充分条件是 $A \land B \supset C$〔不是 $A \supset (B \supset C)$〕适合于初基演算的定理模式之一。由于上面的结果，再由于 Ⅱ，这条件是充分的；由于上面的结果，再由于 A 5—Ⅰ 与 A 6—Ⅰ，这条件是必要的。包含三个或三个以上的前提的推理模式也照此类推。

这特性不是 Lewis 的 S 1—S 3 所具有的，因此 S 1—S 3 不在本节收所考虑的系统之列。

第二个特性是：初基演算中，在 $A \supset B$ 与 $B \supset A$ 的假定之下，A 与 B 可以互相代替。这意思是说：令 $\Phi(X)$ 同于 $\Psi(X, C, D, \cdots)$，而 Ψ 是纯由 "$\land$"，"$\lor$"，"$\neg$"，"$\supset$" 四个联结词一层一层构成的。

那么

$$\Phi(A)$$
$$A \supset B$$
$$\frac{B \supset A}{\Phi(B)}$$

是初基演算的推理模式。这可以用 A 12，A 13，A 14，A 28，A 35，Ⅰ，A 8，A 25，Ⅱ—A 4—Ⅰ 来证明。

（以上两个特性的证明是不依赖 A 24，A 33，A 34 这三个公理的。因此从初基演算的 14 个公理中减去这三个公理所得的系统也还是具有这两个特性的。）

在初基演算中把 A 2 加强为

B 1　$B \supset (A \supset B)$

所得的系统就是 "极小演算"。

在初基演算上增加公理

C 1　$A \lor B \land \neg A \supset B$

所得的系统（从形式看）是 S 4 与 Heyting 命题演算交叉中的一

部分，我们称之为次基演算。在次基演算中把 A 2 加强为 B1 所得的系统就是 Heyting 命题演算。

在次基演算上增加公理

　　E 1　　A⊃B∨¬B

所得的系统就是模态系统 S 4。在 S 4 上增加公理

　　F 1　　¬(B⊃C)⊃〔A⊃¬(B⊃C)〕

所得的系统就是古典模态系统即 S 5。在 S 5 中把 A 2 与 F 1 加强为 B 1 所得的系统就是通常的命题演算，即二值演算。

在"极小演算"中（甚至在把公理 E 1 加入"极小演算"后所得的系统中）不能推出 C 1，这可以用如下的函值表来证明：

⊃	0	1		∧	0	1		∨	0	1		¬		
0	0	1		0	0	1		0	0	0		0	0		A = 0
1	0	0		1	1	1		1	0	1		1	0		B = 1

在 Heyting 演算中（甚至在把公理

　　E 3　　A⊃¬¬B∨¬B

加入 Heyting 演算后所得的系统中）不能推出 E 1，这可以用如下的函值表来证明：

⊃	0	1	2		∧	0	1	2		∨	0	1	2		¬		
0	0	1	2		0	0	1	2		0	0	0	0		0	2		A = 0
1	0	0	2		1	1	1	2		1	0	1	1		1	2		B = 1
2	0	0	0		2	2	2	2		2	0	1	2		2	0		

（在 Heyting 演算中不能推出 E3，这可以用如下的函值表来证明：

⊃	0	1	2	3	4	∧	0	1	2	3	4	∨	0	1	2	3	4	¬		
0	0	1	2	3	4	0	0	1	2	3	4	0	0	0	0	0	0	0	4	A = 0
1	0	0	2	3	4	1	1	1	2	3	4	1	0	1	1	1	1	1	4	B = 2
2	0	0	0	3	3	2	2	2	2	4	4	2	0	1	2	1	2	2	3	
3	0	0	2	0	2	3	3	3	4	3	4	3	0	1	1	3	3	3	2	
4	0	0	0	0	0	4	4	4	4	4	4	4	0	1	2	3	4	4	0	

本文开首所举的 ¬（A∧B）⊃¬A∨¬B 一式在初基演算的假定下是与 E 3 相等的。）

在 S 4 中不能推出 F 1，这可以用如下的函值表来证明：

⊃	0	1	2	3	∧	0	1	2	3	∨	0	1	2	3	¬		
0	0	1	3	3	0	0	1	2	3	0	0	0	0	0	0	3	A = 0
1	0	0	3	3	1	1	1	3	3	1	0	1	0	1	1	2	B = 1
2	0	1	0	1	2	2	3	2	3	2	0	0	2	2	2	1	C = 1
3	0	0	0	0	3	3	3	3	3	3	0	1	2	3	3	0	

在 S 5 中不能推出 B 1，这可以用如下的函值表来证明：

⊃	0	1	2	3	∧	0	1	2	3	∨	0	1	2	3	¬		
0	0	3	3	3	0	0	1	2	3	0	0	0	0	0	0	3	A = 0
1	0	0	3	3	1	1	1	3	3	1	0	1	0	1	1	2	B = 1
2	0	3	0	3	2	2	3	2	3	2	0	0	2	2	2	1	
3	0	0	0	0	3	3	3	3	3	3	0	1	2	3	3	0	

　　这些函值表中特选的值都是 0。这样我们就证明了我们的七个系统中任何两个都是不相同的。有了这些函值表我们也容易检查篇首所举的 16 个式子各自的情形。当然这些函值表有些是已经被人提出过的。

　　在"极小演算"中，因而也在 Heyting 演算和二值演算中，公理 A 1 是可以用 B1—B1—Ⅱ—A 7—Ⅰ—A 3—Ⅱ—A 4—Ⅰ 来证明的，公理 A 24，A 34 也是可以用其他公理来证明的，我们可以删去这三个公理；还有，公理 A 33 可以用 A 36 来代替。在 Heyting 演算中，因而也在二值演算中，公理 C1 可以用

D1　　￢A⊃（A⊃B）

来代替。在二值演算中，公理 E1 又可以用

E2　A∨￢A

来代替。这三个演算的公理系统可以作这些改进。

但改进以后仍然并非所有七个系统的公理都是独立的。例如：在二值演算中，公理 A 32，A 36（原来是 A 33）仍然不是独立的。在初基演算中，因而在次基演算和 S 4，S 5 两个模态系统中，A 1 也不是独立的，但在初基演算的第一部分中 A 1 是独立的。还有，在 S 4 中，因而在 S 5 中，A 33 也不是独立的。

〔附注 1〕　本文所用的命题演算证明的系列标记法既是简单，又是严格，说不定由此可以开辟出一个新的研究领域来。这应该有专文论列它。这里我们只再加一点简略的说明。我们用〔α—β—Ⅰ〕表示把Ⅰ运用于 α 与 β 后所得的结果；这就是说，若 β 即是 $\alpha \supset \gamma$，则〔α—β—Ⅰ〕$= \gamma$。同样，若 γ 即是 $\alpha \wedge \beta$，则〔α—β—Ⅱ〕$= \gamma$。设Ⅲ是一个只包含一个前提的推理模式，那么〔α—Ⅲ〕即是把Ⅲ运用于 α 后所得的结果。馀仿此。在〔α—β—Ⅰ〕$= \gamma$ 中，设 α 与 β 是定理模式。由于在 α 与 β 中作各种不同的代入，γ 这一定理模式也可以有各种不同的样子，在这中间我们必须挑选涵盖性最大的那些 γ，而这些 γ 除了所用字母不同外总是完全同一的。但〔α—β—Ⅰ〕也有时会没有意义，就是说，也有时在 α 与 β 中作任何代入都不会使我们有可能把Ⅰ运用于其上。例如〔A 5—A 6—Ⅰ〕这式子就是没有意义的。余仿此。还有，用这种标记法时，方括弧中的方括弧我们一概省去。例如〔A 6—A 5—Ⅱ—A 7—Ⅰ〕是〔〔A 6—A 5—Ⅱ〕—A 7—Ⅰ〕之省，〔A 14—A 3—A 12—Ⅰ—Ⅱ〕是〔A 14—〔A 3—A 12—Ⅰ〕—Ⅱ〕之省，等等。

〔附注 2〕　本文所说的"推理模式"是狭义的，不是广义的。设 A，

B，…C 是一些不包含自由变项的命题，又设 AB…/C 适合于某系统的某一（演出的）推理模式。这等于说把 A，B…加入这系统中作为公理可以得出 C 这个定理。但这并不只等于说：若 A，B，…都是这系统的定理，那么 C 也是这系统的定理。举一个例：在初基演算中，若 B 是定理，那么 A⊃B 也是定理：但我们不能一般地说，把 B 加入初基演算中作为公理可以得出 A⊃B 这个定理。可注意的是，我们若在初基演算中加入"B/A⊃B"作为基本推理模式，那么结果是初基演算的定理毫无增加，但它的两个特性中第一个特性已经丧失了，因为我们还是得不出 B l 这个定理。这里包含了一个假定，就是按照我们的办法，一个逻辑系统不能单纯地看作是所有定理模式的集合，而应该看作是所有推理模式（包括定理模式）的集合。

〔附注 3〕　初基演算的第一部分可以分成两小部分，即仅包含"⊃"这一联结词的部分和包含"⊃"，"∧"两个联结词的部分。这样分开两部分也是很有意义的，读者可以试试这样做。但本文没有采取这办法，而还是同 Heyting 原来的分法一样，这是因为本文对公理的选择有其特殊的标准，恰好这标准和把第一部分分成两小部分的办法是难以同时运用的。

〔附注 4〕　初基演算的 A 33 和 S 4 的 E 1 两公理不是"有机的"公理，因为初基演算的定理 A 36 和 S 4 的定理 E 2 分别地是 A 33 和 E1 结构中的部分。无疑，这两个公理是可以改进的，但改进要同时照顾到本文挑选公理的标准，恐怕不容易。在我们所选择的各系统的公理中，有四个是"不得已而用之"的，那就是 A2，F1，A33，E1。其实这四个公理中的"A⊃"那部分都可以看作"必然"的代用语。A 2，F 1 是 B 1 的弱化，A 33，E 1 则是 A 36，E 2 的强化。除了这四个公理，其余共有 17 个公理（包括 A 36，D 1，E 2），一方面它们往往极其接近通常古典逻辑所陈述的简单推理形式和表示思维规律的公式，另一方面它们相互间还具有内在的关联性和对称性，希望读者加以注意。

参考文献

〔1〕 Gödel, K. , *Eine Interpretation des intuitionistischen Aussagenkalküls*, Erg. math. Kolloqu. , 1933, Hett 4.

〔2〕 Heyting, A. , *Die formalen Regeln der intuitionistischen Logik*, S. B. preuss. Akad. Wiss. , 1930.

〔3〕 Johanson, I . , *Die Minimalkalkül, ein reduzierter Formalismus*, Compositio Math. , 1936.

〔4〕 Lewis, C. I . and Langford, C. H. , *Symbolic Logic*, 1932.

（《数学学报》第 7 卷第 1 期，1957 年。）

论"思维形式"和形式逻辑

"思维形式"和"形式的"

按近代西方哲学家的用词习惯，"形式"（form）这名词和"形式的"（formal）这形容词的含义并不是完全相应的，甚而可以距离很远。黑格尔的逻辑学所研究的那些"范畴"，黑格尔本人也称之为"思维形式"，但是我们决不能说黑格尔的逻辑学所研究的乃是"形式的东西"（das formale）。相反，正因为黑格尔在研究"思维形式"时并不着眼于"形式的东西"，所以他的逻辑学才区别于"形式逻辑"（formale logik），而名为"辩证逻辑"，不过这是唯心论的、头脚颠倒的辩证逻辑。

为了弄清楚"思维形式"和"形式的"这些词项的含义，还必须追溯到康德。康德用"思维形式"这名词，一方面区别于空间和时间这些"直观形式"，另一方面也和实体和因果性等"范畴"有区别。大家知道，时间和空间本来是客观事物的存在形式；但康德从他的唯心论观点出发，认为二者只是人类感性直观的形式。再者，实体和因果性等本来是由客观事物抽象得来的范畴；但康德从他的唯心论观点出发，认为这些范畴是人类知性本来具有的东西。我们知道，康德的范畴表是从知性的判断形式表中导引出来的。虽然如此，按康德的看法，与知性的综合作用直接关联的"范畴"还是和与知性的分析作用直接关联的判断形式或"思维形式"有一定的区别："思维形式"只是"一般逻辑"或形式逻辑的对象，而"范畴"则是康德所提出的"超验逻辑"所要考察的东西。直到黑格尔才把康德的"范畴"也称为"思维形式"。可见在康德那里，"思维形式"这名词和人们今天所理解的"形式的"这形容词倒还是大致相应的。

但是这里又发生了一个问题。在康德之前的逻辑学家沃尔夫，曾认为概念的清楚不清楚和明晰不明晰是概念的"形式的"性质，也就是说，是"思维形式"方面的问题。如果我们再回到笛卡儿那里看一看，就会想到概念的清楚不清楚和明晰不明晰，是跟公理的显明性有密切关系的；那么，公理的显明性也可以认为是判断的"形式的"性质了，也是"思维形式"方面的问题了。而实际上概念的明确性和判断的显明性，都不能认为完全是"思维的形式结构"方面的问题。我们知道，如果一个定义有了正确的形式结构，那么被定义的概念可以认为是明确的，但是还必须加上一个条件，就是用来作定义的那些概念（定义项中所用的那些概念）必须先是明确的。同样，如果一个证明有了正确的形式结构，那么被证明的判断可以认为是显明的，但是还必须加上一个条件，就是用来作为证明的论据的那些判断必须先是显明的。可见概念的明确性和判断的显明性都不止是"形式结构"方面的问题，而是关涉到思维的具体内容的。假如我们还说，概念的明确性和判断的显明性是属于"思维形式"方面的，那么"思维形式"这名词就有了比"思维的形式结构"较为广泛的含义了。不过按今天的习惯，"形式的"这形容词已经不再那样广泛地被使用着。

今天我们使用"形式的"这形容词，是和"形式结构"这名词完全相应的。但这里又发生了第三个问题。我们知道，思维对于语言来说，思维是内容，语言则是思维的表现形式。但思维又有自己的形式或形式结构，这形式对于语言来说，也还是属于被表现的内容方面的东西。很多人使用"形式的"和"形式结构"这两个语词，不是用来指思维的形式结构，而是指的符号公式的外表结构；但同时另一些人使用这两个语词，仍然指的是思维的形式结构。我们不要忘记，这是两种不同的东西。

把上面所说的总结起来：

（一）"思维形式"这名词可以用来指实体和因果性等范畴，但这些范畴不能称作"形式的"东西；它们有时可以看作是"思维结构"方面的东西，但绝不是"思维的形式结构"方面的东西。（外国文，"形式结构"是包含了"形式的"这形容词的。）

（二）"思维形式"这名词，甚而在过去"形式的"这形容词，可以用来指像概念的明确性和判断的显明性那样的东西，但这些东西主要不是"思维的形式结构"方面的问题。（判断的真正的而不是幻想的显明性当然有其客观基础，但它也是思维本身的性质；至于判断的恰当性则完全是内容真实的问题，是思维和对象的关系问题，和显明性不同。）

（三）"思维形式"这名词和"形式的"这形容词，可以用来指"思维的形式结构"，例如判断有直言、假言、选言、肯定、否定、单称、全称、特称等多种差别。

（四）"形式的"这形容词和"形式结构"这名词，又可以用来指符号公式的外表结构，而不是指"思维的形式结构"。

"逻辑学"

　　"逻辑学"就其最广泛的意义讲，乃是和这门那门具体科学都不相同的、以思维的一般形式和一般规律为对象的科学。这样的科学可以有两种：一种是对思维形式和思维规律作全面的考察，特别是着眼在思维过程的运动发展，这就是辩证逻辑；一种是对思维形式和思维规律作抽象的、静止的考察，把概念和判断等当作已经形成的东西，这就是广泛意义的形式逻辑。作为知性的逻辑，形式逻辑是初级的逻辑学；而作为理性的逻辑，辩证逻辑是高级的逻辑学。辩证逻辑和形式逻辑可以用几何学上的圆形和方形来作比喻。圆形是最丰满的图形，它又是运转不居的；方形是静止稳定的图形，一个方形又很容易分割成许多方形。这正好象征了辩证逻辑和形式逻辑这两门科学所具有的不同的特征。

　　辩证逻辑着眼在思维的一般内容，这一般内容是以范畴的形式表现出来的。在辩证逻辑中，主观逻辑和客观逻辑密切关联着，而客观逻辑的诸范畴先行于主观逻辑的诸范畴。如果按形式逻辑的形象来构造辩证逻辑，就会使辩证逻辑变成一条腿的、不完整的东西。辩证逻辑是在思维和存在的辩证的同一性中来研究思维的，同时它以"存在第一性，思维第二性"为自始至终的指导原则。

　　但是，范畴不只是辩证逻辑所考虑的"思维形式"，它也是广泛意义的形式逻辑所涉及的对象。我们对范畴或思维的一般内容可以作辩证的处理，也可以作形式的处理。对范畴作辩证的处理时，我们着眼在范畴间的内在联系和互相转化上面，这是辩证逻辑所有的事。对范畴作形式的处理时，我们着眼在范畴间的相对静止的结构关系上面，这是"形式的范畴论"所有的事。"形式的范畴论"是广泛意义的形式逻辑的一个部分。

广泛意义的形式逻辑的另一个部分是严格意义的形式逻辑，这是以思维的形式结构为对象的一门特殊的学问。为了精确地研究思维的形式结构，它也要涉及符号公式的外表结构。同时它对自己不能完全掌握的思维内容，也要提出一些要求，它形式地要求着思维内容的明确性和真实性。但是为了满足这些要求，就不能没有形式的范畴论、辩证逻辑以及各门具体科学的理论和实践。

总结起来，逻辑学的分门有如下表：

$$
逻辑学\begin{cases}广泛意义的形式逻辑\begin{cases}严格意义的形式逻辑\\ 形式的范畴论\end{cases}\\ 辩证逻辑即辩证的范畴论\end{cases}
$$

在严格意义的形式逻辑中，又可以分出"外延观点的形式逻辑"一个部分。也许严格意义的形式逻辑中的所有问题都可以在外延观点下得到处理和解决，但是，我们对于这个企图能否成功是很怀疑的。（有的学者用"外延观点"四个字只是类比性质的，这和这里所说的"外延观点"不是一回事。）

普通逻辑和数理逻辑

最后我们谈一谈所谓"普通逻辑"和"数理逻辑"。

普通逻辑是广泛意义的形式逻辑的初步入门的阶段，是"初级的初级逻辑"。作为初步入门的东西，严格意义的形式逻辑和形式的范畴论这两个部分在普通逻辑中还处在未分化的状态。我们甚而可以说，这正是普通逻辑的独特的优点，它使普通逻辑始终不脱离各门科学的具体认识过程，始终和这样的认识过程以及日常思维紧密地联系着。

　　逻辑学在开始形成的时候，不论在中国、印度、西方，都是以一般的认识工具或认识方法的姿态出现的。其实这种普通逻辑是很初级的东西，真正的"方法论"只有马克思主义的辩证逻辑才当得起。但普通逻辑的主要题材确实是初步的认识方法。这种知性的认识方法所涉及的方面，恰好相当于广泛意义的形式逻辑的范围，即既牵涉到思维的形式结构，又包含着"形式的范畴论"的一些问题。

　　在西方，亚里士多德的《前分析篇》对演绎推理的形式结构，作了一些就古代的尺度看来比较精密的研究。这一部分三段论的理论在中世纪被片面地强调了，因而西方的传统逻辑后来被称为"形式逻辑"。本来，"形式逻辑"这名词在外文是包含着"形式的"这形容词在内的。西方的传统逻辑把重点放在演绎推理的形式结构上面，它忽视了经验，因而在很大程度上丧失了认识方法的意义。在近代初期，培根认为这种传统逻辑不足以充当真正的认识工具，他要提出他的"新工具"。《新工具》把归纳方法作为主要的题材，它批判了单独研究思维的片面性，而要把思维和自然界联系起来一起考虑，同时它对归纳推理的形式结构也作了初步的探讨。米尔（即穆勒）追随培根之后，反对"形式逻辑"的狭隘性，他结合当时自然科学的成果，对归纳方法作了进一步的研究。米尔所反对的"形式逻辑"不只相当于严格意义的形式逻辑，即专研究思维形式结构的那种逻辑，它还是被歪曲了的形式主义的"形式逻辑"，即不要求思维内容的真实性而专门讲求"一贯性"的那种逻辑。

　　但英国经验派的归纳逻辑，始终不太适合大陆上学者的口味，许多大陆上出版的逻辑教本虽然吸收了米尔的归纳法，但是总要把它挤在一个角落里面来叙述。于是就出现了这样的情况，就是按英国学者的习惯，"形式逻辑"这名词是和"归纳逻辑"对举的，它所指的是以演绎推理的形式结构为重点的，不包括米尔的归纳方法的传统逻辑，而按德国学者的习惯，"形式逻辑"或者是和康德的"超验逻辑"对举的东西，或者是和黑格尔以及马克思主义的"辩证逻辑"对举的东西，至于在这样的传统逻辑里面加进不加进米尔的归纳方法则是一个比较次要的问题。由于用词习惯的这种分歧，我们认为有必要把"严格意义的形式逻辑"和"广泛意义的形式逻辑"这两个概念加以区别，并且指明和马克思主义的辩证逻辑对举的乃是广泛意义的形式逻辑。

　　广泛意义的形式逻辑是包括了归纳方法的，这一点似乎无须争论。但严格意义的形式逻辑包括不包括归纳推理的形式结构，目前关于这一点存在着分歧的意见，因为有的同志认为归纳推理不是严格的"推理"，也没有严格的"形式结构"。我们认为这种观点至多只适合于今天的逻辑科学的水平，就逻辑科学的远景看来它是不正确的。我们说，严格意义的形式逻辑不但要讲究归纳推理的形式结构，它还要研究各种或然性推理的形式结构。

　　在普通逻辑这门学科里面，思维的形式结构方面的东西乃至数理逻辑应该讲多少，其他有关范畴和认识方法的东西应该讲多少，这是值得斟酌一番的。

　　现在简单地讲一讲数理逻辑的特征。

　　数理逻辑的特征在于它的方法，它是用一种特殊的方法从量的侧面来研究思维的形式结构的，因此它是严格意义的形式逻辑的一个重要的分支。它运用着比日常语言更为精确的符号体系。它把思维过程首先当作演算来处理，然后再加上逻辑的解释，这样分两步走就是数理逻辑的特征。在第一个步骤里，它只考虑一些符号公式的"形式结构"和变换规则；到了第二个步骤，它才把逻辑的内容加进去，而所谓逻辑的内容实际上才是我们所说的"思维的形式结构。"

为了精确地研究思维的形式结构，必须用数理逻辑的方法。数理逻辑的成果已经在工程技术方面有了出色的应用。到现在为止，数理逻辑的研究主要是在前面提到的"外延观点的形式逻辑"范围以内。但是我们认为，就其远景看来，不应当把作为数理逻辑的特征的、着眼在量的侧面的那种方法的运用，局限于"外延观点的形式逻辑"，而有必要把它逐渐扩充到严格意义的形式逻辑的全部。

（《光明日报》1961 年 11 月 10 日。）

唯物主义者培根如何推进了逻辑科学

中世纪的经院哲学把古希腊哲学家亚里士多德的哲学体系变成了死的教条，抛弃了亚氏学说中所有辩证的、活生生的东西。亚氏的形式逻辑被变成了形而上学的、唯心主义的、作为神学的论证工具的教条逻辑。

培根生活在 16 世纪后半期至 17 世纪前半期的英国，这时英国正处在资产阶级革命序幕的时代。恩格斯在《反杜林论》中说，真正的自然科学是从 15 世纪后半期开始的。在培根的时代，科学技术的发明已经积累了一些。培根虽然是贵族，在意识上却代表了一部分先进资产阶级的要求，即发展资本主义生产和为生产服务的自然科学实验方法的要求。培根一方面总结了科学研究和技术发明的初步经验，一方面不得不和那些从中世纪遗留下来的阻碍着科学发展的哲学教条和权威进行不调和的斗争。培根发出了改造逻辑的呼声，使学校里原来是死沉沉的空气开始有了转变。《新工具》是针对着已经被经院哲学用臭了的亚里士多德的《工具论》的一个挑战、一篇革命宣言。

说起来奇怪，今天有许多学者正在研究亚氏的《工具论》，但很少人愿意去仔细阅读培根的《新工具》。当然，清除经院哲学所加于亚氏逻辑学说的唯心主义的歪曲，恢复亚氏的活生生的本来面目，这样的工作是极其有益的。但是对培根的逻辑学说的忽视，却不能看作是健康的现象。人们认为，培根虽然是近代归纳法的创始人，真正能适用于近代科学的归纳法却只是到了约翰·穆勒才被奠定下来。我们再去查一查现代资产阶级学者关于培根的论述，就会发现如下一个事实，即许多现代资产阶级学者专喜欢夸大培根的一些缺点，以便抹杀培根对经验科学方法的全部贡献。而问题的实质只是：经验论学派的创始人培根所持的是唯物主义的观点，恰好和休谟以后的经验论学派的发展方向——不可知主义和主观唯心主义——格格不相融洽。

马克思在《神圣家族》中所给培根哲学的崇高估价指出了培根的真正历史地位："英国唯物主义和整个近代实验科学的真正始祖是培根。"① 用拉丁文写成的《新工具》在欧洲大陆上所产生的影响是巨大的，不能因为培根自己在具体科学上的贡献不多而抹杀了他在理论上的功绩。培根点亮了科学道路上的明灯，把经院哲学的魑魅魍魉一扫而空。至于说事实上并未写完的《新工具》所阐述的科学认识方法有许多不完善的地方，那么我们可以引培根自己的话："我们既然不仅就它自己的能力，并且就它和事物的联系来看待心智，那么我们就必然认为，当科学发现向前进了，科学发现的艺术也会再向前进。"②

培根用"逻辑"这名词颇接近于古希腊斯多葛派，他给了它很广泛的范围。"逻辑"所研究的是"悟性和理性的功用和对象"。培根说："在理性的知识方面，人们企图作的，或者是去

①《马克思恩格斯全集》第2卷，第163页。
②《培根选集》，麦克勒尔编（Bacon, *Selections*, edited by McClure），第372页。

发现所追求的，或者是去判断所发现的，或者是去保持所认可的，或者是去传达所保持的。因此理性的艺术有四，即（一）探究和发现的艺术，（二）检查和判断的艺术，（三）保持和记忆的艺术，（四）讲述和传达的艺术。"① 这四部分都是"逻辑"。我们可以撇开第三和第四，即记忆的艺术和语法修辞学，因为这些不在我们今天所理解的逻辑学范围之内。前两部分的内容则有如下表：

$$
\text{逻辑}
\begin{cases}
\text{发现的艺术}
\begin{cases}
\text{艺术和科学的发现} \\
\text{论证的发现（亚氏} \begin{cases} \text{有学问的经验} \\ \text{自然界的解释（《新工具》）} \end{cases} \\
\text{《论辩篇》）}
\end{cases} \\
\text{判断的艺术（亚氏《分析篇》）}
\end{cases}
$$

　　由上表可以看出，培根并没有完全抹杀亚氏的逻辑学说，只是认为它不足以充当艺术和科学的发现工具。培根把艺术和科学的发现分为两种：一种只是由实验到实验，这叫作"有学问的经验"；一种则是由实验到定律，又由定律到新的实验，这叫作"自然界的解释"。《新工具》所讲的正是后者。但培根并不绝对轻视由实验到实验的方法，他在《崇学论》一书中把这样的方法总结为七种，即实验的变换、伸展、转移、倒置、追逼、应用和联结，并举了不少的实例。

　　现在让我们介绍一下《新工具》的内容。《崇学论》和《新工具》二书本来是培根的未完成的著作《伟大的复兴》的前两部分。全书应该有六部分，在先写成的序言后面培根叙述了他的整个计划，其中有关第二部分即《新工具》的那一段话正好把

----

① 《培根的物理学和形而上学著作》，戴维编（*The Physical and Metaphysical Works of Lord Bacon*, edited by Devey），第 183 页。

培根的新逻辑的精神实质全面地表达了出来。培根在这里指出，新逻辑和通常的逻辑主要有三方面的差异：目的不同，证明的程序不同，探究的出发点不同。

培根说："我们这门科学所追求的目的不是去发现论证，而是去发现艺术，不是去发现什么东西是符合于原理的，而是去发现原理本身；不是去发现或然的理由，而是去发现作业的指定和指导方案。由于旨趣不同，效果也就不同。一个是在辩论中克服对方，一个是在行动中征服自然。"① 在《新工具》中培根又说："人的知识和人的能力是一而二二而一的；不认识原因，就不能产生效果。为了征服自然，必须服从自然。在思考中是原因那样的东西，在动作中就是规则那样的东西。"②

旧逻辑夸大了三段论的功用。培根认为由三段论得来的知识是空洞的、不结果实的。"三段论是由命题构成的，命题是由语词构成的，而语词是概念的符号。因此作为这一切的基础的概念如果本身是混乱的，是由事实轻率地抽象来的，那么上面的整个建筑就不会牢固。所以唯一的希望是在于真实可靠的归纳"。③ "现在通行的逻辑不能帮助人们寻求真理，它倒是在那里把以一般接受的概念为基础的那些谬见固定化起来"。④

因此培根认为解除人心的锢蔽是逻辑学的一个首要任务。好些根深蒂固的错误观念闭塞了人们的心智，使真理的曙光无从透入，使人们不能实事求是地对外界事物作调查研究。培根生动地、形象性地提出了有名的四种假相的学说：所谓"种族假相"乃是指人类所共有的那些使人们歪曲地反映客观事物的心理趋

① 《培根选集》，英文本，第20—21页。
② 同上书，第280页。
③ 同上书，第282页。
④ 同上书，第281页。

向；所谓"洞穴假相"乃是指每一个人或是由于天性、或是由于积习而特有的一些嗜好和偏见；所谓"市场假相"乃是指由日常语言中那些不确切的语词所引起的混乱的概念；所谓"剧场假相"乃是指人们未经批判就接受的各派哲学的教条和一些冒名的科学原理以及不健全的论证方式。只有清洗了这些迷信的东西，人们的心智才能获得解放。

但是仅有"破"没有"立"决不是培根的道路。培根极明确地和古代的怀疑论者划清了界限，因此实际上也就和以后从休谟开始的不可知主义者有明显的界限。"那些完全否认确实性可以达到的人，他们的学说和我们的方法在开头有一些类似，但是到末了却是大相悬殊并且根本对立的。他们无条件地宣布一切东西都不可知；我们也说，用现在流行的方法自然界中我们能知道的东西不多。但是他们接着就把感官和悟性的权威一起破坏，而我们下一步是要为这两者想出和拿出一些办法来"。①

自然界是有它本身的规律的，这些规律是可以认识的。马克思在《神圣家族》中这样叙述了培根的哲学："在**物质的固有的特性**中，**运动是第一个特性**而且是最重要的特性，——这里所说的运动不仅是**机械**的和数学的运动，而且更是**趋向**、**生命力**、**紧张**，……物质的原始形式是物质内部所固有的，活生生的、本质的力量，这些力量使物质获得个性，并造成各种特殊的差异。"②这里所说的"形式"是指事物本身的规律，例如热的"形式"就是热的规律，也就是热之所以为热的深刻的本质，是热的生命，或者说热这种现象背后的原因。这和后来受了不可知主义者休谟的影响的穆勒所说的原因和规律只是指的人的感觉的秩序是

① 《培根选集》，第287—288页。
② 《马克思恩格斯全集》第2卷，第163页。

有天壤之别的。我们是继承了培根的唯物主义的。我们要发现自然界内部的奥秘，为的是要控制自然界，使它为我们的需要服务。让资产阶级学者去歪曲培根罢！他们说，培根所讲的"形式"就是柏拉图的"理念"。实际上培根在《崇学论》中明明指出，柏拉图的"形式"或"理念"是完全脱离了物质的、走向神秘的东西，这和培根的"形式"是内在于物质世界的运动规律同时又是自然科学的主要研究对象，是显然不同的。

培根说："我们要在人的悟性中建造起一座不是一个人自己的理性愿意怎样就怎样而是如实地反映了客观世界的真正的模型；而这件事如果不是对客观世界很辛勤地进行解剖就不能做到。"① 那么我们的探究的出发点是什么呢？唯物主义的经验论者培根认为探究的出发点只能是感官从外界得来的印象。马克思说："按照他（培根——引者）的学说，**感觉**……是一切知识的泉源。科学是实验的科学，科学就在于用**理性方法**去整理感性材料。归纳、分析、比较、观察和实验是理性方法的主要条件。"② 培根认为单靠自发的感性认识是不中用的，必须有计划地进行观察和实验。他说："我们不给感官的直接的、自己的知觉太多分量；我们要这样来安排，让感官的职务只是对实验作出判断，而让实验本身去对事物作出判断。"③ 前面已经说过，从实验到实验那样一个比较接近于爬行的过程就是培根所谓"有学问的经验"；这也有它一定的用处，但是比起《新工具》所告诉我们的办法那就微不足道了。"用一定的方法和规则从那些个别事物所导引出来的定律，它们的新的亮光这回又会向我们指明通到新的

---

① 《培根选集》，第365页。
② 《马克思恩格斯全集》第2卷，第163页。
③ 《培根选集》，第24页。

个别事物的道路"①。狭隘的实用观点反倒使人们达不到实用的目的。而当我们发现了一些真正的定律时，它们就会带来不是一样两样而是成千成万的新的作业。"我们的路程不是平地的，而是上升了又下降；先上升到定律，然后再下降到作业"②。

培根的比喻是绝妙的，他说："经验主义者好比蚂蚁，只是堆集了又享用。理性主义者好比蜘蛛，完全凭自己就织出网来。"③ 真正科学家的工作则是像蜜蜂一样。"蜜蜂从花园和田野里面的花朵采集了材料，又用自己的一种力量来改变和消化它。"④ 经验的和理性的两种能力，应当比过去更密切地结合起来，这才是人类的希望所在。

上面我们已经指出，经验论者培根和爬行经验主义者不同，他认为科学认识的路程不是平地的，而是有上升有下降。现在我们再来看一看，新逻辑和"理性主义者"——培根又称他们为"教条主义者"——的旧逻辑在证明的程序上有什么不同。培根指出，旧逻辑的程序是从感觉和个别事物直接跳到最一般的命题，这些一般的命题是空洞而不坚实的，但是它却把它们当作固定而不变的真理，一切论证都围绕着这一个轴心，由之它推演出中间的定理；这种急躁的程序是不可能真正透露自然界的奥妙的。新逻辑的程序则是从个别事物一步一步地不断上升，先通过低级的定律，然后得到中间的定律，一个比一个更高级，最后才达到最一般的原理；而当我们达到这些一般的原理时，它们就完全不是空洞的，而是有确定内容的，是自然界的真正的最高原理，是事物本身的精髓。但是培根认为比较具体的还是那些中间

---

① 《培根选集》，第346页。
② 《培根选集》，第347页。
③ 同上书，第341页。
④ 同上。

的定律，人们的日常生活和祸福就要倚赖着它们。

不论是低级的、中间的或是最一般的定律，在发现的过程中从头至尾都要运用归纳方法。培根认为归纳法是这样的一种论证形式，它支援着感官，扭住了自然界不放，处在动作的边缘，并且几乎参加了动作。但这样的归纳法决不是旧逻辑的归纳法。"逻辑学家们现在所讲的那种通过简单枚举的归纳法是幼稚万分的；它所作出的结论是不可靠的，随时可以被一两个反面的实例所推翻；它只考虑到已知的和日常的事物；它不会引起任何结果。科学所需要的归纳形式应该是把经验来分析、来肢解，并且通过一个适当的排除和拒绝的过程，引出不可避免的结论"。①这样的归纳法不但在发现定律时用得着，并且在形成概念时也用得着。

在没有写完的《新工具》下卷里面，培根告诉了我们新归纳法的一些具体程序。培根的方法能大大地帮助人们作好科学研究工作，但这并不是说没有学习过他这一套的人就不能作科学研究。在上卷的末尾培根这样说："如果人们有了关于自然和经验的好的材料在手边，并且在这上面辛勤地加工，同时还能遵守两条规则——第一，把一般接受的意见和观念撇在一旁；第二，暂时控制自己，不要去作最高的或者接近最高的概括——那么人们在这过程中就会由于心智的本性的和纯真的力量，不凭任何艺术，和我们所讲的解释自然的形式暗合。因为解释无非就是心智解除了各种阻碍以后的真实而自然的工作。"②

把《新工具》下卷介绍给一般读者当作学习资料，这是不太合宜的。从17世纪到今天，科学已经向前迈进了很长的路程，

---

① 《培根选集》，第22页。
② 同上书，第372页。

培根所举的实例有好些已经是陈旧不能用了。现在我们只约略地讲一讲培根的"三表法"，因为这种归纳方法自从穆勒把它改变了一点又加以发挥以后，就千篇一律地被收入一般的逻辑教本。这里我们要讲的是培根原来的意思。也许人们经过比较后还会发现，穆勒所作的改变不一定处处都比培根原来的格式强！

培根认为科学的主要任务是要发现物质的那些基本性质——例如热、重量、流性等——的"形式"或规律。一种性质的"形式"也就是它的生命的本源，这"形式"培根又给了它另一个名称："真实的属差"（"属差"又译为"特殊的差异"①）。凡是这种性质存在的地方，它的"形式"也必然存在；凡是它不存在的地方，它的"形式"也必然不存在。发现某种性质的"形式"就是发现和这种性质外延相等的另一种性质，而后者又是"某种更一般的性质的一个限制"。②

为了发现某种现象——例如热——的"形式"，我们可以把有关的实例先排列成几个表。这样的表要有三个：

（一）本质和具有表　这是列举热这种现象出现的各种场合。

（二）差异表　相应于存在表中的每一项，如果找到一个（或几个）极相似的场合，只是热这种现象并不出现，那么就列在第二表内。

（三）程度表　把不同程度的热出现的种种场合列举出来。

以这三个表中所举的实例为根据，我们进而把确定不是热的"形式"的那些性质一个一个排除掉。那就是，如果在一个实例中，热出现了，某种性质并不出现，或者某种性质出现了，热并

① "属差"现在逻辑学中译为"种差"。——编者注
② 《培根选集》，第378页。

不出现，或者在两个实例中，一个出现了程度较大的热，而某种性质程度较小，一个出现了程度较小的热，而这种性质反倒程度较大，那么就可以确定这种性质不是热的"形式"。

按培根的意思，通过这样一个排除的过程，把不可能是热的"形式"的那些性质——剔掉，可能的范围就越来越缩小了。到最后只剩下一个可能了，那么热的"形式"就可说是已经找着了。

但是培根不是形式主义者，他深刻地体会到这样一个过程所会遇到的实际困难。因此关于热的"形式"的问题，他虽然作好了三个表，却没有能下最终的结论。他只是提出了一个假设，作为热的定义，但是他不用"假设"这个名词，而称之为"第一步收获"。这个定义在今天看来是粗疏的，但就在这个假设中，17世纪的培根已经表现了惊人的天才，因为他已经知道热是运动，并且和物质的细小部分有关。

按照培根的计划，在讲述了归纳的根本方法之后，还有九个题目要讲：（一）优先的实例，（二）归纳的支援，（三）归纳的改正，（四）按对象的性质来改变探究的方法，（五）探究对象的先后程序，（六）探究的极限，（七）实践中的应用，（八）探究的准备工作，（九）定律的上升和下降的阶梯。但只有第一个题目是完成了。这些我们也都不再介绍了。

＊　　　　　＊　　　　　＊

如何正确估价培根的逻辑学说，是值得我们重视的问题。如果说，培根由于缺少历史发展的观点，没有能够对亚里士多德的哲学和逻辑学说作恰当的估价，那么今天我们如果不用历史发展的观点，也就不能对培根的逻辑学说作恰当的估价。培根破除了十六七世纪的学者们对古代的迷信心理，首先对未来的科学大发现树立了信心。这是根本的建设。其次，培根给我们的那些有关经验科学的认识方法的宝贵的指示，对任何时代的人都有极大的启发性。最后，对科学归纳法的形式结构，培根也作了初步的探讨。培根说："为了使这种归纳法或证明形式很好地发生作用，还得加上许多从来没有人想到的东西；因此在这上面人们还一定要花比过去花在三段论上更多的劳力。"① 一直到今天，这个有很大远见的号召还是具有现实意义。培根的成绩就说到这里为止。

　　不能否认，培根的逻辑学说是有很多缺点的。这些缺点主要表现在两个方面：一是对于理性在科学认识中的作用体会得不够，一是形而上学的世界图案。

　　培根正确地指出了经验的和理性的两种能力有结合的必要，科学工作者应该学蜜蜂；但是我们从培根以后的自然科学发展路程回头来总结经验，就会觉出培根还是把重点放偏了，偏在经验和感性认识一面。特别是培根对数学和演绎法在自然科学中的作用估计不足，而这在当时的条件下也是容易理解的事情。今天我们知道，离开了数学和演绎法以及与此相关的科学假设的方法，所谓实验也就发挥不出它的突出的功用来。培根由于厌恶空洞的玄想，就不免对抽象性较高的数学存着戒心，这就使他竟然完全不能认识哥白尼和刻卜勒在天文学上的贡献的巨大意义。但资产阶级学者们极力夸大培根的这个缺点，把培根看作是爬行经验论者，这当然也是不符合事实的。

　　实际上培根的这个缺点，正好被和他同时代的意大利科学家伽利略所补充了。伽利略在方法论上十分重视数量精确性，在力学方面也作出了很大的贡献。生活在 17 世纪后半期至 18 世纪前半期的英国科学家牛顿，就在刻卜勒和伽利略的研究成果的基础

---

① 《培根选集》，第 348 页。

之上，但也还是在培根哲学的鼓舞之下，发现了力学的三大定律和万有引力律。牛顿力学的伟大体系及其应用的广泛性迫使哲学家们不得不重视近代的自然科学。

正是这方面的不足倒使培根避免了另一种更突出的片面性。马克思说："唯物主义在它的第一个创始人培根那里，还在朴素的形式下包含着全面发展的萌芽。物质带着诗意的感性光辉对人的全身心发出微笑。……唯物主义在以后的发展中变得片面了。**霍布斯把培根的唯物主义系统化**了。感性失去了它的鲜明的色彩而变成了几何学家的抽象的感性。**物理运动成为机械运动或数学运动的牺牲品**……"① 霍布斯的乃至牛顿以后产生的那些企图用力学解释一切自然现象的极端片面的机械论学说，从培根的眼光看来会觉得是脱离实际的。

然而培根自己的形而上学的世界图案和这些极端机械论的学说也只是五十步和百步的差别。培根确是曾想把客观世界的形形色色还原为几十种单纯的性质和运动的组合，如同有了几十个字母就可以组成千差万别的词、句、文章一样。世界永远在那里重复着这些组合，它不会有真正新的事物出现，于是也就没有由低级到高级的辩证发展的过程。《新工具》到培根的时候才出现，在培根自己看来，也只是因为过去的人们偶然走错了路。用了《新工具》的方法，就不需要任何天才，只要祖孙几代一齐努力，就可把所有自然科学的问题统统解决。历史证明这些机械唯物主义的想法是错误的。恩格斯在《反杜林论》中说："这种思想方法，由培根和洛克从自然科学移植到哲学上，它造成了上世纪来特有的局限性——形而上学的思想方法。"② 也只有辩证唯

---

① 《马克思恩格斯全集》第 2 卷，第 163—164 页。
② 《反杜林论》，人民出版社 1956 年版，第 19 页。

物主义和历史唯物主义的出现才最终克服了形而上学的观点，才
阐明了感性认识和理性认识在实践基础上的真正的统一性，也才
使相对真理在绝对真理的长河中所应有的辩证的具体意义在认识
论上得到厘定。

（中国科学院哲学研究所西方哲学史组编，

《培根哲学思想》,商务印书馆,1961 年。)

非负有理数的一个"自然"枚举

——一个非形式讨论[①]

在非负有理数的无穷多个可定义的枚举中，下面的一个似乎是特别"自然的"。它也是十分"原始的"，并且很富于有意思的数学结论。令

$$\gamma_0 = 0, \ \text{对 } k > 0 \text{ 而言 } \gamma_{2k} = \gamma_k + 1,$$

$$\gamma_{2k} + 1 = 1/ \ (\gamma_k + 1)。$$

取 $\rho_k = \gamma_{2k} + 1$，就给出 0 与 1 之间有理数。（包括 1）的一个同等"自然"的枚举。

相替代地，也可以这样来定义（函数）ρ：$\rho_0 = 1$，对 $k > 0$ 而言 $\rho_{2k} = \rho_k/ \ (\rho_k + 1)$，$\rho_{2k+1} = 1/ \ (\rho_k + 1)$。然后利用 ρ 可以定义（函数）γ：$\gamma_0 = 0$，对 $\kappa > 0$ 而言 $\gamma_{2k} = 1/\rho_k$，$\rho_{2k+1} = \rho_k$。

γ 和 ρ 之间的基本关系是

（A） $\gamma_k + 1 = 1/\rho_k。$

这就可以作出 γ 和 ρ 互为依据的替代定义。

---

① 沈教授是知名的哲学家和逻辑学家，曾求学于哈佛和德国，以后任教于清华大学。自 20 世纪 50 年代成立中国科学院哲学研究所以来，他一直是该所成员。（按现代汉语拼音字母的拼法，他的名字应是 Shen Yu-ding。）——《美国数学月刊》编者注

关于大小次序有，若 $\gamma_k < \gamma_\iota$，那么 $\rho_k > \rho_\iota$。例如，相应于 $\gamma_0 < \gamma_5 < \gamma_3 < \gamma_7 < \gamma_1 < \gamma_6 < \gamma_2 < \gamma_4$，我们有

$$\rho_0 > \rho_5 > \rho_3 > \rho_7 > \rho_1 > \rho_6 > \rho_2 > \rho_4；$$

用数字表示就是，

$$0 < \frac{1}{3} < \frac{1}{2} < \frac{2}{3} < 1 < \frac{3}{2} < 2 < 3 ,$$

$$1 > \frac{3}{4} > \frac{2}{3} > \frac{3}{5} > \frac{1}{2} > \frac{2}{5} > \frac{1}{3} > \frac{1}{4} 。$$

在 γ 的第一个定义中，关系 $\gamma_{2k} = \gamma_k + 1$ 对一切正的 k 成立，而对 $k = 0$ 不成立。因此，也许会认为枚举 γ 和 ρ 并不"完全自然"。不过，下面的讨论将使我们确信它们正是如此。

我们以明显的方式实现所有有穷自然数集的一个枚举：

$M_0 = $ 空集

$M_{2k} = M_0 + \{k\}$,

$M_{2k+1} = M_1 + \{k\}$,

$\cdots$,

$M_{2^{k+1}-1} = M_{2^k-1} + \{k\}$。

注意，当 $k = 0$ 时在第一句后的所有陈述因 $2^{0+1} - 1 = 2^0$ 而成为单独一句的陈述。类似地，当 $k = 1$ 时它们成为二句。如此等等。于是，我们可定义所有有穷正整数序列的一个枚举 S，使之当 $S_k = (a_0, a_1, \cdots, a_{l-1})$ 时有

$$M_k = \{ -1 + a_0, -1 + a_0 + a_1, \cdots, -1 + a_0 + a_1 + \cdots$$
$$+ a_{l-1} \}。$$

因而当 S_k 有 l 项时，M_k 有 l 个元素。

下面的关系毫无例外地成立：如果

$$S_k = (a_0, a_1, \cdots, a_{l-1}),$$

那么

$$\rho_k = \cfrac{1}{a_0 + \cfrac{1}{a_1 + }}$$

.

.

$$+ \cfrac{1}{a_{l-1} + 1}。$$

正如我们所见，无须特别约定由此就自然地得出结论，$\rho_0 = 1$ 相应于空序列 S_0（紧接着这就相应于空集 M_0）。另外，也不必按奇数下标和偶数下标来分开表示对应公式。因此，ρ 被看成是"完全自然的"，从（A）又可推出 γ 也是"完全自然的"。

至此，我们提出了下列总体中任二个之间的很自然的一一对应：

（1）所有有穷自然数集，

（2）所有有穷正整数序列，

（3）所有不大于 1 的正有理数，

（4）所有非负有理数。

用同样的方法，我们也能建立下列不可数总体中任二个之间的很自然的一一对应：

（1′）所有无穷自然数集，

（2′）所有正整数 ω - 序列，

（3′）所有小于 1 的正无理数，

（4′）所有正无理数。

因此，正整数 ω - 序列 $(a_0, a_1, a_2, \cdots)$ 对应于无穷自然数集 $\{-1 + a_0, -1 + a_0 + a_1, -1, + a_0 + a_1 + a_2, \cdots\}$，对应于小于 1 的正无理数

$$\cfrac{1}{a_0 + \cfrac{1}{a_1 + \cfrac{1}{a_2 + }}}$$

$$\ddots ;$$

而且根据一个类似于（A）的关系，它也对应于正无理数

$$-1 + a_0 + \cfrac{1}{a_1 + \cfrac{1}{a_2 + }}$$

$$\ddots 。$$

作为一个有意思的例子，让我们注意对应于 ω^- 序列（1，1，1，…）的元素是全体自然数所成的集合 $\{0，1，2\cdots\}$，小于 1 的正无理数 $\frac{1}{2}$（ $-1 + \sqrt{5}$ ），以及正无理数

$$\frac{2}{-1 + \sqrt{5}} - 1 = \frac{-1 + \sqrt{5}}{2} 。$$

在这一特例中，（3′）和（4′）的相应元素重合。

希奇的是，全体有理数似乎没有一个枚举像我们所给的非负有理数的枚举那样自然。全体有理数的任一个枚举似乎注定要是人为的。我们将首先给出一个这样的枚举 γ^*，虽然有点"不自然"，但它建立了从 ρ 过渡到 γ 和从 γ 过渡到 γ^* 之间的一个不严密的相似关系。这里，保留 γ_0^* 不加定义。我们定义：

对 $k > 0$ 而言 $\gamma_{2k}^* = \gamma_k$，$\gamma_{2k+1}^* = -\gamma_k$

γ 和 γ^* 之间的基本关系是：

（B）　对 $k > 0$ 而言 $1 + \gamma_{2k}^{*} = \gamma_{2k}$：

$$1 - \gamma_{2k}^{*} = \frac{1}{\gamma_{2k+1}}。$$

这就可以依据 γ 来作出 γ^{*} 的一个替代定义。

我们未加规定的 γ_{0}^{*}，也许可以方便地令其等于被称为绝对无穷的实体 $1/0 = \infty$。

把 ∞ 读成 $-\infty$，我们就得到下面有关大小次序的结果：如果 $\gamma_{k} > \gamma_{\iota}$，那么 $\gamma_{k}^{*} < \gamma_{\iota}^{*}$。例如，相应于

$$\gamma_{0} < \gamma_{5} < \gamma_{3} < \gamma_{7} < \gamma_{1} < \gamma_{6} < \gamma_{2} < \gamma_{4}；$$

我们有

$$\gamma_{0}^{*} < \gamma_{5}^{*} < \gamma_{3}^{*} < \gamma_{7}^{*} < \gamma_{1}^{*} < \gamma_{6}^{*} < \gamma_{2}^{*} < \gamma_{4}^{*}；$$

用数字表示就是，

$$-\infty < -2 < -1 < -\frac{1}{2} < 0 < \frac{1}{2} < 1 < 2。$$

我们不仅定义了总体（1）、（2）、（3）、（4）中任二个之间的一一对应，而且由（B）可知也定义了它们中任一个与总体（5）之间的一一对应：

（5）全体有理数，包括 ∞ 或 $1/0$ 于其中。

类似地，我们不仅建立了不可数总体（1′）、（2′）、（3′）、（4′）中任二个之间的一一对应，而且根据类似于（B）的关系也建立了它们中任一个和不可数总体（5′）之间的一一对应：

（5′）全体无理数。

就完成我们前面的例子而言，对应于全体自然数所成集合（（1′）的一个元素）的（5′）的元素是 $\frac{1}{2}(1 - \sqrt{5})$，而 $\frac{1}{2}(-1 + \sqrt{5})$ 作为对应于这一集合的（3′）或（4′）中的元素，现在就作为对应于全体正整数所成集合（（1′）的一个元素）的（5′）

的元素。

一个更有意思的步骤是：取消绝对无穷或者 γ_0^*，并且把 γ_{k+1}^* 跟 M_k 等同起来。于是，每一个自然数 n 就相当奇妙地等同于集合 $\{0, 1, \cdots, n-1\}$，正如集合论中通常约定的那样；0 当然等同于空集。

最好在无穷情形中有一个类似的转移。不过，我们现在将不详细讨论它。

把我们定义 γ_k 和 ρ_k 的方法推广到全体有理数的一种较"自然"的方式如下：令 n 是任一个整数，k 是任一个非负整数（即，自然数）。我们假定 γ_k 已经如前面那样定义。令

$$\gamma_k^0 = \gamma_k,$$

且令

（C） $\qquad \gamma_k^{n+1} = \dfrac{1}{\gamma_k^n + 1}。$

由此得出

$$\gamma_k^{n-1} = \dfrac{1}{\gamma_k^n} - 1,$$

这公式也许在负方向方面进行时要必需的。从 γ_k 的第一个定义，我们有

$$\gamma_{2k+1}^0 = \dfrac{1}{\gamma_k^0 + 1}。$$

由此以及以上的陈述，一般可以证得

$$\gamma_{2k+1}^n = \dfrac{1}{\gamma_k^n + 1}。$$

引用（C），我们得到

（D） $\qquad \gamma_k^{n+1} = \gamma_{2k+1}^n。$

ρ_k 的第一个定义产生 $\gamma_k^1 = \rho_k$。我们定义：

（E） $v_k^{n+1} = \gamma_{2k}^n$

现在可以证得，每个有理数都能表达成形式 v_k^n，这里 n 和 k 是唯一确定的；也可以证得，如果 n 和 k 都不为 0，那么 v_k^n 总是一个有理数。置 $v_0^0 = \infty$。引用（E），我们得 $\gamma_0^{-1} = \infty$；引用（D），我们有

$$\gamma_1^{-2} = \infty，\quad \gamma_3^{-3} = \infty，\quad \cdots。$$

一般说来，$\gamma_{2k-1}^{-k-1} = \infty$。如上所述，表达式 γ_k^0 当 k 变化时取遍所有非负有理数；但是并不存在任何一个 n 使得 γ_k^n（对所固定的 n）接受全体有理数为值。最后，我们定义：

（F） $\omega_k^1 = \gamma_k^1$，

（G） $\omega_k^{n+1} = \omega_k^n + 1$。

由此可得，$\omega_k^{n-1} = \omega_k^n - 1$。易证，每个有理数（不包括 ∞）都能表达成形式 ω_k^n，这里 n 和 k 是唯一确定的；也易证，ω_k^n 总是一个有理数。有意思的是要注意，

（H）   对 $k > 0$ 而言 $\omega_\kappa^0 = v_\kappa^0$。

中国科学院哲学研究所，北京。

（原文为英文，《美国数学月刊》第 87 卷第 1 期，

1980 年 1 月。张清宇译。）

"纯逻辑演算"中不依赖量词的部分[*]

"纯逻辑"这一名词是从王浩借用来的。但王浩称狭谓词演算为"纯逻辑",我们则用"纯逻辑演算"这名词来专指加入了"同一"概念以后的狭谓词演算。我们认为这样做是比较符合于公理化集合论发展中的现阶段的实践的。这一名词的主要用意是为了在集合论定理中区别逻辑定理(或重言式)和集合论自己的定理。由于这一切是以公理化集合论发展中的现阶段为出发点的,所谓"纯"也只能有相对意义,而不应当在绝对的或形而上学的意义上来理解。

纯逻辑演算中不依赖量词的部分(以下称"本系统")是纯逻辑演算中极其微小的部分。不过由下文可以知道,本系统的逻辑常项中,除了真值函项以外,基本概念不止"同一"概念(=),还加了一个。

一

我们称真值函项即由真值到真值的函项为连项,称由个体到

* 1977 年 11 月 10 日收到。——《数学学报》编者注

真值的函项为谓项，称由个体和真值（即既有个体主目又有真值主目）到真值的函项为杂谓项，称由真值到个体的函项为序项，称由个体到个体的函项为狭义函项，称由个体和真值到个体的函项为杂函项。下文单说"函项"时，只指狭义函项。

除 T 和 F 外的大写拉丁字母我们都用作真值变元或谓项变元，小写拉丁字母则都用作个体变元。在元语言中，小写拉丁字母 i，l，n（带或不带添标），r，s 也用作自然数变元。元语言中的大写希腊字母也是变元，用以指对象语言中的任何公式或个体式。

基本概念有五个：T 和 F 是真和假两真值。三元连项〔A，B，C〕是条件析取，意同（B→A）∧（￢B→C）或（B∧A）∨（￢B∧C）。二元谓项 x = y 表示个体 x 即是个体 y。最后，杂函项〈x，A，y〉当 A 取 T 为值时其随同于 x，当 A 取 F 为值时其值同于 y。

本系统不用约束变元，所用的自由变元有三种：个体变元，真值变元，谓项变元。谓项变元可以是一元的，二元的，等等，看后随的主目式而定。

我们引进以下 12 个定义：

$$A \wedge B \quad =_{df} \quad 〔A, B, F〕$$

$$A \vee B \quad =_{df} \quad 〔T, A, B〕$$

$$A \rightarrow B \quad =_{df} \quad 〔B, A, T〕$$

$$￢A \quad =_{df} \quad A \rightarrow F$$

$$A \leftrightarrow B \quad =_{df} \quad 〔A, B, ￢A〕$$

$$x \neq y \quad =_{df} \quad ￢(x = y)$$

$$[x, y, z, v] \quad =_{df} \quad 〈x, y = z, v〉$$

$$\alpha(x, y, z) \quad =_{df} \quad [x, x, y, z]$$

$$\beta(x, y, z) \quad =_{df} \quad [x, y, z, z]$$

$$\gamma (x, y, z) \quad =_{df} \quad \alpha (x, y, \beta (x, y, z))$$

$$\varepsilon (x, y, z) \quad =_{df} \quad [x, y, z, \beta (y, x, z)]$$

$$\delta (x, y, z) \quad =_{df} \quad \alpha (x, y, \varepsilon (x, y, z))$$

在以上所举的符号中，"→"和"↔"的分离力强于"∧"和"∨"。"¬"的辖域总是选择最短的。为了醒目，也可以引进本来不必要的括弧。如"¬(x = y)"。

我们没有按照通常的办法举出本系统的公理。因为本系统采用一种和命题演算中运用真值表判定一公式是否定理的方法相类似的判定方法，而这个方法本身就可以理解为一种公理系统。（这句话有两种解释都可以成立：（1）紧密地或不紧密地根据我们的判定方法可以作出一个通常样子的公理系统。实际上这个公理系统极易作出，可以留给读者作习题。（2）既然本系统是可判定的，那么在原则上可以把所有定理都规定为公理，同时不要任何推理规则。）我们把"真值表"推广为"值表"，连项的值表和通常的真值表相同。每一个本系统能定义的谓项、杂谓项、函项、杂函项也都有它的值表。由于个体域的性质完全不定，个体变元在赋值时仅能考虑其同异情况。a，b，c，d 表示未规定的不同的个体。值表举例如下：

A	B	C	[A, B, C]
T	T	T	T
T	T	F	T
T	F	T	T
T	F	F	F
F	T	T	F
F	T	F	F
F	F	T	T
F	F	F	F

x	y	x = y	x ≠ y
a	a	T	F
a	b	F	T

x	y	z	$\alpha(x,y,z)$	$\beta(x,y,z)$	$\gamma(x,y,z)$	$\varepsilon(x,y,z)$	$\delta(x,y,z)$
a	a	a	a	a	a	a	a
a	a	b	a	b	a	b	a
a	b	a	a	a	a	b	b
a	b	b	b	a	a	a	a
a	b	c	c	c	c	c	c

x	y	z	v	$[x,y,z,v]$
a	a	a	a	a
a	a	a	b	a
a	a	b	a	a
a	a	b	b	b
a	a	b	c	c
a	b	a	a	a
a	b	a	b	b
a	b	a	c	c
a	b	b	a	a
a	b	b	b	a
a	b	b	c	a
a	b	c	a	a
a	b	c	b	b
a	b	c	c	c
a	b	c	d	d

x	y	z	$\langle x,A,y \rangle$
a	T	a	a
a	T	b	a
a	F	a	a
a	F	b	b

　　以上的值表是这样构成的：在纵线左方每一个有关的变元有它的"值列"，右方则代表某一连项、谓项、杂谓项、函项、或杂函项的公式或个体式也有它的"值列"。右方的每一值列在左方的值列所联合表示的变元各种赋值的假定下都形成一个值表。

二

现给定一公式 Δ。用值表的方法可以判定 Δ 是否永真因而是否定理。按照我们的逻辑解释，本系统是完全的。

为了叙述的方便，我们暂时假定 Δ 中的变元都是个体变元和真值变元。于是从这些变元出发，就可以一步一步地构成 Δ，每一步都有一个逻辑常项起着主导作用。我们不妨假定 Δ 中出现的逻辑常项只有五个基本概念，因为被定义的概念都可以根据定义还原到基本概念。在构成 Δ 的过程中，每一个必须经过的公式或个体式 Γ 都有它的值表。

首先我们必须在纵线左方，确定 Δ 中出现的所有变元的值列，这些值列联合在一起可以表明这些变元的各种赋值可能性。关键是要穷尽这些个体变元的值的所有同异可能，也要穷尽这些真值变元的值的所有可能组合，又要穷尽这两方面的所有可能的配合。

其次在纵线右方，我们必须一步一步地把 Δ 的每一个实有的部分式 Γ 的值列确定下来。（变元的值列左方已经有了，无需重复。）所有左右方的值列都是同样长的。关于如何确定右方的值列，有三条规则：

（1）T 的值列完全由 T 组成，F 的值列完全由 F 组成。

（2）若 Γ 具有 Λ = Φ 的形式（Λ 和 Φ 是个体式），那么 Γ 的值列在每一处的字母是 T 还是 F 完全看 Λ 的值列和 Φ 的值列在相应之处的字母相同还是不相同。

（3）若 Γ 具有〔Λ，Φ，Ψ〕或 <Λ，Φ，Ψ> 的形式（Φ 是公式），那么 Γ 的值列在每一处的字母当 Φ 的值列在相应之处的字母是 T 时同于 Λ 的值列在相应之处的字母，当 Φ 的值列在相应之处的字母是 F 时同于 Ψ 的值列在相应之处的字母。

最后得出 Δ 的值列。若此值列完全由 T 组成，那么 Δ 是定理，否则不是定理。

我们举二个例子。

第一题：检查〔〈x,￢A,y〉= y,A,￢A〕是否定理。

判定过程：

x	y	A	F T	〔F,A,T〕 即￢A	〈x, ￢A, y〉
a	a	T	F T	F	a
a	a	F	F T	T	a
a	b	T	F T	F	b
a	b	F	F T	T	a

〈x, ￢ , A, y〉 = y	〔〈x,￢ ,A,y〉= y,A,￢A〕
T	T
T	T
T	T
F	T

答：是定理。

第二题：检查 $\varepsilon(x,y,z) = \varepsilon(y,x,z)$ 是否定理。

判定过程：

x	y	z	y = z	x = z	〈y, x = z, z〉 即 β (y, x, z)	〈x, y = z, β (y, x, z)〉 即 ε (x, y, z)
a	a	a	T	T	a	a
a	a	b	F	F	b	b
a	b	a	F	T	b	b
a	b	b	T	F	b	a
a	b	c	F	F	c	c

$\langle$ x, y = z, z $\rangle$	$\langle$ y, x = z, β (x, y, z) $\rangle$	
即	即	
β (x, y, z)	ε (y, x, z)	ε (x, y, z) = ε (y, x, z)
a	a	T
b	b	T
a	b	T
a	a	T
c	c	T

答：是定理。

给定的 Δ 中出现谓项变元时，问题比较复杂。在本系统中，谓项变元不能直接赋值，必须添上主目式然后赋以 T 或 F 值。但要添什么主目式，几种主目式，是由个体变元的值的同异情况来决定的。假定 Δ 中的个体变元仅有三个，那么值的同异情况一共五种。设 Δ 中出现二元谓项变元 A。在个体变元分别赋值为 aaa 时，对 A 只能考虑 A (a, a) 的赋值。在个体变元分别赋值为 aab 或 aba 或 abb 时，对 A 必须考虑 A (a, a)，A (a, b)，A (b, a)，A (b, b) 四式的赋值。在个体变元分别赋值为 abc 时，对 A 必须考虑 A (a, a)，A (a, b)，A (a, c) 等九式的赋值。这些式并非 Δ 的部分式，可以名为辅助式。对辅助式适应各种情况也进行赋值以后，余下的步骤就可以顺利进行，在原则上并无困难。但实际画表一般不免庞大，我们就不举例了。

不难证明，所有本系统能定义的函项都可以仅用 [x, y, z, v] 这一四元函项来构成。此函项和 α (x, y, z)，β (x, y, z) 两个三元函项之间，除了后二者的定义所表明的关系以外，还具有以下两式所表示的极易检证的关系：

$$[x, y, z, v] = \alpha(\beta(x, y, z), \beta(x, z, y), v),$$

$$\alpha(x,y,z)=\beta(x,\beta(z,y,x),z)。$$

三

在命题演算中，仅含有指定的 n 个真值变元的不相等价（即非永等值）的公式共有 $2^{(2^n)}$ 个。这一定律现在我们加以推广。

在元语言中，我们用 n^+ 表示 n 的后继。二元划分函数我们以 $pt(s,r)$ 表示，并用如下的递归定义：

$$pt(s,o)=0^s,$$
$$pt(o,r^+)=0,$$
$$pt(s^+,r^+)=pt(s,r)+r^+\cdot pt(s,r^+)。$$

用此定义时，必须注意 $o^0=1$。

在本系统中，设出现于某一公式或个体式的个体变元不超出指定的 s 个，真值变元不超出指定的 n_0 个，j 元的谓项变元不超出指定的 n_j 个，同时有固定的 l 令当 $j>l$ 时 $n_j=0$。那么不难证明，这样的公式不相等价的共有

$$pd_\iota(s,n_0,n_1\cdots n_\iota)=\sum_{2^{r=0}}^{s}\left\{pt(s,r)\cdot 2^{\sum\limits_{j=0}^{\iota}(n_j\cdot r^j)}\right\}$$

个，这样的个体式不相等价的共有

$$fc_\iota(s,n_0,\cdots,n_\iota)=\prod_{r=0}^{s},(r\left\{pt(s,r)\cdot 2^{\sum\limits_{j=0}^{1}(n_j\cdot r^j)}\right\})$$

个。

在元语言中，又可以引入以下两定义：

$$pm(s)=\sum_{r=0}^{s}pt(s,r),$$

$$hm(s) = \prod_{r=0}^{s} (r^{pt(s,t)})。$$

用后一定义时，又必须注意 $0^0 = 1$。前一定义也可以改为如下的递归定义：

$$pm(0) = 1,$$

$$pm(s^+) = \sum_{j=0}^{s} ((\binom{s}{j}) \cdot pm(j))。$$

相应于没有谓词变元的公式和个体式，可得

$$pd_0(s, n_0) = 2^{(pm(s) \cdot 2^{n_0})},$$

$$fc_0(s, n_0) = (hm(s))^{(2^{n_0})}。$$

相应于仅有真值变元的公式，可得

$$pd_0(0, n_0) = 2^{(2^{n_0})},$$

这就是命题演算中原有的结果。

如果我们允许序项变元，连项变元，和杂谓项变元为自由变元，上述结果仍可以推广。但如果引进了函项变元或杂函项变元为自由变元。那么由于进入无穷，上述结果就不能简单地推广了，同时判定方法也会有显著的改变。

（《数学学报》第 24 卷第 5 期，1981 年 9 月。）

个体与真值的演算

　　本文企图作出所谓的"带等词狭谓词演算"的一个部分演算，它在某种充足的意义上不依赖于量词和谓项变元的引入。因而，我们将有一个许可能行判定的"个体和真值的演算"，它虽然较普通的二值演算复杂，但当然不会比原始递归函数理论更复杂。

　　本文第二部分将对我们的演算作另一种简洁陈述，确切些说是给出一个相替代的演算，它在理论上较为简单但在心理上不如最初作出的演算来得自然。这使我们有机会对数理逻辑的本性作某些一般性评议，并以这些意见来结束本文的第二部分。

一

　　除了常用的联结词外，带等词狭谓词演算通常是用二个简单的算子和一个二元谓项（即，量词和等词）作为基本概念来发展的。这易使人认为，仅仅只要略去量词以及谓项变元也就可以得到带等词狭谓词演算的一个不依赖引进量词和谓项变元的部分演算所需要的一切。不过，较密切的检查表明事实并非如此。

　　首先确定一下在构成我们的演算时要用到的术语。

　　我们将假定我们正在处理一个给定的个体域，但对它的特性并无更多的要求。除了这些个体，我们还要处理二个而且仅只二个真值：真和假。

　　我们称真值函项即由真值到真值的函项为**连项**，称由个体到真值的函项为**谓项**，称由个体和真值（即，既有个体主目又有真值主目）到真值的函项为**杂谓项**，称由真值到个体的函项为**序项**，称由个体到个体的函项为**函子**，称由个体和真值到个体的函项为**杂函子**。这里使用"序项"一词，是因为这样定义的一个 n-元序项实际上就相当于个体的一个有序的 n 元组。

　　小写拉丁字母都用作个体变元。除 T 和 F 外的大写拉丁字母都用作真值变元；字母 T 和 F 本身则留作真值。在元语言中，小写拉丁字母 i，k，n，r 和 s 也用作表示自然数的变元。

　　这里要申明一下，在构造我们的演算时除了连项和等词外还需要另外一个基本概念。

　　必须注意，我们的出发点是**外延**的。因此，在我们的对象中有二个真值，而没有本来意义上的命题。外延的出发点迫使人们把函项当成享有跟谓项同等的逻辑地位的对象；反之要是采取内涵的观点，也许就会导致把谓项当成比函项更基本的实体。（在《数学原理》的第一版中，罗素和怀特海实际上就是从一种内涵的逻辑观点出发的，因此被他们称为摹状函数的函项只能作为"不完全符号"来引入。）而且，为了始终如一地保持我们的外延观点，我们将把连项、杂谓项、序项和杂函子都看成具有跟谓项和函子同等的逻辑地位的对象。

　　我们来考虑下面的三元函子：

$$\alpha(x,y,z) \text{ 的值为} \begin{cases} x, & \text{当 } x = y \text{ 时,} \\ z, & \text{当 } x \neq y \text{ 时。} \end{cases}$$

利用《数学原理》中的摹状词符号，$\alpha(x,y,z)$ 可以定义为

$$(iv)\{(x=y\rightarrow v=x)\wedge(x\neq y\rightarrow v=z)\}$$

或者等价地定义为

$$(iv)\{(x=y\wedge v=x)\vee(x\neq y\wedge v=z)\}$$

（我们用 $\wedge$ 作合取号。）根据《数学原理》，这样一个摹状词是一个不完全的符号，并且是用存在量词来定义的。（我们把大写希腊字 Φ 和 Ψ 暂时用作一元谓项变元。对于罗素来说一个摹状词只是一个不完全的符号，因此摹状词 $(\imath x)\Phi(x)$ 的罗素定义也只是一个"暂用定义"。不能直接定义 $(\imath x)\Phi(x)$，但表达式

$$[(\imath x)\Phi(x)]\Psi((\imath x)\Phi(x))$$

要是有定义也就意指

$$(\exists v)\{(x)(\Phi(x)\leftrightarrow x=v)\wedge\Psi(v)\}$$

这里，$(\imath x)$ 约束变元 x，依次 $[(\imath x)\Phi(x)]$ 就约束摹状词 $(\imath x)\Phi(x)$。一旦为 Φ 指定一个确定的一元谓项；$(\imath x)\Phi(x)$ 就被当作一种拟变元。在这样一个指派下，命题

$$(\exists v)(x)(\Phi(x)\leftrightarrow x=v)$$

也许能、也许不能被证明为是真的。如果它能被证明为是真的，那么在约束表达式 $[(\imath x)\Phi(x)]$ 出现的地方可以放心地抛弃它，而把摹状词 $(\imath x)\Phi(x)$ 处理为一个常项。尽管如此，我们还是可以在某种重要意义下说函子 $\alpha(x,y,z)$ 实际上并不依赖于存在量词或全称量词。因为在正常情况下，仅仅只要检查一下被变元 x、y 和 z 取为值的个体就能确定这函子的值，根本无须参照其余的个体或者个体域的基数。因此，我们决定函子 α 在我们的演算中应该是可表示的。

但是，作为基本概念我们还只假定了连项和等词。因而，除了直接等于它的主目之一的函子外，显然不能表示任何其他的函子。于是，我们可以作

$$id(x)\underset{D}{=}x,$$

$$\text{pr}(x,y) \underset{D}{=} x,$$

$$\text{post}(x,y) \underset{D}{=} y,$$

等等。然而，$\alpha(x,y,z)$ 既不恒等于 x，也不恒等于 y，也不恒等于 z。所以，要想使函子 α 在我们的演算中成为可表示的，除了连项的等词外我们还需要另外一个基本概念。

我们要引进的新基本概念是一个三元杂函子：

$$\langle x, A, y \rangle \text{的值为} \begin{cases} x, & \text{当 A 为 T 时,} \\ y, & \text{当 A 为 F 时} \end{cases}$$

我们称这个三元杂函子为开关运算。于是，我们可以作

$$\alpha(x,y,z) \underset{D}{=} \langle x, x = y, z \rangle$$

在我们的演算中可表示的其他一些不平常的函子有：

$$\beta(x,y,z) \text{的值为} \begin{cases} x, & \text{当 } y = z \text{ 时,} \\ y, & \text{当 } y \neq z \text{ 时。} \end{cases}$$

$$\gamma(x,y,z) \text{的值为} \begin{cases} x, & \text{当 x, y, z 并非互不相同时,} \\ z, & \text{当 x, y, z 互不相同时。} \end{cases}$$

$$\delta(x,y,z) \text{的值为} \begin{cases} \text{非 z 的 x 或非 z 的 y, 当 x, y, z} \\ \qquad \text{既非都相同也非互不相同时;} \\ z, \qquad \text{当 x, y, z 都相同} \\ \qquad \text{或者互不相同时。} \end{cases}$$

$$\varepsilon(x,y,z) \text{的值为} \begin{cases} \text{只为主目之一单独所取的值, 当 x, y, z} \\ \qquad \text{既非都相同也非互不相同时;} \\ z, \qquad \text{当 x, y, z 都相同} \\ \qquad \text{或者互不相同时;} \end{cases}$$

这些三元函子在我们的演算中定义如下：

$$\beta(x,y,z) \underset{D}{=} \langle x, y = z, z \rangle$$

$$\gamma(x,y,z) \underset{D}{=} \langle x, x=y \vee y=z, z \rangle$$
$$\delta(x,y,z) \underset{D}{=} \langle x, x=y \vee y=z, \beta(y,x,z) \rangle$$
$$\varepsilon(x,y,z) \underset{D}{=} \langle x, y=z, \beta(y,x,z) \rangle$$

没有一个不平常的二元函子是在我们的演算中可表示的。事实上，pr(x,y) 和 post(x,y) 是仅有的二个可表示的二元函子。此外，id(x) 是仅有的一个在我们的演算中可表示的一元函子。

我们将引进联项、谓项、杂谓项、函子以及杂函子的值表。值表方法是命题演算所用的真值表方法的一个推广。连项的值表就是通常的真值表。

现在我们来说明怎样构作谓项的值表。考虑以 x，y，z 为变元的由 x=y ∨ y=z 表示的三元谓项。这个谓项的值表如下而得：

x y z	x=y	y=z	x=y∨y=z
a a a	T	T	T
a a b	T	F	T
a b a	F	F	F
a b b	F	T	T
a b c	F	F	F

这里，出现在同一行中的 a、b 等等指不同的个体。由于个体域的性质完全不定，对于为 x，y，z 指定的一组值，仅能就我们的目的所必要的程度通过注意个体变元在赋值时的同异情形来刻画。为了穷尽所有可能，我们首先要按字母表顺序写出 a、b、c 三个字母的所有 27 种可能的三元组合（因为我们这里考虑的是三元谓项）。这些三元组合中有些将表示同一种可能；例如，aab，aac，bba，等等。除了第一个出现的以外，我们删去了表示这同一种可能的所有其他可能的三元组合。结果，我们只保留了这 27 种组合中的五个，并且也只有这五个出现在上面的值表中。

在一个给定谓项的值表的最后一列中，只含有 T 和 F。由此，能用值表表示的三元谓项的总数是 $2^5=32$。其中一半列表如下（另一半是它们的否定）：

x　y　z	T	$x=y \lor x=z \lor y=z$	$y=z \to x=y$ 或 $y=z \to x=z$
a　a　a	T	T	T
a　a　b	T	T	T
a　b　a	T	T	T
a　b　b	T	T	F
a　b　c	T	F	T

$x=y \lor x=z$	$x=z \to x=y$ 或 $x=z \to y=z$	$x=y \lor y=z$	$x=z \to y=z$	$x=y$
T	T	T	T	T
T	T	T	T	T
T	F	F	F	F
F	T	T	F	F
F	T	F	T	F

$x=y \to x=z$ 或 $x=y \to y=z$	$x=z \lor y=z$	$x=y \leftrightarrow y=z$	$x=z$
T	T	T	T
F	F	F	F
T	T	T	T
T	T	F	F
T	F	T	F

$x=y \leftrightarrow x=z$	$y=z$	$x=y \lor x=z \leftrightarrow y=z$ 或 $x=y \lor y=z \leftrightarrow x=z$ 或 $x=z \lor y=z \leftrightarrow x=y$	$x=y \land x=z$ 或 $x=y \land y=z$ 或 $x=z \land y=z$
T	T	T	T
F	F	F	F
F	F	F	F
T	T	F	F
T	F	T	F

这十六个谓项中只有十二个真正是三元的，因为其余的四个可以

不用三个变元来表达（T，$x=y$，$x=z$ 以及 $y=z$）。如果次序颠倒不算，我们还可把这十二个归结成六个。这六个就是：

$x=y \wedge y=z$，

$x=y \vee y=z$

$x=y \vee x=z \vee y=z$，

$x=y \rightarrow y=z$

$x=y \leftrightarrow y=z$

$x=y \vee y=z \leftrightarrow x=z$。

变元为 x，y，z，v 的四元谓项的值表关于变元的值的分配有下列十五种可能：

x	y	z	v
a	a	a	a
a	a	a	b
a	a	b	a
a	a	b	b
a	a	b	c
a	b	a	a
a	b	a	b
a	b	a	c
a	b	b	a
a	b	b	b
a	b	b	c
a	b	c	a
a	b	c	b
a	b	c	c
a	b	c	d

类似地，对多于四个变元谓项而言。

下面，我们来说明怎样构作杂谓项的值表。例如，考虑以
x，y，z，A，B 变元的五元杂谓项。在这一情形下，关于变元的
值的分配我们必须处理 $5 \times 4 = 20$ 种可能，这里紧随在三个个体
变元之后的是二个真值变化。这些可能可以这样来排列：

x	y	z	A	B
a	a	a	T	T
a	a	a	T	F
a	a	a	F	T
a	a	a	F	F
a	a	b	T	T
a	a	b	T	F
a	a	b	F	T
a	a	b	F	F
a	b	a	T	T
a	b	a	T	F
a	b	a	F	T
a	b	a	F	F
a	b	b	T	T
a	b	b	T	F
a	b	b	F	T
a	b	b	F	F
a	b	c	T	T
a	b	c	T	F
a	b	c	F	T
a	b	c	F	F

显然，恰好有 2^{20} 个给定种类的杂谓项可以用值表表示。

我们可以采用这样的约定：在任一个杂谓项或杂函子中，表示个体的主目总是位于表示真值的主目之前。但在本文中，我们没有这样做。例如，我们有变元顺序为 A，x，y，B 的四元杂谓项。这些杂谓项的值表跟变元的值的下列八种可能分配有关，它们以下述次序来排列：

A	x	y	B
T	a	a	T
T	a	a	F
T	a	b	T
T	a	b	F
F	a	a	T
F	a	a	F
F	a	b	T
F	a	b	F

作为具体的例子，我们来考虑一些以 x，A，y 为变元的三元杂谓项。这些杂谓项跟我们的值表所能表示的一样多，总数是 16。其中一半列举如下（另一半是它们的否定）：

x	A	y	T	A∨x＝y	x＝y→A	A	A→x＝y	x＝y	A↔x＝y	A?＝y
A	T	a	T	T		T	T	T	T	T	
a	T	b	T	T		T	T	F	F	F	F
a	F	a	T	T		F	F	T	T	F	F
a	F	b	T	F		T	F	T	F	T	F

所列举的八个杂谓项中只有五个真正是三元的；正因如此，其余三个甚至都不是真正的杂谓项。这五个三元杂谓项是：

$$A \wedge x = y,$$
$$A \vee x = y,$$

A→x = y,

x = y→A

A↔x = y

在为给定的用较熟悉或较基本的联项及谓项表示联项、谓项或杂谓项构作值表的过程中，我们应当有这些较熟悉或较基本的连项及谓项的值表。因此，下面我们给出某些较熟悉的联项及谓项的"标准"值表，包括学逻辑的人们所熟悉的那些真值表：

A	$\neg$ A
T	F
F	T

A	B	A∧B	A∨B	A→B	A↔B
T	T	T	T	T	T
T	F	F	T	F	F
F	T	F	T	T	F
F	F	F	F	T	T

A	B	C	〔A，B，C〕
T	T	T	T
T	T	F	T
T	F	T	T
T	F	F	F
F	T	T	F
F	T	F	F
F	F	T	T
F	F	F	F

x	y	x = y	x ≠ y
a	a	T	F
a	b	F	T

（注意，我们用 ¬ 作否定号。）

联项〔A，B，C〕被称为**条件析取**。它可以表示为

$$(B \rightarrow A) \wedge (\neg B \rightarrow C)$$

或者

$$(B \wedge A) \vee (\neg B \wedge C)$$

类似于开关运算，

$$〔A，B，C〕 \text{的值为} \begin{cases} A, & \text{当 B 是 T 时} \\ C, & \text{当 B 是 F 时。} \end{cases}$$

已经知道，所有的联项都可用 T，F 以及〔A，B，C〕来表示。具体地讲，我们将采用下列定义：

$$\neg A \underset{D}{=} 〔F, A, T〕$$

$$A \wedge B \underset{D}{=} 〔A, B, F〕$$

$$A \vee B \underset{D}{=} 〔T, A, B〕$$

$$A \rightarrow B \underset{D}{=} 〔B, A, T〕$$

$$A \leftrightarrow B \underset{D}{=} 〔A, B, \neg A〕$$

谓项 x ≠ y 当然是如下定义的：

$$x \neq y \underset{D}{=} 〔\neg x = y〕$$

易见，所有由值表方法可表示的谓项和杂谓项都可用 T，F，〔A，B，C〕和 x = y 来表示。首先，我们来考虑三元谓项。假设给定了某个以 x，y，z 为变元的三元谓项，这个三元谓项可以用一个由五个字母组成的具体序列来表示，这五个字母中每一个不是 T 就是 F。（即，仅用它的值表中的最后一列来表示。）

这五个字母告诉我们，关于五种可能的赋值所给的谓项在 x，y
和 z 之间是成立还是不成立。适当安排一下，这五种可能实际
上就是：

$$x = y \wedge x = z,$$
$$x = y \wedge x \neq z$$
$$x \neq y \wedge x = z$$
$$x \neq y \wedge x \neq z \wedge y = z$$
$$x \neq y \wedge x \neq z \wedge y \neq z$$

如果我们先写下

$$[[, x = z,], x = y, [, x = z, [, y = z,]]],$$

然后依照五个字母在所给表示中的同样次序把它们填入五个空位
中，那么显然我们将得到所给谓项的一个由 T，F，[A，B，C]，
和 x = y 组成的表达式。

为了免得括号过多，我们引入下列缩写：

$$[A,B,C,D,E] 指 [A,B,[C,D,E]],$$
$$[A,B,C,D,E,G,H] 指 [A,B,[C,D,E,G,H]],$$

等等。这些缩写仅当它们有助于清楚明白时才用。因此，上面的
模式如果写成

$$[[, x = z,], x = y, [, x = z, , y = z,]],$$

将变得更加清楚明白，作为一个具体的例子，用序列 TTFTF 表
示的以 x，y，z 为变元的三元谓项也可用"范式"表示如下：

$$[[T, x = z, T], x = y, [F, x = z, T, y = z, F]]$$

对于四元谓项，我们有模式

$$[[[, x = v,], x = z, [, x = v, , z = v,]], x = y, [[, x = v, , y = v,],$$
$$x = z, [, x = v, , y = v,], x = z, [x = v, , y = v] y = z, [, x = v, y = v, ,$$
$$z = v,]]]。$$

对于多于四元的谓项，推广并不难。

在处理杂谓项以前，我们首先提请读者注意用由 T，F 和
〔A，B，C〕组成的范式表示连项的方式。对于以 A、B 为变元
的二元连项，所用的模式就是

〔〔，B，〕，A，〔，B，〕〕。

因此，实质蕴涵 A→B 根据它的真值表是由序列 TFTT 表示，用
范式就可如下来表示：

〔〔T，B，F〕，A，〔T，B，T〕〕。

类似地，对于以 A，B，C，为变元的三元联项而言，模式
就是

〔〔〔，C，〕，B，〔，C，〕〕，A，〔〔，C，〕，B，〔，C，〕〕〕，

等等。

现在来考虑杂谓项。假定我们想要来处理以 x，y，z，A，B
为变元的五元杂谓项。所要求的模式可以通过把二元连项的模式
嵌入三元谓项的模式而得，因此有

〔〔〔〔，B，〕，A，〔，B，〕〕，x＝z，〔〔，B，〕，A，〔，B，〕〕〕，x＝y，〔〔〔，
B，〕，A，〔，B，〕〕，x＝z，〔〔，B，〕，A，〔，B，〕〕，y＝z，〔〔，B，〕，A，
〔，B，〕〕〕〕。

或者考虑以 A，x，y，B 为变元的四元杂谓项，所要求的模式是

〔〔〔，B，〕，x＝y，〔，B，〕〕，A，〔〔，B，〕〕，x＝y，〔，B，〕〕〕。

（注意，同一个模式也适用于变元依次为 x，A，y，B 的四元杂
谓项。一般说来，只要乐意总可把表示个体的第一个主目位置移
到左边，而不影响范式的模式。）

由于所用的方法不难理解。更多的例子似乎没有必要。

下面解释怎样构作函子的值表。考虑三元函子 β。回想一
下 β(x,y,z) 在最初引进时所确定的意义，就可得到下面的值
表：

x	y	z	β（x，y，z）
a	a	a	a
a	a	b	b
a	b	a	a
a	b	b	a
a	b	c	c

因此，三元函子的值表在结构上类似于三元谓项的，只是最后一列是由 a、b 等等组成而不是由 T 和 F 组成。为了这个函子能在个体域性质完全不定的情形下一义确定，我们要求它值表的最后一列中的各个字母应当是已经出现在同一行中的某个字母的重述。从而，在三元函子值表最后一例中的五个字母符合下列要求：

（1）第一个字母必定是 a；

（2）第二、三、四个字母不是 a 就是 b；

（3）第五个字母必定是 a、b、c 之一。

函子值表的第一行是固定不变的，因此总可删去。但为了一致起见，我们这里仍保留它。易见，值表可表示的三元函子的总数是 $2^3 \times 3 = 24$。这些函子都列表于下：

x	y	z	x	γ(x,z,y)	γ(x,y,z)	α(y,z,x) 或 α(z,y,x)	α(x,z,y) 或 α(z,x,y)	α(x,y,z) 或 α(y,x,z)
a	a	a	a	a	a	a	a	a
a	a	b	a	a	a	a	a	a
a	b	a	a	a	a	a	a	a
a	b	b	a	a	a	b	b	b
a	b	c	a	b	c	a	b	c

β(y,z,x)	β(x,z,y)	δ(x,y,z) 或 δ(y,x,z)	γ(y,z,x)	y	γ(y,x,z)
a	a	a	a	a	a
a	a	a	a	a	a
b	b	b	b	b	b
a	a	a	b	b	b
a	b	c	a	b	c

β(z,y,x)	δ(x,z,y) 或 δ(z,x,y)	β(x,y,z)	γ(z,y,x)	γ(z,x,y)	y
a	a	a	a	a	a
b	b	b	b	b	b
a	a	a	a	a	a
a	a	a	b	b	b
a	b	c	a	b	c

β(z,y,x)	δ(x,z,y) 或 δ(z,x,y)	β(x,y,z)	γ(z,y,x)	γ(z,x,y)	z
a	a	a	a	a	a
b	b	b	b	b	b
a	a	a	a	a	a
a	a	a	b	b	b
a	b	c	a	b	c

$\varepsilon(y,z,x)$ 或 $\varepsilon(z,y,x)$	$\varepsilon(x,z,y)$ 或 $\varepsilon(z,x,y)$	$\varepsilon(x,y,z)$ 或 $\varepsilon(y,x,z)$	$\delta(y,z,x)$ 或 $\delta(z,y,x)$	$\beta(z,x,y)$	$\beta(y,x,z)$
a	a	a	a	a	a
b	b	b	b	b	b
b	b	b	b	b	b
a	a	a	b	b	b
a	b	c	a	b	c

这 24 个函子中只有 21 个真正是三元的。如果次序颠倒不算，这
21 个同样也可归结成 5 个。最后，这 5 个函子是：

$\alpha(x,y,z)$ 或 $\langle x, x=y, z\rangle$

$\beta(x,y,z)$ 或 $\langle x, x=y \lor y=z, z\rangle$

$\gamma(x,y,z)$ 或 $\langle x, x=y \lor y=z, \langle y, x=z, z\rangle\rangle$

$\delta(x,y,z)$ 或 $\langle x, x=y \lor y=z, \langle y, x=z, z\rangle\rangle$

$\varepsilon(x,z,y)$ 或 $\langle x, y=z, \langle y, x=z, z\rangle\rangle$。

最后，关于如何构作杂函子的值表就不必再作专门的说明。
我们只要注意，这样的值表含有几个不变的行。因此，在一个以
x，y，z，A，B 为变元的五元杂函子的值有中，有 a 出现而无 b
及 c 出现的最初四行是不变的。（跟前面为相应种类的杂谓项所
设想的变元的各种可能赋值相比较。）

为了给出一些具体的例子，让我们来考虑以 A，x，y，B 为
变元的四元杂函子。这些杂函子的总数是 16，这里仅计算能由
值表表示的那些。它们的全部列表如下：

A	x	y	B	x	⟨x, A∨B, y⟩	⟨x, B→A, y⟩	⟨x, A, y⟩
T	a	a	T	a	a	a	a
T	a	a	F	a	a	a	a
T	a	b	T	a	a	a	a
T	a	b	F	a	a	a	a
F	a	a	T	a	a	a	a
F	a	a	F	a	a	a	a
F	a	b	T	a	a	b	b
F	a	b	F	a	b	a	b

⟨x, A→B, y⟩	⟨x, B, y⟩	⟨x, A↔B, y⟩	⟨x, A∧B, y⟩
a	a	a	a
a	a	a	a
a	a	a	a
b	b	b	b
a	a	a	a
a	a	a	a
a	a	b	b
a	b	a	b

⟨y, A∧B, x⟩	⟨y, A↔B, x⟩	⟨y, B, x⟩	⟨y, A↔B, x⟩
a	a	a	a
a	a	a	a
b	b	b	b
a	a	a	a
a	a	a	a
a	a	a	a
a	a	b	b
a	b	a	b

⟨y, A, x⟩	⟨y, B→A, x⟩	⟨y, A∨B, x⟩	y
a	a	a	a
a	a	a	a
b	b	b	b
b	b	b	b
a	a	a	a
a	a	a	a
a	a	b	b
a	b	a	b

正如我们所见，有一半的行（第 1、2、5、6 行）在这里是不变的。上面列举的 16 个杂函子中，只有十个真正是四元的。如果不计次序颠倒，这十个又可再一次归结成四个。这四个就是：

$$\langle x, A \wedge B, y \rangle,$$

$$\langle x, A \vee B, y \rangle,$$

$$\langle x, A \rightarrow B, y \rangle,$$

$$\langle x, A \leftrightarrow B, y \rangle.$$

在为给定的用熟悉或较基本的连项、谓项、函子和杂函子表示的函子或杂函子构作值表时，我们应当先有前者的值表。因此，除了前面引进的连项和谓项的"标准"值表外，下面我们再给出一些较基本的函子及一个基本杂函子的"标准"值表：

x	y	z	α (x, y, z)	β (x, y, z)
a	a	a	a	a
a	a	b	a	b
a	b	a	a	a
a	b	b	b	a
a	b	c	c	c

x A y	$\langle x, A, y \rangle$
a T a	a
a T b	a
a F a	a
a F b	b

x	y	z	v	$\{x, y, z, v\}$
a	a	a	a	a
a	a	a	b	a
a	a	b	a	a
a	a	b	b	b
a	a	b	c	c
a	b	a	a	a
a	b	a	b	b
a	b	a	c	c
a	b	b	a	a
a	b	b	b	a
a	b	b	c	a
a	b	c	a	a
a	b	c	b	b
a	b	c	c	c
a	b	c	d	d

现在易见，由我们的值表方法所可表示的所有函子和杂函子都可用 x = y 和 $\langle x, A, y \rangle$ 来表示。首先，引进下列缩写：

$\langle x, A, y, B, z \rangle$ 指 $\langle x, A, \langle y, B, z \rangle \rangle$，

$\langle x, A, y, B, z, C, v \rangle$ 指 $\langle x, A, \langle y, B, z, C, v \rangle \rangle$，

等等。跟前面一样，这些缩写仅当它们有助于清楚明白时才用。于是，类似于三元谓项的模式，我们有下面的三元函子模式：

$$\langle\langle\quad, x = z, \quad\rangle, x = y, \langle\quad, x = z, \quad, y = z, \quad\rangle\rangle$$

x	x	x	x	x
z		y	y	y
				z

如所表明，第一个空位将不变地填上 x。我们已经看到。在三元函子的值表表示中，最后一列的第一个字母总是 a。第二个空位将依据值表中最后一列的第二个字母是 a 或 b 来相应地填上 x 或 z。在值表的第二个的 y 的值跟 x 的相同，因而在第二个空位中根本不必要用 y。因此，第三个空位将依据最后一列的第三个字母是 a 或 b 来相应地填上 x 或 y，第四个空位以类似的方式来处理。最后，第五个空位将依据最后一列的第五个字母是 a、b 或 c 来相应地填上 x，y 或 z。

　　作为一个具体的例子，定义为 $\langle x, y = z, z\rangle$ 并用序列 abaac 表示的函子 $\beta(x, y, z)$，也可用"范式"表示如下：

$$\langle\ \langle x, x = z, z\rangle, x = y, \langle x, x = z, x, y = z, z\rangle\rangle$$

所有这些范式都依据等词和开关运算。

　　由于第一个空位不论填上 x，y，z 中哪一个都毫无区别，我们可以略去它并把模式简化：

$$\langle\quad, x = y, \langle\quad, x = z, \quad, y = z, \quad\rangle\rangle$$

x	x	x	x
z	y	y	y
			z

不过，为了统一起见，我们将不用这个简化的模式。

　　四元函子的模式是：

$$\langle\langle\langle\quad, x = v, \quad\rangle, x = z, \langle\quad, x = v, \quad, z = v, \quad\rangle\rangle, x = y,$$

x	x	x	x	x
	v	z	z	z

⟨⟨　　，x = v，　　，y = v，　　⟩，x = z，⟨　　，x = v，　　，y = v，
　　x　　　　x　　　　x　　　　　　x　　　　　x
　　y　　　　y　　　　y　　　　　　y　　　　　y
　　　　　　　　　　　　　　　　　　　　v

　　⟩，y = z，⟨　　，x = v，　　，y = v，　　，z = v，　　⟩⟩⟩
　x　　　　x　　　　x　　　　x　　　　x
　y　　　　y　　　　y　　　　y　　　　y
　v　　　　z　　　　z　　　　z　　　　z
　　　　　　　　　　　　　　　　　　　　v

对于多于四元的函子，推广并不难。

杂函子的模式类似于杂谓项的模式。因此，对于以 x，y，z，A，B 为变元的五元杂函子，我们有下面的模式：

⟨⟨⟨⟨　　，B，　　⟩，A，⟨　　，B，　　⟩⟩，x = z，⟨⟨　　，B，　　⟩⟩，A，
　　x　　x　　　　x　　x　　　　　　　　x　　　x
　　　　　　　　　　　　　　　　　　　　z　　　z

⟨　　，B，　　⟩⟩⟩，x = y，⟨⟨⟨　　，B，　　⟩，A，⟨　　，B，　　⟩⟩，x = z，
　x　　x　　　　　　　　　x　　x　　　　x　　x
　z　　z　　　　　　　　　y　　y　　　　y　　y

⟨⟨　　，B，　　⟩，A，⟨　　，B，　　⟩，y = z，⟨⟨　　，B，　　⟩，A，⟨　　，B，　　⟩⟩⟩⟩
　　x　　x　　　　x　　x　　　　　　x　　x　　　　x　　x
　　y　　y　　　　y　　y　　　　　　y　　y　　　　y　　y
　　　　　　　　　　　　　　　　　　z　　z　　　　z　　z

对于以 A，x，y，B 为变元的四元杂函子。模式是

⟨⟨⟨，　　，B，　　⟩，x = y，⟨　　，B，　　⟩⟩，A，⟨⟨　　，B，　　⟩，x = y，⟨　　，B，　　⟩⟩⟩
　　x　　x　　　　x　　x　　　　　　x　　x　　　　x　　x
　　　　　　　　　y　　y　　　　　　　　　　　　y　　y

我们已经看到，不仅所有的连项可用 T、F、〔A，B，C〕、x = y 和 ⟨x，A，y⟩ 来表示，而且所有可由值表表示的谓项、杂谓项、函子和杂函子也都可用它们来表示。因此我们决定，我们的

演算将引用这五个并且也只有这五个基本概念。

四元函子 $\{x, y, z, v\}$ 的值表已经给出，将被称为祖先函子，它的定义如下，

$$\{x, y, z, v\} \underset{D}{=} \langle x, y = z, v \rangle。$$

由这个经变元同一可得到三元函子 α 和 β：

$$\alpha(x, y, z) = \{x, x, y, z\}$$

$$\beta(x, y, z) = \{x, y, z, z\}$$

另一方面，祖先函子可用这二个三元函子来表示：

$$[x, y, z, v] = \alpha(\beta(x, y, z), \beta(x, z, y), v)。$$

此外，函子 α 也可用函子 β 来表示：

$$\alpha(x, y, z) = \beta(x, \beta(z, y, x), z)$$

因此祖先函子可以只用三元函子 β 来表示。

只用一个祖先函子就足以表示我们的演算需要的所有函子，即，所有由值表表示的函子。例如，对于三元函子，我们只需按下列方式来修正前面引进的模式：

$\{\{$	,x,z,	$\}$,x,y,$\{$	,x,z,	,y,z,	$\}\}$
x		x	x	x	
z		y	y	y	
				z	

我们用 $\{x,y,z,v,w,u,t\}$ 作为对 $\{x,y,z,\{v,w,u,t\}\}$ 的缩写；类似地对十个变元而言，等等。对于多于三元的函子，模式则以完全同样的方式来修正。

不过，大体上说，对四元函子 $\{x, y, z, v\}$ 代入杂函子 $\langle x, A, y \rangle$ 并不妥当。特别，$\langle x, A, y \rangle$ 并不可用 T, F, $[A, B, C]$，$x = y$ 和 $\{x, y, z, v\}$ 来表示。如若不然，这样一个 $\langle x, A, y \rangle$ 的表达式必定含有所有的变元 x, A, y，因为 $\langle x, A, y \rangle$ 是一个真正的三元杂函子。现在，我们集中考虑 A 在这个表达式中的一个出

现。由于必须以个体为值，整个表达式当然就不能直接是 A。所以，A 必须作为主目出现在这表达式中；特别要作为条件析取的主目出现在其中，因为等词和祖先函子都不能有表示真值的主目。换句话说，整个表达式必须以〔A，Γ，Δ〕，〔Γ，A，Δ〕和〔Γ，Δ，A〕中某一个作为一部分，这里 Γ 和 Δ 表示具体的表达式，不论简单的还是复杂的。但是，这一部分本身就是一个以真值为值的表达式，因而不能是整个表达式。因此，它必定也作为主目出现，特别要作条件析取的主目出现。如此下去，以至无穷，由于整个表达式的长度有限，这情形是不可能的。

对于任一个给定的由 T，F，〔A，B，C〕，x＝y 和〈x，A，y〉表示的连项、谓项、杂谓项、函子或杂函子总可为它构作一个值表，因为我们已经有这五个基本概念中后三个的值表。具体的过程如下：我们假定作为主目在所给函子出现的过程如下：我们假定作为主目在所给函子出现的变元有某种次序。首先根据前面解释的方法，以适当的排列写出变元的所有可能的赋值。这样，我们也就自动地得到各个变元的值列。连项 T 的值列完全由字母 T 组成，字母 T 的重复次数视需要而定。类似地，对连项 F 的值列而言。当我们逐步构造起所给表达式时，各个由多于一个符号组成的部分表达式是通过对较短的部分表达式应用条件析取、等词或开关运算而得。在应用条件析取或开关运算而得时，部分表达式的值列将是它第一个和第三较短表达式的值列的混合，具体的取法听从它第二个较短表达式的值列（由 T 和 F 组成）的指挥。在应用等词而得时，部分表达式的值列将由 T 和 F 组成，具体的取法通过比较它二个较短表达式的值列在同一行中的值的同异来定。当最后得到整个表达式的值列时，当然也就得到所要求的值表的最后一列。

如果给定表达式的值表的最后一列完全由 T 组成，那么就称这个表达式为我们演算中的一个定理。(作为极限情形，也包括不含变元而可归结为 T 的表达式，例如〔〔F，F，T〕，T，F〕。)

下面，我们给出二个例子来解释上述过程。第一个例子是含有一个真值变元和二个个体变元的一个定理：

〔⟨x，〔F，A，T〕，y⟩＝y，A，〔F，A，T〕〕。我们的方法给出：

x A y	F T	〔F，A，T〕	⟨x，〔F，A，T〕，y⟩	⟨x，〔F，A，T〕，y⟩＝y
a T a	F T	F	a	T
a T b	F T	F	b	T
a F a	F T	T	a	T
a F b	F T	T	a	F

〔⟨x，〔F，A，T〕，y⟩＝y，A，〔F，A，T〕〕

T

T

T

T

应用我们有关否定的定义，这定理也可写成：

〔⟨x，￢A，y⟩＝y，A，￢A〕。

第二个例子是含有三个个体变元的一个定理：

⟨x，y＝z ⟨y，x＝z，z⟩⟩ ＝ ⟨y，x＝z，⟨x，y＝z，z⟩⟩．

我们的方法给出下面的值表：

x y z	y＝z	x＝z	⟨y，x＝z，z⟩	⟨x，y＝z，⟨y，x＝z，z⟩⟩
a a a	T	T	a	a
a a b	F	F	b	b
a b a	F	T	b	b
a b b	T	F	b	a
a b c	F	F	c	c

$\langle \text{x, y = z, z} \rangle$	$\langle \text{y, x = z, } \langle \text{x, y = z, z} \rangle \rangle$
a	a
b	b
a	b
a	a
c	c

$\langle \text{x, y = z, } \langle \text{y, x = z, z} \rangle \rangle$ = $\langle \text{y, x = z, } \langle \text{x, y = z, z} \rangle \rangle$
T
T
T
T
T

应用有关 β 和 ε 的定义，这定理也可写成：$\varepsilon(x,y,z) = \varepsilon(y,x, z)$。

上面的方法给出了一个能行的判定过程；对于任意给定的我们演算中的表达式，总可引用这一过程来决定它是否为定理。因此，我们不必为我们的演算建立一个公理系统。

学逻辑的都知道，共有 2^{2^n} 个 n 元联项。这一结果，我们通过解决下面的问题来加以推广：假设给定个体变元的个数，对于杂谓项或杂函子还假设给定真值变元的个数，试求在我们演算中能表示的谓项、杂谓项、函子或杂函子的总数。

下面是数论函数 pt(s，r) 时递归定义：

$$pt(0,0) = 1$$
$$pt(s+1,0) = 0$$
$$pt(0,r+1) = 0$$
$$pt(s+1,r+1) = pt(s,r) + (r+1) \cdot pt(s,r+1)$$

另一个数论函数 pm(s) 这样定义：

$$pm(s) = \sum_{i=0}^{s} pt(s,i)$$

不难证明，在我们的演算中能表示的 n 元谓项的总数是 $2^{pm(s)}$。

最后，我们定义：

$$hm(s) = \prod_{i=0}^{s} (i^{pt(s,i)})$$

$(0^0 = 1)$。同样也不难证明，在我们的演算中能表示的 s 元函子的总数是 $him(s)$。注意，$pm(s)$ 给出了一个 s 元谓项或函子的值表中的行数。

学数学的都知道，函数 $pm(s)$ 也可以不用 $pt(s,r)$ 来定义，而用下面的递归定义：

$$pm(0) = 1$$

$$pm(s+1) = \sum_{i=0}^{s} \left(\binom{s}{i} \cdot pm(i) \right)$$

从上面的结果容易推出，假定所有的变元都有一个确定的次序（比方说，所有的个体变元都在真值变元的前面），具有 s 个个体变元和 n 个真值变元的可表示的杂谓项的总数是 $2^{pm(s) \cdot 2^n}$，而具有同样多个变元的可表示的杂函子的总数是 $(hm(s))^{2^n}$。注意，$pm(s) \cdot 2^n$ 给出了这样一个杂谓项或杂函子的值表中的行数。

$2^{pm(s) \cdot 2^n}$ 和 $(hm(s))^{2^n}$，一方面可以取作连项，谓项和杂谓项的个数的一般表达式，另一方面也可取作函子和杂函子的个数的一般表达式，当然这里只计算在我们演算中能表示的那些函项。对于 $s = 0$，$(hm(s))^{2^n} = 0$。这意味着没有可表示的序项。

必须作一个重要的注记。在个体域有穷而个体变元个数 s 超过个体域的基数的情形下，如果谓项，函子等等都在处延意义上来考虑，那么当用上述规则来计算给定种类的可表示的谓项、函子的总数时结果将大于实际的个数。（仅有的例外情形是 s = 1 而个体域为空集时的函子或杂函子。）理由在于，我们演算中可表示的谓项、函子等等并非所有的都不相同，也就是说，在所陈述的条件下它们中有些具有相同外延。例如，我们假定个体域恰好有二个元素。此时，由 TTTTT 和 TTTTF 表示的三元谓项结果是同一的，事实上我们演算可表示的 32 个三元谓项可外延地归结为 16 个。另外，由 aaaaa、aaaab 和 aaaac 表示的三元函子结果也是同一的，在我们演算中可表示的 24 个三元函子可外延地归结为 8 个。

不过，当个体域为无穷时，给定种类的可表示的谓项、函子等的总数（外延地考虑）将总可由我们的计算精确求出。

我们的演算仅用到二种变元，即，个体变元和真值变元。当然，即使不引进量词，也还可以引进不同种类的谓项变元和函子变元。不过，由于量词似乎表示了谓项的极其简单的性质，一旦引进谓项变元也就很自然地想要引进量词。导致我们只考虑二种变元的另一个理由是：虽然确实即使不引进量词，我们的方法也可容易地推广到除了个体变元和真值变元外还带有连项变元，序项变元，谓项变元和杂谓项变元的表达式或"二阶"函项上，但是同一方法并不能如此容易地应用到除其他种类变元外还带着函子变元或杂函子变元的表达式或"二阶"函项。而且正如我们一开始所说，由于把函子放在跟谓项一样的立足点上，要是我们引进谓项变元而不同时引进函子变元，那整个处理在某种程度上是冲突的；另一方面，引进函子变元又会使我们的演算变得相当复杂。这些就是为什么把界线划在我们所划的地方的理由。

二

我们的出发点是外延的。我们演算的基本对象是个体和真值。这些对象有相同的逻辑地位。从而，连项、谓项、序项、函子等等也都一个跟另一个一样有相同的地位，一种不如个体和真值那么基本的地位。由于只有二个真值而一般有无穷多个个体，结果就出现不必要的复杂，保持真值域跟个体域分离。较自然的步骤应当是把二者结合起来。我们现在将要采取这一步骤，着手构作一个相替代的演算。在这个演算中，基本个体域除了可以有性质不定的其他可能个体外，还有二个不相同的元素来起真值的作用。

由于这个新演算中不再有独立的真值域，把函项划分成不同种类（即，联项、谓项、杂谓项、序项、函子和杂函子）也就失却意义。现在只需要函子，我们将把它们直接称为函项。

不同于 t 和 f 的小写拉丁字母将用作个体变元；字母 t 和 f 保留下来用作真值。元语言习惯保持如前。

我们接受前面演算中祖先函子的记号 ｛x, y, z, v｝ 以及缩写 ｛x, y, z, v, w, u, s｝，等等。定义：

$$x = y \underset{D}{=} \{t, x, y, f\}$$

$$\langle x, y, z \rangle \underset{D}{=} \{x, t, y, z, y, f, y\}$$

$$\dotdiv x \underset{D}{=} \langle f, x, t \rangle$$

$$x \to y \underset{D}{=} \{t, x, y, t, x, f, y\}$$

$$\to x \underset{D}{=} x \to f$$

$$\upharpoonright x \underset{D}{=} \neg \to x$$

$$x \lor y \underset{D}{=} \{x, x, y, y, x, f, x, y, f, t\}$$

$$x \land y \underset{D}{=} \dotdiv (\dotdiv x \lor \dotdiv y)$$

$$x \leftrightarrow y \underset{D}{=} (x \to y) \land (y \to x)$$

（为节约括弧，我们规定→和↔的分离力大于∧和∨的，∧和∨的分离力又都大于 = 的。一元符号 $\dotdiv$、$\neg$ 和 $\upharpoonright$ 被认为是属于最低层次的。）

现在来说明怎样构作函项的值表。出现在同一个值表的同一行中的字母 a、b 等都指不同于 t 和 f 的个体，并且彼此不同。假定我们正在处理以 x，y，z 为变元的三元函项。于是为了穷尽变元所有可能的赋值，我们首先按字典次序写出由五个字母 t、a、b、c 和 f 形成的所有三元组，t 和 f 分别被看成这个字母表的第一个字母和最后一个字母。这些三元组中有些将表示同一个可能；例如，t a b、t a c、t b a、等等。对于表示同一个可能的三元组，我们只保留最早出现的那一个而把其余的都删去。结果留下了 37 个三元组，也只有这些出现在下面 〈x，y，z〉 的值表中：

x	y	z	〈x，y，z〉
t	t	t	t
t	t	a	t
t	t	f	t
t	a	t	a
t	a	a	a
t	a	b	a
t	a	f	a
t	f	t	t
t	f	a	a
t	f	f	f
a	t	t	a
a	t	a	a
a	t	b	a
a	t	f	a
a	a	t	a
a	a	a	a
a	a	b	a

续表

x	y	z	$\langle x, y, z \rangle$
a	a	f	a
a	b	t	b
a	b	a	b
a	b	b	b
a	b	c	b
a	b	f	b
a	f	t	t
a	f	a	a
a	f	b	b
a	f	f	f
f	t	t	f
f	a	t	a
f	a	a	a
f	a	b	a
f	a	f	a
f	f	t	t
f	f	a	a
f	f	f	t

由于个体域只是部分确定而大部分都不确定，变元所有可能赋值的罗列也就处于相应的不确定状态。为了可以在个体域只是如此部分确定时一义地确定一个函项，我们要求在它值表的最后一列中的各个字母或是 t、或是 f、或是同一行中已经出现的某个字母的重复。为了再给出一些例子，我们来考虑以 x 为变元的一元函项。只有三个赋值可能；因为 x 可以取 t、f 或其他某个个体（比方说 a）为值。如果 x 以 t 或 f 为值，那么函项也就以 t 或 f 为值；如果 x 以不同于 t 或 f 的 a 的值，那么函项就以 t、a 或 f

为值。因此，由我们的值表可表示的一元函项的总数是 $2^2 \times 3 =$ 12。所有这些一元函项列表如下：

x	t	↾ x	⟨t, x, t⟩	x	t = x ∨ x = f	¬∸x
t	t	t	t	t	t	t
a	t	t	a	a	f	f
f	t	f	t	f	t	f

↾∸x	∸x	¬ (t = x ∨ x = f)	⟨f, x, f⟩	¬ x	f
f	f	f	f	f	f
t	a	t	a	f	f
t	t	f	f	t	f

下面，我们给出某些较基本函项的"标准"值表：

x	∸x	¬ x	↾ x
t	f	f	t
a	a	f	t
f	t	t	f

x	y	x ∧ y	x ∨ y	x → y	x ↔ y	x = y
t	t	t	t	t	t	t
t	a	a	t	a	a	f
t	f	f	t	f	f	f
a	t	a	t	t	a	f
a	a	a	a	t	t	t
a	b	f	t	b	f	f
a	f	f	a	f	f	f
f	t	f	t	t	f	f
f	a	f	a	t	f	f
f	f	f	f	t	t	t

⟨x, y, z⟩ 的相当长的值表已经给出，这里也就不再重复。｜x, y, z, v｝的值表在前面的演算中只有 15 行，但现在要有 151

行，给出它既冗长又无必要。况且，我们一旦给定 x ＝ y 和 〈x，y，z〉的值表，祖先函项的值表也就唯一确定：

$$\{x, y, z, v\} = \langle x, y = z, v \rangle.$$

函项 x↔y 和 x ＝ y 有这样的关系：

$$(x = y) = \neg \div (x \leftrightarrow y).$$

而且，如果把 t 和 f 看成互相对偶，并把任何不同于 t 和 f 的个体看成自对偶，那么函项 $\div$x，〈x,y,z〉和 {x,y,z,v} 都是自对偶，而函项 x∧y 和 x∨y 是互相对偶的。事实上，我们有

$$\div \langle x,y,z \rangle = \langle \div z, -y, \div x \rangle,$$

$$\div \{x,y,z,v\} = \{\div x, \div y, \div z, \div v\}.$$

现在易见，能用我们的值表方法表示的所有函项也都可用 t，f 和 {x，y，z，v} 来表示。因此，我们决定我们的演算将使用这三个而且也只使用这三个基本概念。关于祖先函项 {x，y，z，v}，可以说是弃砖派上了大用场。

为了认清我们的基本概念是充分的，我们将像以前一样给出一些把值表表示跟分解的表达式联系起来的范式模式的例子。为此，我们将稍微改变一下变元赋值可能的排列次序，因而模式中空位的次序不同于值表中行的次序。简言之，所作的改变不过是把 f 看成字母表中的第一个字母，并把 t 看成第二个字母。因此，在我们关于一元函项的模式

```
|           ,f,x,      ,t,x,      |
      f              f          f
      t              t          t
                                        x
```

中，第一个空位相应于值表的第三行，而第二个和第三个空位则分别相应于第一行和第二行。当把字母 x 填入第三个空位时，它跟字母 a 相应。如果我们取二元函项的模式为

```
⌐⌐      , f, y,      , t, y,      |, f, x, ⌐      , f, y,
   f            f            f            f            f
   t            t            t            t            t
                             y

, t, y,      |, t, x, ⌐      , f, y,      , t, y,      , x, y,      ⌐⌐
   f            f            f            f            f
   t            t            t            t            t
   y            x            x            x            x
                                                       y
```

那么空位和行之间的对应如下：

值表中的空位	1	2	3	4	5	6	7	8	9	10
值表中的行	10	8	9	3	1	2	7	4	5	6

模式中第三个空位和第六个空位下的字母 y 跟值表中对应行上的字母 a 相应。模式中第七、八和九个空位下的字母 x 跟值表中对应行上的字母 a 相应。第十个空位下的字母 x 和 y 分别跟对应行上的字母 a 和 b 相应。

为了帮助读者熟悉这些模式，作为最后一个例子，我们给出三元函项的模式，但不再费劲建立模式的 37 个空位和值表的 37 个行之间的对应：

```
⌐⌐⌐      ,f,z,      ,t,z,      ⌐,f,y,|      ,f,z,      ,t,z,      ⌐,t,v,
    f        f          f          f            f          f          f
    t        t          t          t            t          t          t
                        z                                  z

|      ,f,z,      ,t,z,      ,y,z,      ⌐⌐,f,x,⌐⌐      ,f,z,      ,t,z,
    f        f          f          f                f          f
    t        t          t          t                t          t
    z        z          z          y                z          z
                        z
```

```
⌐,f,y,⌐      ,f,z,      ,t,z,      ⌐,t,y,⌐      ,f,z,      ,t,z,
   f            f          f          f            f          f
   t            t          t          t            t          t
   z                       z          z

,y,z,      ⌐⌐,t,x,⌐⌐      ,f,z,      ,t,z,      ,x,z,      ⌐,f,y,⌐
   f            f          f          f          f            f
   t            t          t          t          t            t
   y            x          x          x          x            x
   z                                             z

,f,z,      ,t,z,      ,x,z,      ⌐,t,y,⌐      ,f,z,      ,t,z,      ,x,z,
   f          f          f          f            f          f          f
   t          t          t          t            t          t          t
   x          x          x          x            x          x          x
                                    z

⌐,x,y,⌐      ,f,z,      ,t,z,      ,x,z,      ,y,z,      ⌐⌐⌐
   f            f          f          f          f
   t            t          t          t          t
   x            x          x          x          x
   z            y          y          y          y
                                                z
```

现在很显然，遵循一个确定的过程，总可为任一个给定的用 t、f 和 {x, y, z, v} 表示的函项构作一个值表。如果仅当一个表达式的值表中最后一列只含 t 时才称它为我们演算中的定理，那么关于一表达式是否为定理就有一个能行的判定法。

不必麻烦自己来为我们的演算建立一个公理系统，不过对它应用公理化方法并非毫无意义，因为这样做有利于许多重要事实的证明。其中有这样一个重要事实：任一个仅用变项和函项→、∨ 及 ¬ 表示的表达式，只要它在 Heyting 命题演算中是定理，就一定是我们演算中的定理。Heyting 演算中的表达式仅用到四个

函项→，∨，￢和∧，并且按它的标准而完全不按古典标准任一
个这样的表达式也归结为一个等价的、由一些仅含函项→，∨和
￢的表达式组成的合取式；因而在一种虽弱而重要的意义下我们
可以说，我们演算的一个确定的部分（不同于很易确定的相应
于本来命题演算的那一部分）完全反映了 Heyting 演算。不过，
表达式

$$\neg x \vee \neg\neg x$$

是我们演算中的一个定理，但不是 Heyting 演算中的定理，因此
上面的事实还必须以一种不与此相矛盾的意义来解释。

另外，把我们的演算跟所谓的"多值逻辑"（特别是"三值
逻辑"）相比较也产生有意义的结果，不过我们将不详细讨论这
些结果。

下面，我们来讨论另一个问题：给定 s 求出我们演算中可表
示的 s 元的函项的总数。我们将仅给出答案，而把证明留给读者
去作。

首先，我们递归地定义二个数论函数。二个函数都是二元
的，但我们把其中一个变元写成下标。函数 $pm_k(s)$ 是这样定义
的：

$$pm_k(0) = 1$$
$$pm_k(s+1) = pm_{k+1}(s) + k \cdot pm_k(s)。$$

函数 $hm_k(s)$ 是这样定义的：

$$hm_k(0) = k,$$
$$hm_k(s+1) = hm_{k+1}(s) \cdot (hm_k(s))^k。$$

回顾我们前面用过的一元函数 pm (s) 和 hm (s)，我们就可发
现下面的关系：

$$pm(s) = pm_0(s),$$

$$hm(s) = hm_0(s),$$

$$pm_k(s) = \sum_{i=0}^{s} \left(\binom{s}{i} \cdot k^{s-i} \cdot (pm(i)) \right).$$

而且，$pm_2(s)$ 给出 s 元函项的值表中的行数，并且 $hm_2(s)$ 给出我们演算中可表示的 s 元函项的总数。如果用"谓项"来指恒取 t 或 f 为值的函项，那么我们演算中可表示的 s 元谓项的总数是 $2^{pm_2(s)}$。

在我们的演算中，个体域有且仅有二个"特指"元素。可以考虑较一般的情形：要是构作一个其个体域恰好有 k 个"特指"元素的演算，这 k 个"特指"元素比方说用 k 个初始常项表示，此外个体域的性质不再进一步确定，那么这演算中可表示的 s 元函数将是 $hm_k(s)$。$pm_k(s)$ 则给出这演算所用的 s 元函项的值表中的行数。

但是，这些推测都与本文的目的无关。因为，逻辑恰好只要求二个真值。我们开始是构造带等词狭谓词演算的一个不依赖于引进量词和谓项变元的部分演算。后来才构造了一个相替代的演算，它在所有的要点上都适合同样的目的，但能较好地满足数学家的理性要求。余下的事是要弄清，怎样才能通过引进类似于量词的东西来扩张我们的新演算，使之在所有的要点上成为带等词狭谓词演算的一个相替代的表述。

为此，我们首先必须引进函项变元。我们对问题的讨论将是很简短的，因此目前只需要一个一元函项变元，φ。于是，我们可以解释"全称"算子 $(\forall x)\varphi(x)$ 的意义如下：

（1）如果对每个 x 有 $\varphi(x) = t$，那么 $(\forall x)\varphi(x) = t$

（2）如果 a 不同于 t 和 f，并且当对每个 x 非 $\varphi(x) = a$ 则 $\varphi(x) = t$ 时对某个 x 有 $\varphi(x) = a$，那么 $(\forall x)\varphi(x) = a$。

（3）如果彼此不同的 a 和 b 都不同于 t 和 f，并且对某个 x

有 $\varphi(x) = a$ 而对某个 x 有 $\Phi(x) = b$,那么$(\forall x)\varphi(x) = f$。

(4) 如果对某个 x 有 $\varphi(x) = f$,那么$(\forall x)\varphi(x) = f$。
情形(3)和(4)是交叉的。

现在假定已经为扩张我们的演算引进了"全称"算了作为基本概念。那么,它的对偶("存在"算子)就可用下面的定义来引进:

$$(\exists x)\varphi(x) \underset{D}{=} \dot{-}(\forall x)\dot{-}\varphi(x)$$

当以这一方式把我们的新演算扩张成为带等词狭谓词演算的一个相替代的演算时,一旦考虑到 Church 的著名研究当然就不可期望仍有一个能行的判定过程,因此在这情形下有一个公理系统就相当必要。不过,我们不再继续讨论这一问题。现在应该着手讨论有关数理逻辑本性的某些一般反思,并以此来结束本文。

我们的出发点是外延的。而且,也正是这个外延的观点促使我们重新构成我们的演算。在我们的新演算中,我们不是有二个个体域而是有加进了二个真值的单独一个个体域。二个个体域结合起来是因为其中之一为有穷的,而且很显然这个有穷的个体域应当跟另一个分开。我们认为,在某种明显的意义下,我们的新演算在数学方面较前面的演算来得简单,但是同时当试图在实际推理使用它时我们无法消除它高度的人为性。我们是否能说,对素朴逻辑的这一背离恰好就是人们在研究数理逻辑时应当想到的呢?因此又是否能说,如果考虑到新演算达到的技术上的进步,那么后者在每一方面都优越于前面的演算,以至当通过引进量词类似物以及各种函项变元来扩张时它注定要被用来替代通常形成的狭谓词演算呢?我们的学识有限,不能合乎情理地把什么都解决。

首先我们要说,人们倾向于忘记我们的外延出发点只是临时的。外延逻辑在通常的数学科学中确实足够使用,但是没有什么根据可以由此作出结论说它在形式逻辑甚至数理逻辑中是绝对的和终极的。我们的新演算也许对某些目的是有用的。例如，也许可以设想以它为基础构造一部逻辑机，因为元素的均衡性使它看起来就像一个命题演算；而且，这样一部机器也许倒要比仅以本来的命题演算为基础而构造起来的机器更加有用。但是，外延的出发点几乎不可避免地要导致我们的新演算，因而它那不令人满意的高度人为性似乎为反对某种流行的见解提供了一个好的论据。这种流行的见解认为外延观点在数理逻辑中是终极的。

于是，只要准备超出外延观点并构成一个具有通常的"内涵"特征的数理逻辑，人们就会明白以本来方式形成的狭谓词演算可被容易地用作这一扩张的出发点，但是像在本文第二部分中间附近那样提出的系统表述（即，以我们的新演算为基础的系统表述）是不适合这一目的的。为使事情更清楚起见，我们将较详细一点地讨论发生的情形。

就外延观点而言，把语句看成指称真值的名字确实是方便的。在真理和谬误之间不存在中间立场。因此，对于知道唯心论和不可知论的诡计的唯物主义者来说，在"真值"一词的本来意义上只能有二个真值。所以，有鉴于逻辑实证论（一种披着现代盛装的不可知论和主观唯心论）一直像疾病一样在整个资本主义世界蔓延并为修正主义者所欢迎，实际上就没有理由要唯物主义者放弃与这问题有关的亚里士多德逻辑的唯物主义特征。如果密切检查一下所谓的"多值逻辑"，那么就会明白它们大部是未解释的代数，用在这方面的"真值"一词并没取其本来意义，也会明白潜在于这些研究中而又属于它们的特殊科学内容的某些含混思想完全可以不理。此外，另有一些逻辑学家把"真值"一词引用到模态和概率的概念上，这里似乎最好也尽量不用"真值"一词而采用某个其他的名词，因为"真值"一词在形式逻辑中应当有精确的意义。

我们认为，为"内涵"逻辑作准备的最好方式就是放弃把语句看成指称真值的名字的观点，而回到认为语句不是名字并因而无指称的较正确而又较富哲理性的观点。语句有真值，但它们也有其他种类的值。人们必须说，根本无法令人满意地回答"语句指什么"的假问题。唯物主义者必须承认真语句描述事实并且真正地描述它们，但是描述并不一定就是指称。而且，语句的功能当然不能只限于描述真值一类的抽象实体。

在外延逻辑中，具有相同真值的语句在较长的语句中可以相互替换而不影响后者的真值。但是，这个"外延性原则"在"内涵"逻辑中不再有效。为发挥一下这个见解，我们将区别"内涵性"的二个层次。在较不丰富的那种"内涵"逻辑中，具有相同"意义值"的语句在较长的语句中相互替换并不影响后者的真值。这里，我们称逻辑上相互可演绎的二个语句为具有相同"意义值"的。但是，在较丰富的那种"内涵"逻辑中，这个替换规则不再有效，不过，在这样一种逻辑中，下面的原则是仍成立，具有相同"意义值"的语句可以在较长的语句中相互替换而不影响后者的真值。我们可以这样来粗略地刻画具有相同"意义"或表达同一个"命题"的二个语句：或是说它们中一个是另一个的正确转译，或是说它们中一个可由另一个通过以同义的词或结构替换某些词或结构而得。

迄今为止，我们一直都只考虑对象语言。但是，在对象语言跟它的元语言结合起来形成一个较广泛的语言的地方，以及在使用引号一类方法避免引起拼读歧义的自名表达式而同时又不放弃实际上很方便的**假想素材**的地方，在所有这些情形中甚至最后提到的原则也不再成立。不过，使这一原则成立的情形都可容易地区分出来。因为，当假想素材是由引号一类方法提供时（在严格的意义下引号内的表达式不是真名），立即就可弄清楚什么地方有**假想素材**和什么地方没有它。于是，从"内涵"的观点人们必须说，所谓的一个表达式的"间接"出现除了在有假想素材的情形外事实上都不是间接的。（尽管不用引号一类方法的**假想素材**除了在对象语言跟元语言分开的情形外都是含混的，但有时所谓的一个表达式的"间接"出现却是一个跟这原则或外延性原则相冲突而本来并不含混的表达式。当引号不呈现含混时，**假想素材**对于较丰富的那种"内涵"逻辑仍跟上面阐明的原则冲突，而且出现在引号内的表达式即使从"内涵"观点来看也是"间接"出现。）

关于名字（包括"摹状词"），真正重要的仍然是要区分我们是否有一情形使得指称同一对象的名字可以相互替换。不过，在"内涵"逻辑中可以采用罗素把摹状词（以及函子或摹状函项）看成"不完全符号"的观点，以便使得指称同一对象的并非"不完全符号"的名字总有相同的意义，并且除了**假想素材**的情形外总可相互替换。（在这一方面，我们容许自己表达这样的见解：罗素在摹状词理论中，像在他的其他逻辑理论中一样，同时呈现了概念的深刻和浅薄）。

结束语。外延性原则把（陈述）语句归结成表示二个被称为真值的抽象实体的单纯工具。正是如此，外延观点与它一起诱使我们把语句看成指称真值的名字，总之完全取消了用逻辑符号表示的语句而仅把它们保留于未形式化的元语言中。这使我们有机会来形成很人为的演算，就像本文第二部分中的那个那样。但是，一旦打算得到数理逻辑的一个扩张以便在所谓的"内涵"方面包括形式逻辑，那么实现这一目的的最自然方式显然是要保留名字和语句作为表达式的基本"类型"的二分法，同时撤销外延性原则所强加的限制。虽然名字所指的对象或者一个给定语言中的相应的变元取作值的对象可以假定为是属于某个"个体"域或"个体"集，但语句对该语言的可能语义（不仅该语言的实在语句的意义，而且它所企图的可能意义，包括关于个体所可说的普遍意义或个别意义）并不因此而限于一个单独的集或域。为了避免悖论，或许较保险的是在较丰富的那种"内涵"逻辑中除了个体变元外不使用任何约束变元。在个体之间，其中有些是由该语言的名字来指称的，因而我们可以包含某些"命题"（以及其他诸如"性质"和"关系"一类的对象），而且这些命题中有些同时又可用该语言中的语句来表示；不过，表示这些命题的语句跟指称它们的名字并不一致。

一系统的另一个可要求的特征（这同样适用于外延逻辑）来自于绝对不确定个体域而保留使它开放，以至系统或语言能够容易地通过"附加"而不是"修正"来扩张；这过程可以继续下去，但我们将总有一个且仅有一个不确定的"个体"域，使得这个扩张着的个体域几乎接受我们想要考虑的任一种对象，包括表达式和类似的东西，以至对象语言、元语言、元元语言等等或许都结合起来，但为了避免悖论却总是以一种"不完全的"方式结合起来。因此，有关数理逻辑的辩证规律的一方面结果就是：模式增长，永无止境。

（原文为英文，中国社会科学院哲学研究所逻辑室编，《摹物求比》，社会科学文献出版社，2000 年，张清宇译。中国社会科学院哲学所逻辑室编，《理有固然》，社会科学文献出版社，1995 年。）

简单类型论

这个理论归于兰姆塞（Ramsey）。

所有个体都属类型 ∗。

所有命题都属类型 〈 〉。

属于类型 〈α，β，…〉 的函项是这样的一个函项：它的变项（在适当的顺序下）的取值域分别属类型 α，β，…。

罗素的类型论有两部分，一个内涵谱系和一个外延谱系。我们忽略后一部分，既因为它是"不完全符号"（类和关系）的一个谱系，也因为它派生自内涵谱系并依赖于这一谱系。

对于罗素来说，一个"描述性函项（description function）"也是一个不完全符号。由于我们将不处理不完全符号，故而每当我们说到一个"函项"时将总是指一个命题函项。

我们有时也说到一个函项的变项或者被含于一个函项中的自由变项。我们的意思是指它的自变项。这样做稍微有点不同于现今的用法。

本来的互斥类型理论

这个理论几乎严格地依据于《数学原理》中陈述的前提。

一阶命题是不含任何命题的或函项的约束变项的命题。

$n+1$ 阶命题是含有一个 n 阶命题的或函项的约束变项而不含任何更高阶变项的命题。

一阶函项是无论约束与自由任何命题的或函项的变项都不出现的函项。

$n+1$ 阶函项是含有一个 n 阶命题的或函项的变项（或是自由、或是约束）而不含任何更高阶变项的函项。

一函项的值阶（value-order）是它以之为值的命题的阶。一函项的阶不得低于它的值阶。

一函项的值阶不得低于它的任一个命题（自由）变项的阶或者它的任一个函项（自由）变项的值阶。

不含任何命题的或函项的（自由）变项的函项的阶相同于它的值阶。

如果一函项的值阶是 m 并且它的命题的和函项的（自由）变项所达到的最高阶为 n，那么此函项的阶是 m 或 $n+1$，依据 $m \geqq n+1$ 或 $m < n+1$ 而定。

命题的和函项的变项的阶相同于它们以之为值的命题和函项的阶。

函项变项的值阶相同于它以之为值的函项的值阶。

所有个体都属类型 $*$。

所有 n 阶命题都属类型 $\langle\ \rangle^n$。

属于类型 $\langle\alpha, \beta, \cdots\rangle^n$ 的函项是这样的一个函项：它的值阶为 n，并且它的（自由）变项（在适当的顺序下）的取值域

分别属类型 α, β, …。

初等命题是不含任何约束变项的命题。所有初等命题都是一阶命题。

母式函项是不含任何约束变项的函项。所有初等函项都是母式函项。

谓词函项就是母式函项或跟某个母式函项属同一类型的函项。个体的谓词函项构成全体一阶函项。

所有关于个体的母式函项都是初等函项。

如果没有一个变项的取值域狭于它所属的类型，那么除了那些关于个体的函项外就没有任何一个初等函项。

关于用法方面的一些要点，——在《数学原理》的 *12 中所给出的"谓词函项"定义跟其导言中所用意义不符。由于在 *12 中"谓词函项"一词被定义为仅是"母式"的同义词，以至于它的引入就完全多余，我将坚持其导言中的用法。另外，所提议的、变项恒以个体或母式为值的限制也使"初等函项"跟"母式"一词的外延相同。结果就是，如果我们同时采用 *12 中给出的"谓词函项"定义，那么这三个词就成为相互可交换的。所提议的限制差不多也就废除了分支类型论。因此我不仅将把"谓词函项"用作比"母式"更广的词，而且也把"母式"用作比"初等函项"更广的词。（不幸的是，在导言中最初给出"母式"一词的定义的那一段落中犯了一个错误，使得一个母式仿佛总是一个初等函项。罗素在后一页的附释中不自觉地修正了这一错误。）不过，我宁可用感叹号来表示一个母式，而非任一个谓词函项，——在这一特别说明下我更靠近 *12 而非其导言。如果我们把自己限定于关于个体的函项，那么这样表示的母式当然直接就是初等函项。

改进的互斥类型理论

这里给出罗素类型论的一个改进，此改进以不放弃类型互斥原则仍能完成为限。

一阶命题是不含任何命题的或函项的约束变项的命题。

n+1 阶命题是含有一个 n 阶命题的或函项的约束变项而不含任何更高阶变项的命题。

n 阶函项是以 n 阶命题为值的函项。

一函项的阶不得低于它任一个变项的阶。

变项的阶相同于它们的值的阶。

所有个体都属类型 * 。不为个体指定任何阶数。

所有 n 阶命题都属类型 〈 　〉"。

属于类型 <α, β, … >" 的函项是这样的一个 n 阶函项：它的变项（在适当的顺序下）的取值域分别属类型 α, β, …。

初等命题是不含任何约束变项的命题。所有初等命题都是一阶命题。

初等函项是其值都为初等命题的函项。所有初等函项都是一阶函项。

母式函项是不含任何约束变项的函项。所有初等函项都是母式函项。

谓词函项就是母式函项或跟某个母式函项属同一类型的函项。所有一阶函项都是谓词函项。

所有关于个体的母式函项都是初等函项。

所有关于个体的谓词函项都是一阶函项。

如果没有一个变项的取值域狭于它所属的类型，那么除了那些关于个体的函项外就没有任何一个初等函项。

类型扩充的理论

一阶命题是不含任何命题的或函项的约束变项的命题。

n + 1 阶命题是含有一个具有 n 阶取值域的、n 阶命题的或函项的约束变项而不含任何更高阶取值域的变项的命题。

n 阶函项是有值为 n 阶命题而不以任何更高阶命题为值的函项。

命题属类型〈　〉。

属于类型〈α，β，…〉的函项是这样的一个函项：它的变项（在适当的顺序下）的取值域分别属类型 α，β，…。

属于值域 * 的是所有个体。不为这个值域指定任何阶数。

属于 n 阶值域〈　〉" 的是所有其阶不高于 n 的命题。属于 n 阶值域〈α，β，…〉" 的是所有其阶不高于 n 而属类型〈α，β，…〉的函项。

α，β，…被称作值域〈α，β，…〉" 的基础值域。任何值域的阶都不得高于它任一个基础值域的阶。

极小值域是不同于值域 * 而又不包含任何（我们已构造起来的）其他值域的值域。一阶命题构成一个极小值域。

谓词函项是属于一个极小值域的函项。

另外，不同于值域 * 的值域依据它们的基础值域而被分成四类：

第一类的值域是除了值域 * 外不再可能有其他基础值域的、不同于值域 * 的值域。所有命题的值域都属第一类。

第二类的值域是有一阶的而无更高阶的基础值域的值域。

第一类和第二类的极小值域构成一阶值域。

第三类的值域是这样一种值域：它有属于第一类或第二类的

基础值域，并有高于一阶但要么是值域＊、要么是第一类或第二类的值域的基础值域。

第四类的值域是有既不是值域＊又不是第一类或第二类值域的基础值域的值域。

第三类值域不同于第四类值域就在于，它还包含有一些高于一阶而有某些值为一阶命题的函项。所有这样的函项都属于第三类的极小值域。

（原文为英文，中国社会科学院哲学研究所逻辑室编，
《摹物求比》，张清宇译。）

中国名辩思想

中国古代辩者的悖论

1947 年我在英国牛津，Hughes 要我替英译冯友兰《新原道》写一篇书评。当时我答应了。但因为不同意冯友兰的一些说法，结果只是把我自己关于"辩者"的想法写下，然后很简单地介绍了一下道家和儒家的思想。残缺的手稿 A 就是关于"辩者"那部分的初稿。定稿时又加进了手稿 B 这部分材料，才交给 Hughes。回国后，这两个手稿都交给了耗子们用牙齿去批判。后来我想把它们重新整理一遍，但只开了一个头，没有写下去，这就是手稿 C。写手稿 C 的时候，为了把《庄子·惠施篇》所举的论题补全，又匆匆地写了手稿 D，未加审定。写手稿 C 和 D 的时间已经记不清楚了，大概最早不能早过解放前后，最晚也是在合并到北京大学以前。① 这四个手稿中的许多想法都和后来不同；这回我把它们都誊清一份，以供参考。

---

① "合并到北京大学"，系指 1952 年院系调整，全国各高校的哲学系都合并到北京大学。——《沈有鼎文集》编者注

手稿 C

下文首先试图测拟关于 22 条无名氏悖论或"诡辩"的论证，其断案载于《庄子·天下篇》。测拟，当然谈不上精确，顶多不过是大概如此的提示。部分资料，有助于再现这些古代辩者思想原貌者，将一边测拟，一边引用；特别注意在有助于理解我的论证之处引用。接着试图测拟关于惠施的那些论题的论证，那些论题亦见于《天下篇》。然后摘要论述三个主要论题或悖论，其论证都保存在《公孙龙子》书中。

释义的一般原则，我大致上遵循冯友兰教授的《中国哲学史》，不过在细节上我和他的不同亦不可忽视。这些不同之处，只有一部分在下文中说明了理由，因为详尽的讨论会使我们离主题太远。

我获得的印象是：这些无名氏的悖论，有许多产生于惠施提出他自己的悖论之前；我还确信：后期墨家第一个对无名氏悖论作出解答，不过稍晚一些。可是有些精密的论证，见之于以伟大辩者公孙龙命名的书中者，至少就其现存的形式而言，似乎比后期墨家晚得多；因为我们在其中发现后期墨家著作的片断，而引用的意义又与原文无关。讨论这些难题，只有留待将来的机会了。

要对中国古代辩者作出哲学的评价，务必时时注意，一方面，自其悖论中抽出真理的成分；一方面，在其悖论中找出错误的成分。找出形式的谬误（存在于绝大多数的论证中），也许无须有劳哲学家，尽可让初学形式逻辑的学生当作练习题来做。

各条悖论的编排，不是按其在原文中出现的顺序，也不是以某种分类原则为基础。除了为论述方便需要把哪一条放在哪一条之前以外，都是把它们任意放在一起。我深信，分类编排会把它们搞得要死不活，就像诗在分类选集中那样。

让我们现在从无名氏悖论开始。它们至今无人能解，因为它们的论证实际上一条也没有保存下来。只有少数可以寻出踪迹，相当可靠；其余就只好付之猜测，不过有可能猜对而已。

1. "孤驹未尝有母"。为这条悖论提出论证很容易。驹有母时当然不是孤驹。（比较《列子》。）

2. "鸡三足"。说鸡"足"，并未确指其"左足"，亦未确指其"右足"。此"足"既非此左足又非此右足，故与此二者共计为三。这番论证，大体上还保存在晚出的《公孙龙子》中。

3. "火不热"。这个论题在《墨子》的后期墨家诸篇中遭到反驳，后期墨家要我们相信"火热"。他们的解释是，火不只使人觉得热，而是它本身热，热之性是火的客观属性，就像以目见的某对象之白色。我们断言，辩者的主张一定恰好相反：火只使我们（觉得）热，而它本身并不热。

4. "目不见"。《墨子》的后期墨家诸篇中有云："智以目见。而目以火见，而火不见。"（我们以目见，而目亦见。我们以火见，而火不见。）这就是说，目是所用的器官，不同于火，火不过是所用的条件或手段。可是辩者的主张一定相反：我们以目见，目本身并不见，正如我们以火见，火本身并不见。说无目则不能见，这样说是对的；但是说无火（即光）则不能见，这样说同样是对的。

5. "一尺之棰，日取其半，万世不竭"。假定物质是连续不断的，随你过多少万年，当然还有其半。对于我们现代人，这不是悖论了。不过我们发现，这个论题（下阙）

手稿A

（上阙）后期墨家接受了这个论题，（译按：当是"镞矢之疾，而有不行不止之时。"）但是理解不同。他们以为，瞬间或"时无久"不过是久或时的可能有的最小单位。《墨子》的《经》和《经说》诸篇有云："行修以久。"（《经下》）"止以久也。"（《经上》）"时或有久，或无久。"（《经说上》）（就是说，"时"或由一个单独的不可分的单位构成，或由一系列许多这样的分立的单位构成。无论"行"、"止"，都要有一个以上的这种单位或瞬间。）"止，无久之不止，当'牛马'；若矢过楹。有久之不止，当'牛马非马'；（译按：孙诒让本，伍非百本，均作'马非马'，无'牛'字。）若人过梁。"（《经说上》）最后这段话，试借下图以明之：

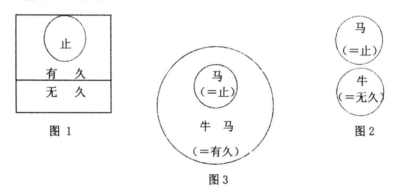

图1　　　　　　　　　　图3　　　　　　　　图2

"牛马非马"由于不是全称肯定。《经说下》云："则牛不非牛，马不非马，而牛马非牛非马，无难。"这样，"牛马非马"就表示特称否定，而"牛非马"表示全称否定。无久者不止：是全称否定。无久之不止，用形象表示，就是矢过楹，它只要单独一瞬间，而我们的注意也要限于矢镞和楹柱最近的部位。在此瞬间，虽然不止，但是亦无任何行程。不是一切有久者止：是特称否定。有久之不止，用形象表示，就是人过梁。行过桥梁全长要许多"瞬间"。后期墨家作出的这些思辨，与他们否认空间时间无限可分性，如何保持逻辑连贯，我们难以想象出来。

7. "飞鸟之影，未尝动也"。真够奇怪，这个论题，后期墨家竟毫无保留地接受了。《经下》云："景不徙。""动"的影子，实际上是时刻都在更新的影子，每次更新都产生一个不同的影子，占着不同的地方。《经说下》云："光至，景亡。若在，尽古息。"若把影子看作实体，显然有些古怪。动着的影子没有动量，也决不会打击任何东西。柱影下午变长，不用材料供应。既然如此，则这条悖论，虽有芝诺味，只与飞鸟之影有关，而与飞鸟本身无关。（冯氏以为，后期墨家这个论题只是说静物〔如柱子〕影子移动问题，不是说飞鸟之影，在我看来是错了。）

惠施的"历物"是在另外的论题中展开的，这些论题如下：

"至大无外，谓之大一；至小无内，谓之小一。"这种形式的定义，并未告诉我们，大一像什么样子，小一像什么样子。这不是宇宙论的理论。为什么要用"一"这个描述词，著者没有解释。惠施心中可能是想：要生成"多"，有两种方式可供选择：分，加。所有的数或事物的多，最终都是由大一分来，或是最终由小一加小一而来。

"天与地卑，山与泽平"。对于现代人，这些都是老生常谈，因为现代人不仅以地为球，甚至知道哥白尼的革命，所以根本无法看出这些悖论如何超出常规。

"日方中方睨，物方生方死"。这个论题前半截对于古代人是悖论，可是现代人听来却很平常，因为对于区别的连续性司空见惯。后半截令人想起怀特海和赫拉克里特。

"今日适越而昔来"。这话完全正确，只要"而"字在说的时候放慢，慢到至越以后再说"昔来"。故此断言为真，如它所说。

"泛爱万物，天地一体也"。《墨子·经下》有云："物一体也。"这含有两个议论：（1）每个单独的物是一体，（2）若将所有的物集合而统摄之，则仅有此一物。墨家总是欢迎有利其兼爱学说的任何议论。后期墨家看来真的窃取了辩者的这些议论。说来奇怪，他们竟十分满足于这些 omne est unum（一切即一）的证明。这两个议论，包括个别的和集合的，似乎都是纯粹咬文嚼字。但是个别的议论也有集合的力量；因为它表明所有的物都有某种共同的东西，从而能组成一个单独的物类，即使这种共同的东西只是形式的、鸡毛蒜皮的。这样才能得到惠施对此论题毫无歧义的集合陈述，虽然他统摄这些议论的方式还可以更哲学一些。

在这些"悖论"中可以看出两种相反的逻辑方向。悖论5和上述全部惠施的论题，除了第一条，中心围绕着相对、变化、合异、无限等概念。一切区别都是相对的，这个概念在惠施的动力一元论中登峰造极，激发道家庄子写出他的哲学。另一方面，悖论1、2、3、4、6、7以及惠施的第一条论题，强调分离、不变、绝对等概念。辩者思想的这一方面还是萌芽，比较自觉地加以发展的人是公孙龙，他是古代这些辩者的最后一人。《公孙龙子》中有三条充分展开了的论题：

1. "白马非马"。这条命题看来要比后期墨家的"牛马非马"晚出。公孙龙作出了两种论证。一种就外延不同立论，其论证是："白马"排除黄马、黑马，"马"则不然。排除黄马、黑马者不能是不排除黄马、黑马者。一种就内涵不同立论，其论证是："白"是一种颜色，当然不是"马"，马是一种动物。"白马"是"马"加"白"，所以不是"马"。若问："马"加"白"的合成物，仍可单只以"马"名之吗？对此的回答是：这个"白"若是与"马"邻接而无决定作用的"白"，也就无妨省掉它，因为其他成分并不因此受影响。但是这个"白"在"白马"中有决定作用，而为此"白马"之"白"，因此不可随意省掉。

2. 著名论题"离坚白"有早期形式、晚期形式。公孙龙继承其前辈者是早期形式，它断言：没有坚白石，只有坚石、白石。因为我们以手摸到坚石，以目见到白石，可是怎么也找不到坚白石。我们所见到的白石，与我们所见不到的坚石，一定分离。这个看法在"墨经"诸篇中遭到反驳，《经下》云："无久与宙：坚白。"其解释是："坚白之撄相尽。"（《经说上》）这话的意思是：坚白互相渗透，即使在一个单独的"点 - 瞬间"之内也互相渗透。我们知道，"点 - 瞬间"兼指几何学的和物理学的。（冯氏在其《中国哲学史》中对这话作出完全不同的解释，我细按原文，觉得不可能那样解释。）

早期辩者这个古怪的认识论论题，到公孙龙变成了本体论论题，因此他接着说：你若说坚和白不是互相分离，因为坚和白都在石中。我却证明坚和白都与石分离。当我们说"白"，这个"白"并未确定为一个特殊的物的属性，实际上"白"为一切白的物所共有。既然如此，它怎么会在石中呢？再者，"白"若不是"白"自身，它怎么能使白的物白呢？"白"一定是"白"自身。但是既然如此，也就不需要有它使之白的白的物，因为没有白的物它仍然是"白"。这也适用于"坚"。在"坚"成为它所联结的物的属性以前，它一定是"坚"自身。这个分离的"坚"——尚无它使之坚的坚的物存在——在世界中没有地方存在。"坚"的确离开万物而隐藏了。说它专属于石，何其谬哉！

公孙龙发现的抽象（上例中的"坚""白"），用罗素爵士模糊的术语来说，就是没有存在的"潜存"，在某些方面具有十足的现代色彩，虽然它使人遥远地联想起柏拉图。以最坚决的语调肯定的形式因的 chorismos 或共相，对于惯用传统思维方式的人，很可能造成震耳欲聋之感。因为即使是柏拉图的"理"（Idea），也从来没有在如此稀薄而荒凉的气氛之中！

3."物莫非指，而指非指"。意思是：一切物都是属性，但是属性不是属性。这个论题原文费解，而看来却比前两条更真实。（这个论题的前半截，划为"合同异"型悖论，较为恰当。）其大意似乎是：属性就是像坚之性、白之性这样的东西。我们说：此石坚。此石，是一物；坚，是一属性；在此命题中两者同一。任举一个特殊的物，总能指出某种属性，可作它的谓语。所以一切物都是属性。但是属性的本身，由以上论题可见，都不是特殊的物的属性；换言之，它们都不是属性。

手稿 B

8."卵有毛"。有毛的鸟，都曾经一度是卵。若说卵无毛，会导致这样的结论：这些鸟不是来自原来的那些卵，因而破坏个体有机体的同一性。

9."犬可以为羊"。这种事虽然在实际上绝未发生，可是说它可能或可以发生并无矛盾。

10."白狗黑"。称此狗为白狗，是因为它的毛是白的。它的眼球却确切是黑的，为什么不因此称它为黑狗呢？两种叫法，显然在逻辑上有同等理由，所以同等正确。不过《墨子》向我们提出了警告：不要信赖这样的类推。《小取》云："之马之目盼则为之马盼，之马之目大而不谓之马大。之牛之毛黄则谓之牛黄，之牛之毛众而不谓之牛众。"

11．"规不可以为圆"。圆早已存在于空间中那个地方，圆规不过把它画出来。

12．"轮不辗地"。若一轮"辗"地，它必须至少接触一些地面。但是事实上地面并无任何部分，在任何一瞬，与此轮周面任何部分重合。由于这两个东西在任何一瞬也决不能在任何部分——无论多小的面上彼此相交，所以它们也不可能在某一整段时间内，竟会在某个表面彼此相交。若用另一方式看这件事，则此轮在转动时，轮上并无一点与地上任何一点曾经重合了一段——不论是多么短的时间。所以在假定是轮辗地的全部时间内，轮与地两者，彼此根本没有任何接触。

13．"丁子有尾"。"丁子"即蛙。蛙原是蝌蚪．成蛙便失去它们的尾。但是它们不可能失去它们的尾，除非尾原是它们的。这和前面讲的"卵有毛"是一个道理。

14．"龟长于蛇"。tortoise（龟）有八个字母，snake（蛇）只有五个字母，龟长于蛇，毫无疑问。中国早期的象形表意文字，"龟"字的写法，无论在长度上、在复杂程度上，都超过"蛇"字的写法。对于现代人，这个"悖论"可能一文不值，因为我们惯于使用引号，在龟字、蛇字上加个引号就完了。可是在实际上，那些逻辑实证论者，他们混淆了"概念"与"名称"，似乎也不过比这些辩者稍胜一筹而已。

15．"矩不方"。矩的用途，是确定任何一个所与的角是否是直角。它是一切直角的标准，因此没有一个角可以说是直角，除非它通过了矩的测定。为了能说矩本身是方的，就必须用另一个矩来量，如此进行，ad infinitum（以至无穷）。但是这显然是不可能的。所以矩不方。若说两矩可以互为标准，这也不通；因为若没有首先确定了一个矩为标准，谁也无权用它去测定另一个矩。

16. "山出口"。我说"山"时，不是在发出没有意义的声音。它是有意义的声音（在本例意指实在的山），而出自我口。庄子云："夫言非吹也。"（《齐物论》）（荀子提到这个诡辩："［山？］入乎耳，出乎口。"[《劝学》]）

17. "黄马骊牛三"。骊是黄、黑混杂。首先，牛是黄牛，因为有黄毛。其次，牛是黑牛，因为有黑毛。如此合在一起有一匹黄马、一头黄牛、一头黑牛：数目就是三。

（原文为英文，涂又光译，《沈有鼎文集》，

人民出版社，1992 年。）

《公孙龙子》的评价问题

"四人帮"所造成的学术方面的思想混乱，突出地表现在中国哲学史方面。中国逻辑史也毫不例外。"四人帮"遭到了历史的无情的裁判，被粉碎了，于是在党中央的领导下，科学研究开始出现了突飞猛进的形势。现在才有可能对中国哲学史和逻辑史的一系列问题展开百家争鸣和从事科学性的探讨。《公孙龙子》书的评价问题就是其中的一个。

甲　古代中国的诡辩论

（1）较古的书都称惠施、公孙龙为"辩者"，司马谈所用"名家"一词很不恰当。

（2）古代中国的诡辩论和古希腊芝诺的诡辩论性质相似，内容完全不同。古代中国的诡辩论可分为"合同异"和"离坚白"两大类（分别以惠施、公孙龙为代表），各个独放异彩。惠施又是古代杰出的自然辩证法家，不专用诡辩形式。

乙　两个公孙龙

（1）《庄子》、《吕氏春秋》、《淮南子》以及稍后的司马迁、扬雄、王充在提到公孙龙时都不说公孙龙曾举起"正名"的旗帜。若真有其事，必遭到更严厉的驳斥，但完全不见记载。举"正名"旗帜的公孙龙似乎是经过后人打扮的。这一误解的来历如下：司马谈提出"名家"一词，并说名家"正名实"。《汉书·艺文志》（根据刘歆）把《公孙龙子》十四篇列在名家。又总结名家的思想，说"名家者流，盖出于礼官"，引"孔子曰，必也正名乎"。这已经近乎胡说，但也没有直接说公孙龙"正名"。到了晋代人所编的《公孙龙子·迹府篇》才说什么公孙龙"疾名实之散乱，因资材之所长，为'守白'之论"。这明明是晋代人"才性"的观点，也发展了曹操的不拘一格的思想。总之，公孙龙由战国时期的诡辩家，到晋代竟摇身一变成为逻辑学专家，这是一个什么问题？

（2）因此我们提出两个公孙龙的假设：一个是历史上的公孙龙，生活在战国末期。另一个是经过晋代人改造过的公孙龙。历史上的公孙龙在当时遭到道家和儒家的排斥，但因儿说、公孙龙的"白马非马"的学说本来可以引申出"正名"的意思，于是改造过的公孙龙就直接举起了法家、儒家用的"正名"的旗帜。《战国策》把"白马非马"和"形名家"联系起来，"形名家"即"刑名家"，也就是法家。法家讲（儿说的）"白马非马"是可以的，但决不会承认（公孙龙的）"臧三耳"及其他诡辩的内容。

不仅如此，《坚白论》还袭用《庄子·齐物论》的"因是"一词，公孙龙竟以道家的面貌出现了。只要读一读《庄子·秋水篇》和《列子·仲尼篇》中两段内容相反的有关公孙龙的故事，作一对照，就可以看出两个公孙龙不仅面貌完全不同，和道家的关系也不一致。

丙　《公孙龙子》书的编纂过程

（1）汉代流传的《公孙龙子》十四篇已不复存在，现时流行的《公孙龙子》六篇据考证，在《隋书·经籍志》被称为《守白论》，列在道家。这可能是晋代人根据一些破烂材料编纂起来的（《列子》和现时流行的《古文尚书》也是晋代人根据不少材料编纂成的）。

（2）战国时期以后，在晋代出现了逻辑思想的又一高潮。晋代的"名家"除讨论才性问题外，也讨论逻辑问题。鲁胜著有《墨辩注》。所以我们不要认为晋代人是没能力来发挥战国末期的公孙龙的一部分思想的。

（3）《公孙龙子》除《通变论》开首一小段可以认为无疑义地是先秦的材料以外，还有"鸡三足"和"目不见"的论证也被保存在《通变论》和《坚白论》里面。但其余部分都可疑。《通变论》大段、《坚白论》、《名实论》都引了不少《墨经》的词句，多数不符合原意，例如"若白者必白"一句。（《通变论》大段是一片胡言，完全没有逻辑脑子，这一部分的编者是最拙劣的。把"碧鸡"说成"碧"和"鸡"两样东西，鸡是不材，碧是不正之色，因此类似。按儒家的正名思想认为碧是青、白混杂，代表概念混淆，代表君臣争而两明，两明者，昏不明。这和辩者公孙龙的思想没有丝毫关系。）

《名实论》不以诡辩形式出现，似和战国时期的公孙龙无关，可能是编书者有意拿来压阵的一篇代表晋代人心目中的

"正名实"的公孙龙的文章。

《白马论》指出"白马"和"马"两概念的差异，论证细密异于他篇，主旨亦非诡辩，但仍以诡辩的古代形式出现，可能是后人发挥了公孙龙所抄袭的兒说的思想。

《坚白论》所讲的是战国时期的公孙龙的中心思想。但因手头材料太破烂，竟凑成了一篇词句不合语法、用文学的笔调写出、逻辑很不谨严的奇文。（"臧三耳"三字在文章中改变为"臧三可"，多么可笑！）但是它仍然没有丧失"盈坚白"和"离坚白"双方对垒的形势。大概所据材料虽然破烂，两方对垒的形势还能由之体会出来。鲁胜曾认为惠施、公孙龙传《墨辩》之学，一直到章士钊才打破了这个观念，所根据的是《墨经》和《坚白论》。这也是《坚白论》的价值所在。

《坚白论》的思想进一步发展为《指物论》的主客对话。通篇在"指"、"物"两概念上打转，和先秦以举例来说明问题的文风大不相同。还有，《指物论》中论主的观点也似乎不应该是公孙龙的。

丁 《公孙龙子》的评价

（1）形式逻辑方面：

《名实论》——主旨是要求概念明确。然而，把同一律的形式绝对化了，就成为典型的形而上学方法论。其结果是和古希腊的 Megarian 学派同样，按其理论实行下去，只能说"马是马"，"白马是白马"，"行星是行星"，"磁性是磁性"，"精神是精神"等等，此外就不能说任何肯定的语句了。

《白马论》——指出"白马"和"马"两概念的差异，不许混同。但因囿于诡辩的古代形式，论主不能自己又改说"白马，马也"，所以问题讨论得不全面。从现代的观点看，"白马是马"和"'白马'概念不是（一般的）'马'概念"两个命题都是正确的，逻辑学不应该片面地只说一方面。《迹府篇》公孙龙说："子知难白马之非马，不知所以难之说。"可见晋代人心目中的公孙龙是认为"难白马非马"并非不可以，问题在"不知所以难之说"。就是说你任意认定一方"白马，马也"或者"白马非马"，只要说得出理由，就可以难倒对方。这已经不是先秦辩者坚持一方的作风了。《白马论》的客方提出"有白马不可谓无马也"和"以马之有色为非马，天下非有无色之马也，天下无马可乎？"都是很尖锐的论点，只是到了后来又说："有白马不可谓无马者，离'白'之谓也；不离者，有白马不可谓有马也"，这就陷入思想混乱，准备投降了。所以论主一驳就完事。

《通变论》开首一小段论"二无一"——这是典型的先秦诡辩形式。论主把"二非一"夸大为"二无一"。我们如果把末句"曰：二苟无左又无右，二者左与右奈何？"移至"曰：左与右可谓二乎？曰：可"下面，意思就统统明白了。这里也是客方对论主"右变什么？"这一问，作了不合逻辑的回答："右变右。"所以论主说："右苟变，安可谓右？苟不变，安可谓变？"用一个两难论证就驳得客方哑口无言了。辩论已经结束，再延长下去就成了画蛇添足。

（2）有关逻辑的哲学方面：

《坚白论》——前半论"坚白相离"，就感性认识加以主观唯心主义的歪曲；后半论"坚白离石"，就理性认识加以客观唯心主义的歪曲。

《指物论》——"物莫非指"说的是个别和一般的统一。这个光辉的辩证法思想不会出于"形而上学充斥"的公孙龙口中。

（3）总之现时流行的《公孙龙子》，《迹府》以外一共五篇，作风都不相同，看来没有两篇是出于一人之手的，只能分别以评价。所讨论的问题也各不相同，并且正因为如此，表现出"全面"、"有系统"的假象，有利于晋代人把公孙龙捧上天。但是古书上记载的有些有名的诡辩却不见了，例如"臧三耳"，因为这比较臭，不利于晋代人心目中的公孙龙所举的"正名"旗帜。"鸡三足"和"目不见"也都乖乖地退居于从属的地位。其实"鸡三足"如单独，尚不失为奇想的诡辩。退居从属的地位，说什么"牛羊足五，鸡足三。故曰牛和羊非鸡"，便毫无意义，拙劣之至，一点没有逻辑脑子，连诡辩也没有诡辩的样子了。

但是话说回来，除了这半篇以外，其余四篇半似乎都不是偶然地被保存下来的。尽管不三不四，可能正代表着晋代逻辑思想的结晶。章太炎教人写古文要学魏晋，一个理由就是因为魏晋人的文章最有逻辑性。因此我们不应轻视这些论辩上的游戏或习题，并且除了给以科学性的批判外，也不要忘了这些东西在祖国的学术史上有一定的地位和意义。

（《哲学研究》1978 年第 6 期。）

公孙龙考(一)

——先秦是否有两个有名的公孙龙，
还是只有一个？

《公孙龙考》分（一）、（二）两部分，都是关于先秦公孙龙其人的考证。继此将另写一篇《〈公孙龙子〉书考》，则是关于《汉书·艺文志》所说《公孙龙子》十四篇和现今流行的《公孙龙子》六篇的考证。

按传统的说法，先秦的公孙龙有两个。一个是生活在春秋末期和战国初期的公孙龙，比孔子晚生53年，是孔子的亲炙弟子，字子石，楚国人，也有说是卫国人的。一个是生活在战国末期的公孙龙，和平原君同时，是有名的辩者，字子秉，赵国人。

辩者公孙龙字"子秉"之说，是可疑的。其来源出于《庄子》书中庄周和惠施的一段对话，里面有一句：

> 庄子曰："然则儒、墨、杨、秉四，与夫子为五，果孰是耶？"（《徐无鬼篇》）

唐成玄英疏：

> "秉"者，公孙龙字也。

宋王应麟《困学纪闻十》引唐殷敬顺《〈列子〉释文》：

> 庄于天下篇：古之道术有在于是者，宋钘、尹文闻其风

而悦之。荀子非十二子篇：其持之有故，言之成理，足以欺惑愚众，是墨翟、宋钘也。天论篇：墨子有见于齐，无见于畸。宋子有见于少，无见于多。汉书艺文志：宋子十八篇。"秉"疑"宋"之讹。《困学纪闻》谓公孙龙字"子秉"，非也。（《读书丛录十四》）

但关于前后两公孙龙并非一人这一点，大多数学者似乎已取得一致。例如清俞樾说：

《史记》有两公孙龙。仲尼弟子列传：公孙龙字子石，少孔子五十三（原作"五十"，据汪兆镛校改）岁。孟子荀卿列传：赵有公孙龙为坚白异同之辩。而说坚白异同之公孙龙与孔穿同时。考《孔子世家》，孔穿乃孔子之昆孙，去孔子六世，必不得与少五十三（原作"五十"）岁之公孙龙辩论也。《庄子》书之公孙龙，即与孔穿辩论之人，而非孔子弟子。（《俞楼杂纂〈庄子〉人名考》）

（公孙龙和孔穿辩论一事见于《吕氏春秋·淫辞篇》）类似的议论在明代已相当普遍。近人王琯完全同意俞说，俞说好像已经成为定论了。（有的学者还根据《艺文类聚六十六》所引《庄子》佚文，认为两人之外先秦还有一个公孙龙是梁君御。这个公孙龙不很有名，有名的还是上述两个。）

但在唐代以前，似乎没有人提出过这问题。这两人如果真是两人，那也是一直被混淆了的。甚至到了唐代，张守节关于孔子弟子公孙龙还说：

庄子云，坚白之谈也。（《史记正义》）

张守节所根据的我想就是《庄子》书中的一段故事，开首说：

公孙龙问于魏牟曰："龙少学先王之道，长而明仁义之行，合同异，离坚白，然不然，可不可，困百家之知，穷众口之辩，吾自以为至达已。"（《秋水篇》）

我们看这一段，不免怀疑连庄周或庄周后学都把这两人混淆了。但如果庄周脑子里确实只有一个公孙龙，那么关于孔子亲炙弟子公孙龙的传说是十分可疑的了。当然，庄周没有明白地把两人混淆，也没有说辩者公孙龙是孔子亲炙弟子，那么至少庄周认为辩者公孙龙属儒学家派这一点是确定的了，因为战国时期只有儒家"学先王之道，明仁义之行"。（墨家也重视"圣王之事"，但辩者公孙龙不可能是墨家，章士钊先生已经证明，公孙龙的"离坚白"的学说和后期墨家的"盈坚白"的学说站在完全相反的哲学立场上。墨家纪律森严，会收容公孙龙这样一个"然不然，可不可"的人作门徒吗？）辩者公孙龙虽是儒家，却是很不正统的儒家，想来赵国的学术空气比较自由，荀卿也是赵国人，荀卿的思想也不能算正统的儒家思想。荀卿和公孙龙名义上都宗孔子，学术思想则距离很远，各走各的道路，政治背景又都是三晋的法家，这是完全可以理解的。

　　唐司马贞明确认为两公孙龙实是一人，只是关于这一人的传说有许久差异而已。关于《史记·孟子荀卿列传》所说赵人公孙龙为坚白同异之辩，司马贞说：

　　　　龙即仲尼弟子也。此云赵人，《弟子传》作卫人，郑玄云楚人，各不能知其真。

　　又下文云"并孔子同时，或云在其后"，所以知非别人也。（《史记索隐》）

司马贞的话很简略，不好懂。我们不妨替他引申一下。《史记·孟子荀卿列传》是这样说的：

　　　　赵亦有公孙龙为坚白同异之辩。……盖墨翟，宋之大夫，善守御，为节用。或曰并孔子时，或曰在其后。

但墨翟在孔子以后，史实俱在（见《墨子》书），一点疑问都没有。何以司马迁竟如此不明确？司马贞认为"或曰并孔子时，或曰在其后"一句是错简，应当移前，移至"赵亦有公孙龙为坚白同异之辩"后面。那就是说，关于公孙龙虽有许多传说，互相矛盾，但都是关于同一个人的传说。这看法很合理。例如汉仲长统《〈尹文子〉叙》说：

> 尹文子齐宣王时居稷下，与宋钘、彭蒙、田骈同学于公孙龙。

这就和公孙龙和平原君同时因此是尹文的后辈传说相矛盾。

我们如果承认司马贞的说法，那么很可能公孙龙或其后学因为要抬高公孙龙的地位，把公孙龙说成孔子亲炙弟子，同时尽可能把他的生年不放得太早，定在"少孔子五十三岁"这样一个下限。即使如此，正如王琯所说，公孙龙还是活了二百多岁，可能性太小了。但在汉代，考证方法没有后代那样细密，并且一般都相信人可以修仙，这样一个差距完全引不起注意，也是可能的。

的确，我们很难找到证据说明汉代人承认先秦有两个公孙龙。现在先举几条关于辩者公孙龙的传说。

刘宋裴骃《史记集解》注《平原君传》引汉刘向《别录》：

> 齐使邹衍过赵平原君，见公孙龙及其徒綦毋子之属论白马非马之辩，以问邹子。邹子曰："不可，彼天下之辩有五胜三至，而辞正为下。辩者别殊类使不相害，序异端使不相乱，抒意通指，明其所谓，使人与知焉，不务相迷也。故胜者不失其守，不胜者得其所求。若是故辩可为也。及至烦文以相假，饰辞以相悖（原作"悖"，误），巧譬以相移，引人声使不得及其意，如此害大道。夫缴纷争言而竞后息，不能无害君子"。坐皆称善。

这显然是正统派儒家邹衍（思孟学派）纠正不正统派儒家公孙龙的故事。

因为邹衍的缘故，平原君终于把公孙龙驱逐了。《史记》说：

> 平原君厚待公孙龙，公孙龙善为坚白之辩。及邹衍过赵，言至道，乃绌公孙龙。（《平原君传》）

《淮南子》有以下一段故事：

> 昔者公孙龙在赵之时，谓弟子曰："人而无能者，尤不能与游"。有客衣褐带索而见曰："臣能呼"。公孙龙顾谓弟子曰："门下故有能呼者乎"？对曰："无有"。公孙龙曰："与之弟子之籍"。后数日，往说燕王，至于河上，而航在北（原作"一"，据刘文典校改）汜。使善呼者呼之，一呼而航来。故（原有"曰"字，据王念孙校删）圣人之处世，不逆有伎能之士。故老子曰："人无弃人，物无弃物，是谓袭明。"（《道应训》）

这是说辩者公孙龙"在赵之时"，就是在被平原君驱逐出赵国以前。从这段话我们知道辩者公孙龙有不少弟子。

现今流行的《公孙龙子·迹府篇》叙述公孙龙和孔穿会面，开首说：

> 龙与孔穿会赵平原家。穿曰："素闻先生高谊，愿为弟子久。"

辩者公孙龙若不是儒家，而是杨墨等异端，孔穿决不能说"愿为弟子"。《迹府篇》虽不可靠，但也表明它的作者认为辩者公孙龙是儒家，只是学说被认为不正统而已。《孔丛子》叙述孔穿和公孙龙会面，开首也有类似的话。

好了。我们再引一段汉刘向《说苑》关于子石的记载：

> 子石登吴山而四望，喟然而叹息曰："呜呼悲哉！世有明于事情不合于人心者，有合于人心不明于事情者"。弟子问曰："何谓也？"子石曰："昔者吴王夫差不听伍子胥尽忠极谏，抉目而辜。太宰嚭、公孙雒偷合苟容，以顺夫差之志而伐齐（原作"吴"，以卢文弨校改），二子沉身江湖，头

悬越旗。昔者费仲、恶来、胶（原脱"胶"字，从刘文典
校补）革长鼻决耳，崇侯虎顺纣之心欲，以合于意，武王
伐纣，四子身死牧之野，头足异所。比干尽忠，剖心而死。
今欲明事情，恐有抉目剖心之祸；欲合人心，恐有头足异所
之患。由是观之，君子道狭耳。诚不逢其明主，狭道之中，
又将险危闭塞，无可从出者。"（《杂言》）

如果公孙龙真有两个，那么即使辩者公孙龙不字子秉，也没有理
由一定要和孔子亲炙弟子同字子石。那么这子石应该是孔子亲炙
弟子，也就是郑玄所说"楚人"了。但如果我们采用司马贞之
说，公孙龙只有一个，也是很可通的。我们可以设想辩者公孙龙
自从被邹衍驱逐出赵国，满腹牢骚，知道北方不能久留，带了弟
子游到南方，登吴山而自叹不逢明主，不是很合情理吗？

汉桓宽《盐铁论》征引了这段故事，还征引了一段"公孙
龙"的遗教：

丞相曰："……公孙龙有言曰：'论之为道辩，故不可
以不属意。属意相宽，相宽其归争，争而不让，则入于
鄙。'今有司已不仁，又蒙素餐，无以更责雪耻矣。县官所
招举贤良、文学，而及亲民伟仕，亦未见其能用箴石而医百
姓之疾也。"

贤良曰："……今欲下箴石，通关扃，则恐有成（原作
"盛"，据王先谦盛通成）、胡之累；怀箴橐艾，则被不工之
名。'狼跋其胡，载疐其尾'。君子之路，行小之道固狭耳。
此子石所以叹息也。"（《箴石》，原作"盐铁箴石"，据张
敦仁校改）

"属意"是"用脑子"的意思。但论辩时应当属意在论证严密，
不要属意在客气迁就（"相宽"）。如果这样掩盖矛盾，结果矛盾
爆发得更加尖锐（"其归争"），以致发生"鄙"的现象。"鄙"

是"骂街"的意思，指强词夺理的说话态度。这一段话所包含的心理分析多么深刻！〔辩者公孙龙的唯心主义学说实质上虽然也是强词夺理，表面上可并不强词夺理（参看《吕氏春秋·淫辞篇》："平原君谓孔穿曰：'昔者公孙龙之言甚辩。'"），只有逻辑学家才能指出他强词夺理的地方，因此不属"鄙"的范围。〕

现在假定先秦著名的公孙龙真有两个，那么我们说过，子石应该是孔子亲炙弟子公孙龙，而不是辩者公孙龙。我们必须认清：下文子石所以叹息，乃是登吴山而叹息，说的是"君子道狭耳"，和上文的"争而不让则入于鄙"无关，可见实际上没有任何理由说承相所引和贤良所引一定是一人而不是两人。如果是两人，承相所引是辩者公孙龙，那么所引的话真可以说是辩者公孙龙多年的经验总结了。本来，为什么承相和贤良不可以各引各的权威，一个引辩者公孙龙，一个引孔子亲炙弟子子石呢？

但如果承相所引公孙龙就是贤良所引孔子亲炙弟子子石，那么上下文似乎照应得更好，也更自然，免得双方过分拧着，同一章节里竟然两个公孙龙都出现了。本来，为什么孔子亲炙弟子公孙龙不可以讲一讲论辩者应取的态度，一定要辩者公孙龙才能讲呢？况且让一个不被人们认为是诡辩家的人讲这问题，来教训别人，似更合宜。所以两说同样可通。

清王先谦从两前提出发，（1）承相所引公孙龙是辩者公孙龙，（2）承相所引公孙龙就是贤良所引子石（这两前提如上所说，都有一定的合理性，也都不是毫无问题），得出结论说：辩者公孙龙和孔子亲炙弟子一样，也字子石。这结论和我们所说虽不一致，也不妨自成一说。但如果我们参考司马贞的说法，那么完全可以不改变这两前提，进一步作出结论：孔子亲炙弟子公孙龙并不存在，子石也只有一个，就是辩者公孙龙。这样就避免了

"孔子亲炙弟子公孙龙和辩者公孙龙两人俱字子石"这样一个可能性不是太大的结论，子石仍然是儒家，矛盾也完全解决了。

　　关于先秦的公孙龙是一人还是两人的问题，因为材料有限，只能暂时不作绝对肯定。好在我们并没有把公孙龙本人揪到法庭上来审，因此没有必要马上作出完全可靠因而大家都能一致的结论。

　　　　（《哲学研究》编辑部编，《哲学研究丛刊·中国哲学史论文集》

　　　　　　　　　　　（第一辑），山东人民出版社，1979 年。）

谈 公 孙 龙

——兼论《墨辩》三派

我在去年写了《〈公孙龙子〉的评价问题》一文（《哲学研究》1978 年第 6 期），有一位同志对我的论文提出批评意见。其中有一部分和我的原意并无冲突，如认为现今流行的《公孙龙子》并非字字出于晋人伪造，并且多多少少代表了战国时期的公孙龙的思想等等。《列子》和《古文尚书》的许多内容也不是晋人凭空捏造得出来的。问题在"多多少少"究竟有多少，这位同志和我各有不同的看法。

首先我认为：对古代文献的考据，由于材料的限制，有时不可能得出百分之百可靠的结论，只能凭或然性作出判断，或提出猜想和假设。有时你认为可能性很大的事情，我却认为可能性很小，这样就形成了各种程度的意见分歧。"百家争鸣"，可使双方的意见和根据不但双方都能了解，并且大家都能了解，这是走向真理的重要途径。

举一个例。这位同志信郭老之说，认为《经下》是《墨辩》三派之一。我认为这是完全站不住脚的。《经上下》、《经说上下》乃是一个学派的系统学说，绝不可能把一部分送给这一派，把另一部分送给那一派。《经说》的时代晚于《经》，学说也可能有发展变化，但《经说》无论如何应当看作是对于自己一派的《经》（或和其他派别共同承认的《经》）的发挥，决不能说《经》和《经说》各为一派。这是十分明显的道理。

至于《经上》和《经下》，更不能说一个早，一个晚。《经上》和《经说上》重点在定义和分类，把重点在论证的都留给了《经下》和《经说下》，难道可以说一派专讲定义和分类，另一派专讲论证吗？很多人因为《经上》文字较简，《经下》文字较繁，粗粗一看，觉得时代似乎也有先后之别，这实在是"不思"之甚。郭老不理解《墨经》的结构，所以也有此错误。

我猜想《经》和《经说》四篇可能是学术文化发展水平较高的北方之墨者的著作，可能就是"相里勤之弟子"即"五侯之徒"所著。《大取》一篇在很多地方和四篇唱明显的对台戏，学说比较原始，含义丰富，重形式的趋势较弱，可能是南方之墨者的著作。《天下篇》所说"倍谲不同，相谓别墨"，只是说这两派的歧异，没有说到第三派。（这样解释比较"文从字顺"。）这两派的《经》根本不同，北方用的是《经上》、《经下》，南方用的是《大取》中的《语经》。（尚待分出。）两者都可以称为《辩经》，也都可以称为《墨经》，"俱诵墨经"并非意味着俱诵同一种《墨经》。"别墨"我想就是两种《墨经》相互的称谓，"别"不一定要解释成有敌对的意义，倒是有"也可以用作参考"的含义。两派术语也有不同，如论据的简括北方用"说在……"南方用"其类在……"两种公式不同。

《韩非子》说："墨分为三"。可见两派之外的确还有一派"伯夫氏之墨"。这一派也许是西方之墨者，不愿意参加两派的争论，同时也满足于《小取》那样完整而简明但较晚出的辩学体系。总之，这些都只能是猜想，详细过硬的考证恐怕只能等再来一个"马王堆"了。

　　以上论墨家分派，有点离题，但也足以表明各人对可能性的估计会很不相同。大家不妨发挥一下郭老所提倡的科学性的"想象力"，几个臭皮匠有时会拼得出一个诸葛亮来的。

　　以下分别讨论关于公孙龙的几个问题。

　　(1) 关于名、辩。"正名"的思想来源于礼制和刑名，"善辩"的思想来源于邓析"操两可之说，设无穷之辞"。两者虽有关联，但倾向性从头不相同，甚至相反。(李世繁先生有类似的说法，此说是受了他的启发。) 东西学术史有时会有相同的地方，例如亚里士多德时代希腊就先已有 eristic 学派，讲"辩"的技术专以胜人为目标，不是为求真理。墨子、孟子、荀子都用"辩"作为辩明是非的手段，但孟子和荀子认为"辩"是出于"不得已"，只在"王业之始"满足宣传的需要，等到王业已成可要对"辩"加以限制了。只是墨家最彻底，咬定"辩"不可少，"辩"是"明是非之分"的必要工具，不可须臾离。墨家虽然重点在"辩"学，但也讲究作为准备阶段的"正名"。惠施不用"正名"的口号，他的"去尊"的学说和重视"别贵贱"的原始"正名"思想根本抵触。《天下篇》说他卒以"善辩"著称，庄子后学颇替他可惜。公孙龙也长于"辩"，而且是典型的"诡辩"；只是因为他继承了兒说的"白马非马"的学说，所以偶尔涉及正名，但"正名"并不是他的旗帜。《淮南子》讲到公孙龙，一句"正名"的话也没有（其他较古的典籍都如此）；相反，倒说他是"贸名"即乱名。晋人编的《列子》说，"白马非马，形名离也"，只在"白马非马"这一条下说到"形名"的问题，也已经意识到其他几条很难和形名拉上。（"孤犊"一条例外。) 我认为那篇板起脸来的《名实论》并非公孙龙的著作，是有一定的理由的。当然，惠施、公孙龙的"辩"已经不是那种专以胜人为目标的"辩"，而是在古代学术史上占有一定地位的

"诡辞"。而且惠施的话有一半在现在看起来是科学真理，一点也不"诡"。（"善辩"对于惠施也是大材小用。）

"名家"一词，容易引起混乱。主要是我们无法确定《墨经》算不算名家。如果说，刘歆所以没有把《墨经》或《墨辩》列入名家，只是因为《墨经》或《墨辩》不单行，那么刘歆用"名家"一词，实际上是包括了《墨经》的。凡是讨论和逻辑有密切关联的问题，也都可以列入名家。如果说，刘歆的"法家"和"名家"是从同一学派中区分出来的两派（"刑名"和"形名"原先是一回事），那么《墨经》不属名家。（什么"同盟军"！真是"四人帮"的胡说。）然而司马谈和刘歆是以"正名实"为名家的标帜的，《墨经》也讲"正名实"，为什么不是名家呢？可见是"进退失据"。章士钊先生作《名墨訾应考》，"墨家"和"名家"是互相排斥的概念，似用后说。但他的主旨是说明辩者如公孙龙等和《墨经》属于对立的学派。

（2）这位同志说："基本上说来，对于这部书是公孙龙自著，是从来没有人提出怀疑过。"事实远非如此。我现在手头缺材料，只好引栾调甫的《墨子研究论文集》页 20 作例：

> （上略）我疑心这书（指现行《公孙龙子》）与《列子》都是道家作伪书的先生们干的事，因为有这种不高明的角色，才能玩出这露马脚的把戏出来。

栾先生的考据有许多确实是很精的，甚至可以称为"独步"。但我也并不完全同意他在这里所下的论断。一般疑《公孙龙子》是伪书的人都从文字考据出发，但是他们有一个共同的弱点，就是无法说明这书所表现的思想内容的独特性。于是疑古的考据家就只能让位于信古的哲学家，听他们胡吹去了。但哲学家们太不敏锐了，甚至连"目不能坚，手不能白"这样语法不通的句子都认为是出于先秦人之手。那么这问题还是有待于考据家的探讨了。

晋张湛《列子注》在《白马非马》一条下说："此论现存，多有辩之者。辩之者皆不弘通，故阙而不论也。"可注意的是：（甲）张湛说《白马论》现存，而没有说公孙龙子书其他篇章现存，在整段讲公孙龙的地方除了《白马论》外都没有提到《公孙龙子》书，这就叫人很有理由怀疑：张湛的时候是不是现今流行的《公孙龙子》六篇已经串编成书，还是当时普通看得见的材料只有残存的《白马论》一篇？（乙）"多有辩之者"似乎是说当时有不少学者曾怀疑这篇《白马论》是否真是公孙龙的著作。但因为这些人都只从考据的角度说话，不能谈玄理（"不弘通"），所以张湛不愿意再提了。

（3）我的看法是：汉代流传的《公孙龙子》十四篇确实和现今流行的六篇《公孙龙子》面貌完全不同。栾调甫先生举出了一些内在证据，我也有更多有说服力的证据，限于篇幅只好不说。现在我只说这两书的性质有很大的差异。

汉代流传的《公孙龙子》我们不妨认为是公孙龙和他的后学的著作。这书的内容虽是诡辩，但表面上法式严密，论据完整，是先秦辩者的代表作，不夹杂道家思想（因为没有理由要夹杂）。这从扬雄关于这书的论断可以看出来。《法言》说：

> 或问公孙龙诡辞数万；以为法，法欤？曰：断木为棋，
> 梡革为鞠，亦皆有法焉。不合乎先王之法者，君子不法也。

可见扬雄虽然认为《公孙龙子》不合乎"先王之法"，但却不能否认它也如同博弈一样具有严密的法度和规矩。也就是说，不会像现在流行的六篇《公孙龙子》那样一团糟。

这部十四篇的《公孙龙子》可惜我们现在看不见了，只有也许是残存的一篇《白马论》（以及《通变论》开头一段论"二无一"）。现在流行的《公孙龙子》的其他篇章我认为是晋代

学者根据破烂的写本或片字只语加盐加酱勉强串起来的。（此说来自唐钺。明人钟惺改书名《公孙龙子》为《辩言》，很有道理。）尽管我们尽了最大的努力，想恢复公孙龙原有的精神面貌。但也只好抱歉；《公孙龙子》原书的本来面目在这里已经几乎丧失净尽。另一方面，他们除了上刘歆的当，认为公孙龙著书的目的是"正名实"以外，他们倒是把公孙龙的思想按道家的观点加以发展了。例如《庄子》有独化之说，现今流行的《公孙龙子》就"离坚白"加以引申，说"离也者天下，故独而正"，把重视个人的思想发展到了极点。这确实是一个发展，是先秦人所梦想不到的。先秦的公孙龙只会搞抽象的概念游戏，说不出它的现实意义，结果碰到邹衍，就窘得不堪。但是所搞的游戏确实有逻辑水平，能够和《墨经》、《荀子》等著作并列，并且为汉武帝以前的学者所重视，特别是为《淮南子》所重视。"不可与众同道"在《淮南子》决不能单纯地看作是贬辞。古希腊柏拉图的对话《巴门尼德》后半作为练习而以诡辩形式写出的洋洋文章，如果没有很高的逻辑和哲学水平，是一定写不出来的。当然我们只是说明问题，不是要借此一比来抬高公孙龙的地位。何况公孙龙和柏拉图都是唯心主义者，这一比也不能算错。

（4）晋代的形式逻辑水平不如先秦。鲁胜虽有恢复绝学的气概，我们很难说鲁胜已经正确地理解了《墨经》，也很难说他已经达到了先秦的形式逻辑水平。（当然，更难说他确实超过了先秦的形式逻辑水平。）鲁胜如此，其他人更不必说了。所以这第二次逻辑思潮的膨胀确实没有第一次（战国）那样波澜壮阔，只是在道家的影响之下，更加深化、内化了。我们不妨拿现行《公孙龙子》来代表晋代的逻辑水平。

我们不必学某些人那样，讲历史一定要讲一个一个里程碑，一定要一个高过一个，思想史也是如此，这是黑格尔唯心主义的方法，不是马克思的方法。事实是如此：许多高深的学说到后来由于社会原因被忘却了，再后来却又几乎从平地产生出更高深的学说来，这和生产水平的发展不无关联。祖冲之的高深著作《缀术》到唐代渐渐地失传了，但到了宋代就有"天元术"的崛起，更大大超出了同时西方的数学水平。只有生活在现代，以马列主义毛泽东思想为指导，经过刻苦的钻研，大家才有可能把祖国学术的千丝万缕都用双手整理清楚，恢复其本来面目，即原有的光荣面貌和原有的局限性，不需要加以半点的夸大和渲染，像现在一些学者所作的那样；因为现在一些学者没有完全解脱"四人帮"的毒害，对祖国历史上的学术的认识实在太贫乏了，因此不能不加以人为的夸大，再套一套马列主义的词句，这样的做法于学术是没有益处的。毛泽东同志说："我们这个民族有数千年的历史，有它的特点，有它的许多珍贵品。对于这些，我们还是小学生。"当前，面临着四个现代化的任务，搞学术史的人，只要老老实实，也会有他一份未必是微小的贡献。

（北京市逻辑学会编辑组编，《全国逻辑讨论会论文选集》
（1979），中国社会科学出版社，1981 年。）

论《墨经》四篇之编制

　　读本篇者，宜先读伍非百《中国古名家言》中《墨辩校勘记》所附《辩经原本章句非旁行考》一文，及栾调甫《墨子研究论文集》中《旁行释惑》一文。又栾调甫《墨子经上下篇旁行说》，亦附于伍氏《墨辩校勘记》中，虽与调甫先生最后之说未必尽同，仍可供一得之参考。此三篇皆"五四"后《墨经》研究高潮时期之论辩。治墨学者，慎勿以其"繁琐"而忽之也。

一

　　《墨子经上、下》，诸家考订传本之误，竞欲恢复其"旁行"体制，差焉定论。而据栾调甫先生之研究，此"旁行本"之先，尚有一非旁行本，可名为"古直行本"，以别于"近世直行本"如明代诸刻本者。"古直行本"为《经上、下》之原本，为"旁行本"所自出。欲明此义，请先略言古书编制。

　　古书编制每章首字另起一行者，今谓之"离章"。离章不必旁行，如《诗经》一首数章，若书为每章首字另起一行，颇为自然。此即"离章"而并非"旁行"之体制也。《墨子经上、下》每章字数较少，离章书之空白过多，故分上、下两列，先书上列，每章通常至多占半行，上列诸行既毕，乃书下列，每章通常亦至多占半行。是为"旁行"。此"旁行"之体制，实由"离章"而来，故旁行必离章。他书旁行者或为名单，或为日历，无所谓"章"。复有表格，则纵横读之均可者。《墨子经上、下》之"旁行本"，于诸书中创独特之格，实为他书所未见。

竹书与绢素虽异，其编制则完全平行。竹书有三等，而绢素亦摹仿之。绢素有旁行，则竹书亦本可旁行。栾调甫先生谓如不得先编后书之证，则竹书不得旁行。今地下之物粲然，竹书先编后书竟不成问题，栾君之疑亦可释。章炳麟先生谓竹书可以旁行，恂具卓识。观《汉书·艺文志》虽别"篇"、"卷"，然除图但称"卷"外，余者"篇"、"卷"可以互称，则以竹书、绢素编制完全平行故也。

顾《墨子经上、下》原本之所以非"旁行"，理由实别有在，非以其为先秦竹书之故。试由"近世直行本"出发，改正其交错相乱之状态，尽最大努力以恢复《经上、下》"旁行本"。恢复后本期诸章次序与《经说》全合，然事实上《经下》"旁行本"次序仍与《经说下》不全合。必将《经下》"旁行本"上列"临鉴而立"至"鉴团景"35字，移至"不坚白说在"至"柂正远近"68字之后，始与《经说下》次序相合。此现象唯有"错简"能解释之。栾调甫先生据《墨子》书内诸篇错简之文，定《墨子》书之简为二尺四寸，率35字至40余字。则《经下》之错简，乃一简（35字）与二简（68字）相错。此错简之事实，必发生于不离章亦非旁行之书，兹分三点陈之：

（一）既发生错简，必为竹书。

（二）所错之简 35 字连书，不离章。与之相错之二简，亦连书，不离章。

（三）既非"离章"，自非"旁行"。

此竹书原本即"古直行本"。"古直行本"有错简以前（即35 字在68 字后）之本与错简以后（即 35 字在 68 字前）之本，统名为"古行直本"。"旁行本"乃出于错简以后之"古行直本"，已无疑义。

"旁行本"始于何时，及为竹书与否，下节当讨论之。栾、伍二先生皆主张《经上、下》原本非"旁行"，与张仲如先生"旁行本即竹书原本"之说相对立。而其实栾、伍不同，因伍君认为此不旁行之原本已属"离章"体制。此说与错简之情况不合。伍君于《校勘记》附录之末书曰："栾君与予往复商榷《墨辩》凡数札，皆论理精审，剖析犀利，如昆刀之切玉，使人之疑滞也消。"则或者伍君已放弃其"原本离章"之说乎？

至于"古直行本"与"旁行本"之间，是否尚有一过渡性质之"离章直行本"，即未发现有精简节约之需要时之离章本，此问题似不重要。余虽不主有此过渡本，然即有之，今亦未能得其证据，对《墨经》之研究亦必毫无影响。

二

"旁行本"既非《经上、下》之原本，即有始于何时之问题。伍君谓"旁行本"之产生，乃在竹书改写为绢素之时。今姑不问竹书改写为绢素是否适与"旁行本"之产生同时。然"旁行本"产生之理由，必非竹书改写为绢素之故。盖两者之编制既完全平行，则改写即照样抄录可矣，固无需改变其编制也。余谓离章本或旁行本之产生，其目的全在习读与研究之便利。故产生之时代，有五种可能：

（一）战国时墨家甚活跃，故相里氏之墨初著《经》与《经说》，有可能随即发现《经上、下》之编制不便于习读，因而改编"古直行本"为"旁行本"。二本皆竹书。改编之时，必在"古直行本"错简之后。

（二）汉初墨家尚未绝于世，"旁行本"之出现亦可能在此时。《墨子》全书，乃民间所献，献书之时当已完成改编。《汉志》："《墨子》七十一篇。"称"篇"则竹书也。然则改编之时，二本皆为竹书。

（三）如献书之时尚未改编，则改编必非西汉后期或东汉，而当为魏晋间。西汉后期及东汉时儒者不重《墨经》，自无为研究方便而改编之理由。魏晋间人对《墨辩》发生兴趣，鲁胜著《墨辩注》而达顶点，改编纯为研究之便利。鲁胜《墨辩注序》称"引《说》就《经》，各附其章"。审其语气，似鲁胜所见本已为改编后离章之本。当改编时，"古直行本"或仍为竹书，或先已改写为绢素，而改编所成之"旁行本"，则为绢素、纸张均可。

（四）《墨辩》专家，自当推鲁胜。"旁行本"亦可能为鲁胜所写定之本。鲁胜既为研究之便利，改编"古直行本"为"旁行本"而写定之，复自著"引《说》就《经》"之《墨辩注》。《墨辩注》仍"离章"，但以《说》附于《经》，《注》又附于《说》，故无过多空白，自不为"旁行"也。伍君疑《墨辩注》亦旁行。此问题第四节当讨论之。

（五）如鲁胜时尚无"旁行本"，则以《墨辩注》由其体制必为"离章"，鲁胜后之晋人自可根据《墨辩注》，将《经上、下》"离章"书之；为节省纸张起见，遂亦"旁行"书之。士人之逻辑兴趣晋亡以后即衰，钻研《墨辩》者少；如此时尚未改编，已无改编之必要，故余不谓"旁行本"之出现在晋亡以后也。（鲁胜《墨辩注》，《隋志》已不著录。《晋书》虽成于唐，其言"胜注《墨辩》存"，当纯为抄录东晋人之记载。实则至隋、唐时，《墨辩注》亡久矣。）

此五种可能，余亦不能断其孰为最合理。姑并存之，以待贤者之裁可。

至"旁行本"之蜕变为"近世直行本"，则必在《墨辩注》已亡之后。苟对《墨经》稍有理解，或稍一翻阅其注释，即不可能犯此"交错"之绝大错误。据调甫先生之推测，改直行盖始于宋刊本，以木版每行大字无过 24，小字无过 30，《经下》有一章 30 余字者，一行且未能容，而况半行。调甫先生又谓唐人尚知旁行体例，则改直行而交错误写乃在宋代矣。

三

《经说上、下》之编制，今本有三特点：

（一）非旁行，

（二）不离章，

（三）原则上每章之首有"牒字"以便检《经》。

"古直行本"《经上、下》不离章，则原本《经说上、下》当亦不离章。既非离章，自非旁行。是（一）（二）两点竹书原本皆与今本同也。至每章之首有"牒字"，则以《经》与《经说》分篇之故，体例应尔。是第（三）点原本亦与今本同。由是观之，《经上、下》虽改编两次，《经说上、下》以此三点言，实始终未改编也。

顾《经说》原本是否已有"牒字"，此点不能令人无疑。谭戒甫先生谓"《经》篇当旁行改作直行之时，系上下两截一直写下，文成交错，与《说》不符，致读者茫然不识头绪。所以今本每见《说》首牒出《经》条首字，以便引《说》就《经》，此牒经标题所由来也。"似谭君认为"旁行本"改编"近世直行本"时，《经说》始加"牒字"。若谭君果有此意，余谓事实有大谬不然者。上节言"近世直行本"出现之时，《墨经》已无人研究，亦无人理解。"牒字"原为习读之便利而设。既已无人研究，断无此时忽加"牒字"之理。

《经说》"牒字"，不仅非"旁行本"改编为"近世直行本"时始有，即谓"古直行本"改编为"旁行本"时始有，亦未合事实。兹举三例以证明之。

"旁行本"以"景到在午有端与景长说在端"为一章。实则"景到"二字自为一章。"旁行本"未分出，以无"说在"字故。"景到"章之《说》曰："景。光之入煦若射……""在午"章之《说》曰："在。远近有端……"两章各有"牒字"，则作一章者非也。此"旁行本"分章有误而"牒字"不误之例也。

上节谓《经下》有一章30余字者。实则30余字跨三章，"旁行本"误合为一章耳。中间"一偏去之"四字本自为一章。《说》曰："一。一与一亡……"是此处"牒字"基本上仍不误，仅"一一"两字误并为"二"耳。"旁行本"误以此章前与上章之后半"物尽同名……"合，则以误读上章"说在之大小"断句之故；后与下章"谓而固是也说在因"合，则以此四字无"说在"字故。此"旁行本"分章甚误而"牒字"不甚误之例也。

"旁行本"读"正而不可担说在抟"为一章，"宇进无近说在敷"为一章。实则"宇"字当属上章，读作"说在抟宇"。上章之《说》曰："正。凡无所处而不中县，抟也。伛字不可偏举，宇也"是其证。下章之《说》亦不牒"宇"字而牒"进"

字。则"字"字属上明矣，读"说在抟"断句者误也。此"旁行本"分章小有误而"牒字"完全无误之例也。

观此三例，则知"旁行本"之出现，必在有"牒字"之后。《经说》原本之有"牒字"，已无疑义。

清儒治墨学者，早期毕沅、张惠言已发现"旁行"体制。至"牒字"体制，则至曹耀湘、梁启超始确立。此则清儒所不知，晋代鲁胜亦未必知之。"牒字"既为体制，则知今本凡阙"牒字"者，皆本有而脱落，不补未为善校勘也。

四

据第二节所陈之理由，鲁胜所著"引说就经"之《墨辩注》其编制为"离章"而非"旁行"，与《经》、《说》分篇之《墨辩》本文不同。本文则《经》之"旁行本"，"离章"亦"旁行"；《经》之前后两"直行本"皆非"离章"亦非"旁行"。《经说》之编制始终未改，非"离章"亦非"旁行"。

伍非百先生疑《墨辩注》亦旁行，所举理由有三，然皆不能成立。

第一理由为："《经上》'日中'、'直'、'闻'、'循所闻'、'言'、'执所言'数章，皆有《经》无《说》。此数章者，有一共同之点，即两章必'同义'，必'同列'，必'俱无《说》'，而文法则'一类、一不类'是也。（自注：'直'、'闻'、'言'三章类《经》，'日中'、'循所闻'、'执所言'三章类《说》。）此当为一《经》一《说》之原文，后人据鲁胜本，而旁写致误也。"

按《经上》"日中，正南也"与"直，参也"两章相次。伍君谓"日中"章即"直"章之《说》误为《经》文者。余谓

"日中，正南也"句，本不改字完全可通，伍君必改"日"为
"直"，改"正"为"北"，未免曲说矣。古人欲定方向，先定
正南。日中为一日间表影最短之时。表影最短，即定此时为日
中，日中时日所在之方向，即定为正南，正南定而正东、正北、
正西亦定矣。此法简要，较以磁针定方向愈为准确而无误差，盖
古代天文学之基石也。夫光行必直线，无间于日中，日晬，则
"日中"与"直"固自为二章，非一《经》一《说》也。《墨
经》之文，质直，显明，莫过于此，竟无待于《说》矣。此种
朴素之科学知识，自日常实践来，人人皆有，而后期墨家著以为
《经》，恂不愧为逻辑家矣。"日中"一章，置于几何学原理诸章
之间者，则以古人认为定方向之术，亦关于空间之基本学说也。
"日中"章次之以"直"章者，则以日、表端、影端三点恒成一
直线故。日在表之正南，则影在表之正北，是"日中"章本为
"直"章原理之特殊应用。诸章次序，有由特殊而一般者，此
也。

　　《经上》："闻，耳之聪也。循所闻而得其意，心之察也。
言，口之利也。执所言而意得见，心之辩也。"四章相次而无
《说》，皆在"旁行本"下列。按"闻"与"循所闻"，当合为
一章。"闻"句单独甚无意义，则二句皆此一章之《经》文，固
不为一《经》一《说》也。误分二章之由，则以此章有二
"也"字故。（《经上》："辩，争攸也。辩胜，当也。"亦一章有
二"也"字。一误分一不误分者，句有长短也。"久"、"宇"
二章，各有"也"字，分不分似皆可，不分则以句短故。）"言"
与"执所言"，亦同此例。（上已有"言，出举也"一章，此
"言，口之利也"复自为一章，尤不合。）

　　抑此二章尚有一可疑之处。"察"、"辩"对举疑刑名家言，
未必为墨家言。《墨经》言"辩"，乃指辩论，固无所谓"心之

辩"也。"执所言而意得见"即"以辞抒意",固不待有辩论而始如此。然则此所谓"心之辩",实与《墨经》之"辩"概念不同。余疑"旁行本"《经上》下列原有四行空白,后人遂以其他材料抄入之。或"同异交得于有无"章,"有无"下据《经说》应有"多少去就坚柔死生子母长少白黑中央旁是非成未俱适存亡假贵贱"28字。"旁行本"分此28字为四章,则一章误分为五章也。后以破烂,28字遂佚。抄写家适藏有刑名家言之孤立资料,即以实此四行之空白耳。

伍君疑《墨辩注》旁行,所举第二理由为:"'体,分于兼也'一章,与上行前后文义不类。其《说》则与'故'章之《说》互明。而下行前后十余章,皆定物理、几何之界说,与'体'义密切,行次亦近。(自注:横行相差四十余章,直行只两三章。)是'体'章之《经》与《说》,应在旁行之下行,直读之后半篇者也。今反在上(自注:《经》在上第二行)与前(自注:《说》在前第三章),非《经》与《说》俱作两横行之旁行本,何以错误至此?"

伍君移"尽"章于"止"章后,又移"体"章于"尽"章后,"止"、"尽"居更正后之"旁行本"上列之末,而"体"居下列第一行。此问题之关键,在伍君认为"近世直行本"乃参校《墨辩注》及《墨子》中"旁行本"之《经》与非旁行之《经说》而写成者。余在第二节谓"旁行本"之蜕变为"近世直行本",必在《墨辩注》已亡之后:苟对《墨经》稍有理解,即不可能犯此"交错"之绝大错误。写成"近世直行本"者,用大脑之范围甚窄,以机械抄录为美德,又不知"旁行"体例及"牒本"之作用,安能任参校之事耶?必不为也。抑《墨子》一书,幸而历代鲜事校勘。使屡有校勘,则《墨经》至今日当已面目全非,"牒字"完全删去,吾人亦不复能研究古代《墨经》

矣。余意诸章次序，当战国写定时，已经种种变动。未写定时，
必有前移、后移诸般调度。然至写定时，则次序必已如今之
《经说》。试以《经说》之次序分合为标准，则《经》篇文字上
之问题多有迎刃而解者。若谓"体"章本在"尽"章之后，后
代之人同时误移前为《经》与《说》之第二章，次序相符而谓
为误移，与校勘学之常情相违，甚不可解也。第《经说》诸章
之序，虽战国时所定，后人未有改易，然本身不合理处甚多。如
"止以久"在《经上》，"行脩以久"在《经下》，"行"、"止"
皆"以久"，则"以久"不当为"止"之定义。然"止，以久
也"四字，俨然居《经上》诸定义间。《经说》之序亦如此。非
定义而滥充定义，此亦不可解也。顾此乃义理方面之问题，非文
字方面之问题。将来《墨经》研究深入，有可能恢复战国时写
定以前之诸章次序，则伍君之多处移易，亦实有被考虑之余地
矣。

　　伍君谓"尽"义与"兼"义通，"体"、"尽"二字相对，
皆有充分根据。如此重要之关系，《墨经》诸注释家，实鲜有能
道者。伍君又谓"体"、"尽"二章，亦当相连。此虽未必然，
然假定战国时先有此相连之一种次序，后当写定《经说》时，
以"故"章之《说》有"体也"句，写定者发觉"体"章距离
甚远，不合教学程序，遂提前之，亦实有此种可能也。

　　或谓"兼"、"体"为本体论之全体与部分，"尽"，"或"
（《小取》："或者者，不尽也"）为逻辑之全体与部分，二者不
可混同。余谓逻辑学初起，此二方面实有混同之可能与必要。如
"尽爱"为"兼爱"之同义语，《经上》"见：体、尽"，"体"、
"尽"二字即相对。又如《经上》"动，或徙也"一章，《说》
亦作"偏徙"，实即"体徙"也。"体"、"尽"相对之说，有极
大启发性，不可以西方固定之逻辑术语而摒弃之也。然余又谓

"故"、"体"二章居《经上》之首，亦自有义理。此二概念皆属本体论，与"知"、"直"等概念属认识论与几何学者自不同。道家虽有"去知与故"一语，未可据以改易《墨经》之序也。

伍君所举第三理由为："《经下》上行第二章：'推类之难，说在之大小、特尽、二与斗、爱、食与招、白与视、丽与暴、夫与屦。'此一章也。今本'大小'下'特尽'上，夹'五行无常胜，说在宜'一章。（自注：系下行第二，《经说》第四十五。）此足见旁行本上章字数多，占数行，下章字数少，仅一行，上下相承而写，夹误于其中也。又此章之《说》'推……谓四足兽……特尽与大小也……同名'与同行'止'章（自注：第一）之《说》'此然是必然则俱'七字互错。是上、下、左、右皆互误也。同时同地，两俱互误。可证所据之原本，《经》文两列旁行，说亦两列旁行也。"

《经下》上列"推类之难说在之大小"，当连"物尽同名"至"夫与屦"，约30字为一章，而为下列"五行无常胜说在宜"八字所隔断，此"近世直行本"所为也。此事《墨经》诸注释家皆不识，独伍君知之。然伍君又谓"旁行本上章字数多，占数行，下章字数少，仅一行，上下相承而写，夹误于其中，则未尽然也"。此点当质诸"旁行"问题专家栾调甫先生。栾君《旁行例》第三条曰："上下重各章，不论长短皆尽一行写之。"按此处分章，"旁行本"已误，则以读"说在之大小"断句故也。"旁行本"读"物尽"至"夫与屦"接以"一偏去之谓而固是也说在因"，30余字共为一章，则又以"一偏去之"四字之章无"说在"字故也。据《经说》，则三章之分界悉明。"旁行本"书此30余字之误章，仍遵"尽一行写之"之原则，致上列侵入下列，几尽占此行空间，而下列第三行乃不得不移至第四行矣。此事惟栾君知之。栾君规定每行约36字，而《旁行例》第五条曰："上重长章占下重行间过多，或下重相值之章字亦多，则下重空置此行，而向左移一行写之。"有此而《旁行》义始具体有定论。余谓伍、栾二先生为治《墨经》之标兵者以此。（《墨辩校勘记》二卷，乃伍君最精之作。结论虽多未确，改字亦过多，然以用力方向言，自较诸家为胜矣。）

伍君又谓"推类"章之《说》中"此然是必然则俱"七字当移属"止"章，则以"止"章之《说》"此"、"是"对举，此七字亦"此""是"对举故。此说非也。逻辑诸章义多相通，不可以字句相似者尽归一章也。抑有进者。余谓《墨经》诸注释，凡读"俱"字断句者，细按之无一不误。《墨子》书中，"俱"字必连下读，"俱"字断句实未合《墨经》语法。自梁启超以读佛典之习惯读《墨经》，而墨学始紊乱。其误莫过于"法"章之《说》，梁氏读为"意、规、圆，三也俱，可以为法"。夫必待三者俱，始可为作圆之法，则作圆亦难矣。"俱"字当属下读，乃谓三者之任一，皆可为作圆之法。未闻必须有现成之圆始可为法者。以现成之圆为法，则所作之圆有固定面积，其范围亦窄矣。梁氏一倡"俱"字断句，而举世盲从之，不复深思，亦可异矣。

今即退一步谓"止"章之《说》，实有误入"推类"章者，则此误亦纯为《经说》左、右之误，与"旁行"无涉。而前误又纯为《经》文"旁行"上、下之误，与《经说》无涉。二误固当分别处理。而伍君谓"同时同地，两俱互误"，以证《墨辩注》、《经说》皆旁行，则论据亦薄弱矣。

由上以观，伍君所举三理由，殆无一能成立。然则《墨辩注》旁行乎，非旁行乎？未可知也。姑以第二节所举之常识理由，定为直行，则与栾君意见一致，而凡与伍君类似之疑，傥亦可稍释乎？

五

读上四节，则知《墨经》四篇编制问题之解决，大有助于校勘。

兹有一建议。《经上》、《经下》，诸家分章多寡悉异。（鲁胜所谓"章"，通常称"条"。）故甲称《经上》第几条，在乙未必亦为第几条。设无共同之标准或间架，则讨论必致紊乱。西方学者称述亚里士多德著作，但言996a18，即人人能查考知为亚氏著作之何篇何句。今对《墨经》亦欲建立一共同之机械标准，必先有最低限度之共同认识。余谓栾君《旁行例》六条，翔实堪称定论。如得研究《墨经》者之一致同意，则讨论《墨经》称述《经》文时，可以此为标准。"旁行本"诚分合有误，然即以此有误之分合为标准，胜于诸理想之标准不能取得诸家一致者多矣。如"不能而不害说在害"，《经下》第六章也，然诸家未必均能承认此为《经下》第六条。今即按"旁行本"，称为"《经下》上列第5行"，则知所指即此八字，无复歧途矣。

兹先据栾君之说，建立关于"旁行本"之共同认识如下：

（一）《经上》上列、下列皆有49行，《经下》上列、下列皆有42行。

（二）《经上》上列第49行，文为"读此书旁行"五字。此非《经》之正文，故定"《经上》上列第49行"为空白。

（三）定"《经下》上列第42行"亦为空白。

（四）《经下》下列第3行，为上列《经》文所占，故下列第3行移至第4行写，则即不称为下列第3行而称为下列第4行，以其与上列第4行相值故。兹定"《经下》下列第3行"为空白。

（五）《经下》上列第 26 行，文为"契与枝板说在薄"七字。下列第 26 行，文为"狂举不可以知异说在有不可"12 字。下列第 27 行，文为"牛马之非牛与可之同说在兼"12 字。下列第 27 行所值之上列为空白，则上列有佚章明矣。故定"《经下》上列第 27 行"为有佚章之空白。

除此四空白外，余悉有《经》文。如《经上》上列第 46 行，文为"大益僺稘秪"五字。注家多主分二章，则此二章皆在《经上》上列第 46 行也。

又如《经下》上列第 2 行，文为"推类之难说在之大小"九字。上列第 3 行，文为"物尽同名……夫与屦一偏弃之谓而固是也说在因"31 字。据上节，此 40 字当分为 28 字、四字、八字三章。故"推类"章在"《经下》上列第 2、第 3 两行"，"一偏"章、"谓而"章皆在"《经下》上列第 3 行"。注家或有分合异于此者，仍不出"《经下》上列第 2、第 3 两行"也。

《经》文分配于"旁行本"之上、下列，诸家或有出入，然出入多仅一二字。如《经下》下列第 19 行，文为"一少于二而多于五说在建住"12 字；上列第 20 行，文为"景二说存重"五字。注家或有以"住"字归上列者，则下列第 19 行，文即为"一少于二而多于五说在建"11 字；上列第 20 行，文即为"住景二说在重"六字。故曰出入仅一二字。

总之，诸家分章虽不同，此法可为诸家之共同机械标准。讨论时称引《经》文，固无需用更高之标准也。

关于《墨经》之章数，今可得一结论。由上可知在鲁胜脑中，《墨经》共有一七八章，益佚章为一七九章。（如"读此书旁行"五字亦作一章计，则适为一八〇章。）佚章《经》虽佚，

《说》似未佚也。然《墨经》本有章数，盖不止一七九。究竟当分几章，此则诸家甚有分歧。此分歧之消除，当待诸未来墨学水平有所提高之后。

（伍非百，《中国古名家言》，中国社会科学出版社，1983 年。）

《墨子经上、下》旁行本始于何时？

据栾调甫先生之研究，《墨子经上、下》之体制，经三度变迁：

（1）古直行本，

（2）旁行本，

（3）近世直行本。

欲明此义，先略言古书体制。（"行"读 xíng）

古书体制每章首字另起一行（háng）者，谓之"离章"。离章不必旁行，如《诗经》一首数章，若书为每章首字另起一行，颇为自然。此即离章而并非旁行之体制也。《墨子经上、下》每章字数较少，离章书之空白过多，故分上、下两列，先书上列，每章通常至多占半行，上列诸行既毕，乃书下列，每章通常亦至多占半行。是为"旁行"。此旁行之体制，实由离章而来，故旁行必离章。凡非旁行之体制，皆谓之"直行"。竹书与帛书虽异，其编制则完全平行也。

近世直行本，讹本也。治《墨经》者，无不以恢复旁行本为先务。恢复后本期诸章次序与《经说》全合，然事实上《经下》旁行本次序仍与《经说下》不全合。必将《经下》旁行本上列"临鉴而立"至"鉴团景一"35字，移至"不坚白说在"
至"柸正远近"68字之后，始与《经说下》次序相合。此现象
唯有错简能解释之。栾调甫先生据《墨子》书内诸篇错简之文，
定《墨子》书之简为二尺四寸，率35字至40余字。则《经下》
之错简，乃一简（35字）与二简（68字）相错。此错简之事
实，必发生于不离章亦非旁行之竹书，兹分三点陈之：

（1）既发生错简，必为竹书。

（2）所错之简35字连书，不离章。与之相错之二简，亦连
书，不离章。

（3）既非离章，自非旁行。

此竹书乃《经上、下》之原本，名为"古直行本"，以别于
"近世直行本"。古直行本有错简以前（即35字在68字后）之
本与错简以后（即35字在68字前）之本，统名为"古直行
本"。旁行本乃出于错简以后之古直行本，已无疑义。

古直行本与旁行本之间，是否尚有一过渡性质之离章直行
本，此问题似不重要。今即假定其无。

旁行本始于何时？旁行本属离章体制。余谓离章体制，目的
全在习读与研究之便利。故旁行本产生之时代，有五种可能：

（1）战国时墨家甚活跃，故相里氏之墨初著《经》与《经
说》，有可能随即发现《经上、下》之体制不便于习读，因而改
编古直行本为旁行本。改编之时，必在古直行本错简以后。

（2）汉初墨家尚未绝于世，旁行本之出现亦可能在此时。
《墨子》全书，乃民间所献。献书之时当已完成改编。

（3）如献书之时尚未改编，则改编必非西汉后期或东汉，
而当为魏晋间。西汉后期及东汉时儒者不重《墨经》，自无为研
究方便而改编之理由。魏晋间人对《墨经》发生兴趣，至鲁胜
著《墨辩注》而达顶点，改编纯为研究之便利。《墨辩注序》称

"引说就经，各附其章。"审其语气，似鲁胜所见本已为改编后离章之本。若然则改编之事，当发生于鲁胜以前。

（4）《墨经》专家，自当推鲁胜。旁行本亦可能为鲁胜所写定之本。鲁胜既为研究之便利，改编古直行本旁行本而写定之，复自著"引说就经"之《墨辩注》。《墨辩注》仍离章，但以说附于经，注又附于说，故无过多空白，自不必为旁行也。

（5）如鲁胜时尚无旁行本，则以《墨辩注》由其体制必为离章，鲁胜后之晋人自可根据《墨辩注》，将《经上、下》离章书之；为节省纸张起见，遂亦旁行书之。士人之逻辑兴趣晋亡以后即衰，钻研《墨经》者少，如此时尚未改编，已无改编之必要，故余不谓旁行本之出现在晋亡以后也。（鲁胜《墨辩注》，《隋志》已不著录。《晋书》虽成于唐，其言"胜注《墨辩》存"，当纯为抄录东晋人之记载。实则至隋、唐时，《墨辩注》亡久矣。）

至旁行本之蜕变为近世直行本，则必在《墨辩注》已亡之后。苟对《墨经》稍有理解，或稍一翻阅其注释，即不可能犯此交错误写之绝大错误。据调甫先生之推测，改写直行盖始于宋刊本，以木版每行大字无过 24，小字无过 30 故也。《经下》有一章 30 余字者，一行且未能容，而况半行。调甫先生又谓唐人尚知旁行体例。则改直行而交错误写乃在宋代矣。

附注。历代书籍体制，略言之有四种：

（1）连书直行，

（2）离章直行，

（3）离章旁行，

（4）离句直行（如《三字经》）。

伍非百先生凡离章皆称为旁行，是不论一列、二列皆为旁行也；故

（2）亦称旁行。此文则离章之体，一列仍称为直行，二列始为旁行，此伍非百先生用语与此文稍有不同也。其实（1）、（2）皆不发生直行、旁行之问题。发生此问题乃在（3）、（4），如《经上、下》离章旁行，而宗道士误以离句直行读之，即本此读法，而改写为连书直行也。

（中国社会科学院哲学研究所逻辑研究室编，《逻辑学论丛》，

中国社会科学出版社，1983 年 10 月。）

《墨经》中有关原始诡辩说的一个材料

古代中国以惠施、公孙龙为代表的学派，近来大家都称为"诡辩学派"。但"诡辩"两字同样适用于纵横家，例如《史记》称张仪"设诡辩于怀王之宠姬郑袖"（《屈原贾生列传》）。《汉书艺文志》把惠施、公孙龙列入"名家"，但列入"名家"的也还有不务诡辩的《尹文子》。可见"名家"和"诡辩学派"两个名词用来称呼惠施、公孙龙这一学派都有范围过宽的毛病。

《战国策·赵策》（一作《秦策》）说：

夫刑名之家，皆曰白马非马也。

谭戒甫先生根据这句话，认为公孙龙所代表的这一学派的适当的名称是"形名家"。（"刑"、"形"二字古通。）但《史记》称商鞅"好刑名"，申不害"主刑名"，韩非"喜刑名"，这三人都列在《汉书艺文志》的"法家"里面，这又怎样解释呢？于是有人认为"刑名"的"刑"也有是"刑法"的"刑"，也有是"形体"的"形"，二者应当有所区别。《管子·心术上》说："物固有形，形固有名。"这只能是"形体"的"形"。《庄子·天道篇》也说：

故书曰："有形有名。"形名者，古人有之，而非所以
先也。

这也应该是"形体"的"形"。"刑名"一词的确可以有两种解
释，难道"刑名家"真是代表着两个名称偶同的学派吗？如果
《天道篇》的"形名"和刑法无关，为什么下文又说"骤而语形
名赏罚"，把"形名"和"赏罚"直接联系起来呢？我个人的想
法是"刑名家"本从刑法得名，《艺文志》的"法家"和"名
家"则都是从"刑名家"分出来的。就是说"刑名家"发展到
后来，有一部分人不谈刑法或不以刑法为重点，专谈有关逻辑的
问题，这部分人就别立为"名家"，其余的就改称"法家"了。
既然这部分人所谈的问题和宇宙一般广阔，那就不得不把"刑
名"的"刑"字勉强解释成不是"刑法"的"刑"而是"形
体"的"形"了。

然而"名家"这一名称的范围，正如上面已经指出，仍然
不限定在以惠施、公孙龙为代表的学派。由于想不出较好的名
词，我们暂时根据《庄子·天下篇》，把惠施、公孙龙所代表的
"合同异，离坚白"（《秋水篇》）的学派称为"辩者学派"。《庄
子·天地篇》也说：

辩者有言曰："离坚白，若县寓。"

（"若县寓"是把"倒悬"和"寓居"等同起来，无非表明高下
的差别随主观的标准而转移，这也是"合同异"之一端。）实际
上"辩者"两字原意可能和"辩士"一样广阔，《天地篇》和
《天下篇》只是因为对惠施、公孙龙这一学派找不到适当的归
类，所以笼统地称为"辩者"。我们暂时也只好这样做了，我们
就把"辩者"这一名称限定在惠施、公孙龙所代表的学派。好
在对于一般的辩说之士，还有"辩士"这一名词可用。

《荀子·非十二子篇》把惠施和邓析并举。《汉书艺文志》有

《邓析》二篇，列在"名家"，刘歆认为内容"与公孙龙同类"，可能是战国时代辩者学派的著作。这书既上攀春秋时代作《竹刑》的邓析，也确实透露了辩者学派的渊源所自。（至于今本《邓析子》，一般都承认是后代人所伪作，除了两个篇名而外，内容也和辩者学派无关，且置不论。）我们说"名家"和"法家"在原先是一家，即"刑名家"，于此也可得一佐证。

关于邓析的材料，我们还需要引以下三条：

子产治郑，邓析务难之。与民之有狱者约：大狱一衣，小狱襦袴。民之献衣襦袴而学讼者不可胜数。以非为是，以是为非；是非无度，而可与不可日变。所欲胜因胜，所欲罪因罪。（《吕氏春秋·离谓篇》）

邓析操两可之说，设无穷之辞。（《刘歆校邓析子叙》）

洧水甚大，郑之富人有溺者。人得其死者；富人请赎之，其人求金甚多。以告邓析。邓析曰："安之！人必莫之卖矣。"得死者患之，以告邓析。邓析又答之曰："安之！此必无所更买矣。"（《吕氏春秋·离谓篇》）

邓析反抗子产在郑国的统治，究竟代表什么阶级立场，值得研究。"两可"的诡辩在他只是反抗的工具。后来惠施"去尊"的学说，可能和邓析的思想有关。"洧水"一条是"两可"诡辩的具体表现，和下面一条关于公孙龙的材料可以并观：

空雒（旧作"雄"，从毕沅校改）之遇，秦、赵相与约。约曰："自今以来，秦之所欲为，赵助之；赵之所欲为，秦助之。"居无几何，秦兴兵攻魏，赵欲救之。秦王不悦，使人让赵王曰："约曰：'秦之所欲为，赵助之；赵之所欲为，秦助之。'今秦欲攻魏，而赵因欲救之，此非约也。"赵王以告平原君，平原君以告公孙龙。公孙龙曰："亦可以发使而让秦王曰：'赵欲救之，今秦王独不助赵，

　　此非约也。'"（《吕氏春秋·淫辞篇》）

"亦可"二字，正好表明公孙龙是继承了邓析的"两可"的诡辩
传统的。（我后来在《公孙龙考（2）》一文中从赵国的立场出
发，认为这里公孙龙"理直气壮"。这不如原先的看法，因为公
孙龙用的基本上是"两可"的逻辑。）

　　讼师邓析和辩者惠施在春秋和战国时代的具体条件下，应
该说是有一定进步性的思想家。我们马上会联想到古希腊的
"智者"。但他们的方法表现着严重而显著的唯心主义。就拿
"洧水"一条来看，邓析对那两个为了一具死尸费许多脑筋的
人嘲弄得不够出色吗？而站在统治者立场的人对邓析大肆诬
蔑，这是很自然的。另一方面，《墨经》从唯物主义观点出发，
和辩者学派的诡辩学说作连续不断的斗争，这也是必要的。辩
者学派和《墨经》都是战国时代的产物。《墨经》所驳斥的辩
者学说，除了"离坚白"而外，还有见于《庄子天下篇》的
"火不热"，"目不见"，"狗非犬"等。但这些都是哲学范围内
的诡辩，和上面所举那两条原始性的诡辩不同。几年前我在
《墨经》中发现了一条和狱讼有关的原始诡辩学说，其来源可
能要上溯至邓析，但其严密精炼的形式看起来是战国时代的辩
者学派所赋予的。现在把整条《经》文和《经说》厘定如下，
在《经说》中既包括了辩者学派的诡辩学说，又包括了墨者对
它的驳斥：

　　　　唱和同患。说在功。（《墨子经下》）

　　　　"唱无过：无所用，若稗。和无过：使也，不得已。"
　　　　唱而不和，是不学也；智少而不学，功必寡。和而不唱，是
　　　　不教也；智多而不教，功适息。使人夺人衣，罪或轻或重；
　　　　使人与人酒，功或厚或薄。（《墨子经说下》）

（"无所用"旧作"无所周"，"智多"旧脱"多"字，从孙诒让

校。"功必寡"，"功或厚或薄"，旧皆脱"功"字，从杨葆彝、梁启超校。)

假定有一个犯罪的案件，二人一是主犯，一是从犯。邓析等人就这样说：主犯没有罪，是因为他自己没有去作，如同蒉稗一样无用，既无功也无过。从犯没有罪，是因为他是主犯所指使，那就是被迫的，没有办法。这是一个"两可"的诡辩。按照前一半的逻辑，主犯没有动手去作所以没有罪，那么从犯动手去作就应该是有罪的了；按照后一半的逻辑，发动的不是从犯所以从犯没有罪，那么主犯是发动者就应该是有罪的了。前一半的逻辑和后一半的逻辑互相矛盾。随我的主观需要，我可以任意采用一半而搁起另一半，这正是最典型的并且极恶劣的诡辩，这样的诡辩也只有古代人能欣赏。

邓析的原意也许是嫌子产的刑鼎所规定的刑罚过重了，所以想出种种方法来替罪犯们开脱犯罪的责任。但他没有想到他所用的这种办法必然会产生不良的后果。因为像这样的无原则性的诡辩，如果大量使用起来，只能导致无限的混乱，因此引起了许多人的反感。统治者驷颛就利用这一点，把邓析斩了完事。（但邓析自己所作的比子产的刑鼎更进步的《竹刑》居然被驷颛所采用，这可能还是由于群众的压力。）

值得我们注意的是上述这个"两可"的诡辩到了战国时代在辩者学派手中所形成而出现于《墨经》中的那个精炼的形式。谭戒甫先生所追求的古代中国辩术的"论式"，在这里也许可以透露一点消息。这个诡辩的前一半是四项的类比推理，或者可以说是演绎论证的大前提再用极简单的归纳法来论证的一种形式。这里的程序和印度的佛教因明完全相同。现在借用一下因明的术语把这个"三支"式分析如下：

宗 { 有法 S　　唱
　　 { 能别 P　　无过
因 M　　　　无所用（故）
（喻体省略，即大前提所有 M 都是 P）
喻依 S′　　　若稗

附图：

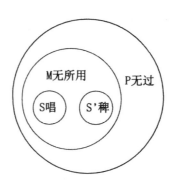

（因明所谓"宗"是论题所有 S 都是 P；所谓"因"是中项 M 或
小前提所有 S 都是 M，这里省去了主项 S；"喻体"即大前提，
"喻依"则是大前提的例证。）这和佛教的《大乘掌珍论》的半
个颂在排列程序上完全一样：

宗 { 有法　　真性有为
　　 { 能别　　空
因　　　　缘生故
喻依　　　如幻

（后半颂"无为无起灭，不实如空华"也是四项，只是宗的能别
（"不实"）和因（"无起灭（故）"）两项的次序给颠倒了，以顺
韵律。）这类的例子太多，我们不再举了。

　　至于诡辩后半的形式，和前半又不相同。诡辩后半是四项的连锁推理，或者可以说是演绎论证的大前提再用演绎法来论证的一种形式。这不是因明的"三支"式，但我们仍借用因明的术语把这个连锁推理分析如下：

宗 { 有法 S　　　和
　　 能别 P　　　无过
因 M　　　　　　使也
（喻体省略，即大前提所有 M 都是 P）
喻体之因 M′　　　不得已

附图：

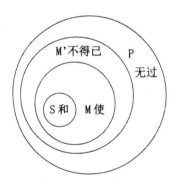

　　像这样简练的论式，四项无一重复，应该认为是有意做成的"比量"式。这种论式，随时可以展开，伸缩自如，多少表现了东方语言的特点。（而一般所熟悉的亚里士多德三段论式的表述是三项中每项都要重复一次的，显得有点累赘；就是省略式也有一项要重复一次。）这里我们还要补充一句，这个诡辩到了战国时代的辩者学派手中，已经不限制在犯罪的案件上，只要是犯错误的两人，一个出主意，一个执行，就可以应用上去。这两个四项的论证就内容说都是诡辩，但这并不妨害它们用了正确的逻辑格式。这种情形丝毫不奇怪，古希腊哲学家芝诺的诡辩所用的好多格式不也是正确的吗？并且是他才开始自觉地运用这些格式。我个人认为前面所分析的那两个论证格式比起亚里士多德常喜欢讲的单纯的、三项的演绎论证格式来似乎还更切合实际一些。一个论证仅用一个单纯的三项演绎推理（所谓三段论式），是比较少见的。在一般的情况下，所用的大前提不见得就是双方所"共许"的，因此还需要加以论证。这个附加的论证可以是归纳性质的，也可以是演绎性质的。于是整个论证在结构上比较简单的也就会具有上面所分析的那两种格式之一。

我们所讨论的那两个论证在格式上虽然都是正确的，但既然都是诡辩，在内容上当然都是不正确（即不真实）的。前一个论证的小前提（所有 S 都是 M）是虚假的，因为"唱"并非"无所用"；这个论证在因明上有"不成"的过错。后一个论证的大前提（所有 M 都是 P）是虚假的，这个论证在因明上有"不定"的过错。当用 M′ 来论证这个大前提的时候，所用的小前提（所有 M 都是 M′）也是虚假的，因为被指使的并非都是被迫的。因此这个论证就 M（或 S－M－P）说固然有"不定"的过错，但就 M′（或 M－M′－P）说仍然是"不成"的过错。

以上我们用"出过破"的方式驳斥了辩者学派的诡辩，以下我们还要看《墨经》如何用"立量破"的方式来作驳斥。（"出过破"大都是就前提或论证格式作驳斥，"立量破"大都是就论题作驳斥。前者只是指出论证的（在内容上或在格式上的）不正确性，后者则是阐明论题的不真实性即内容的虚假性。）《墨经》认定犯错误的唱、和两人都有过失，所以说"唱和同患"。这如同教师、学生都有功一样（"说在功"），教师、学生也是一唱一和。教师功较大，学生功较小；因为不学只令"功寡"，不教可使"功息"。按照这个标准，甲指使乙夺去别人的衣服，甲的罪较重，乙的罪较轻；丙差遣丁送酒给第三个人，丙的功较厚，丁的功较薄。在一件事情上，两人都起了一定的作用，那么两人都应该负责任。责任有大小之分，并非一有一无。

　　《墨经》对唱、和二人的责任问题作了科学的分析，完全按内容给了辩者学派的诡辩学说以严正的驳斥，使人们不致堕入相对主义的泥坑，这是唯物主义的一个胜利。因为这个诡辩虽然到了战国时代已经只具有"逻辑游戏"的性质，然而在理论上指出它的错误也是必要的。过去的注释家没有能够给这段《黑经》以比较自然因而能令人满意的解释，是因为在文字方面有两点没有读通。一是没有看出这里的《经说》是两方的对辩。像这样的包括对辩两方的《经说》没有被看出是两方对辩的也还有很多条。二是把"或轻或重"、"或厚或薄"的"或"字按照后代中国文字的习惯解作"不确定"的意思。其实《墨经》的"或"只是"不尽"，就是逻辑上的"特称"。因为只关涉到两个人，所以"或轻或重"等于"一轻一重"，"或厚或薄"等于"一厚一薄"。至于谁轻谁重，谁厚谁薄，完全可以从上文"功寡"、"功息"的分寸上体会出来。

　　作为逻辑学的宝库，《墨经》到今天还有许多东西没有被清理出来。有人说："可说者大抵说尽，所遗则往往不可说"（见谭戒甫《墨辩发微》附录天津《大公报图书副刊》书评）。这话我们不能同意。另一方面，研究《墨经》的人如果不肯存疑，要求一下子就把这部艰涩难治的古书每一字都讲通，这恐怕也是不合科学规律的幻想。本文所提供的材料和这条《墨经》的解释是否有当，还要请所有关心中国哲学史和逻辑史的学者们与以考虑和指正。

　　附记　这是 1962 年写的逻辑史论文。有些看法和后来不同，甚至我觉得比后来的看法更正确些。所讲《墨经》中的原始诡辩材料当然很重要，但在我已发表的文字中没有提到过。现在就论文稍加文字上的修改，发表以供大家参考。

（《社会科学战线》，1984 年第 2 期。）

《公孙龙子》考*

——从较早的文献考察辩者公孙龙的学说的倾向性

在《公孙龙考（一）》中，我们企图回答的问题是：先秦是否有两个有名的公孙龙，还是只有一个？这问题牵涉到另一问题：《盐铁论·毁石》中的"公孙龙"和"子石"是一人还是二人？我们举出了三种比较可能的答案：

1. 《盐铁论》的"公孙龙"是辩者公孙龙，不是孔子弟子，而"子石"是孔子弟子公孙龙。

2. 《盐铁论》的"公孙龙"和"子石"是一人，即孔子弟子公孙龙，不是战国末的辩者公孙龙。

3. 《盐铁论》的"公孙龙"和"子石"是一人，即辩者公孙龙。那么少孔子53岁的孔子弟子公孙龙到哪里去了呢？这位公孙龙并不存在，公孙龙因为要抬高自己的地位，所以上攀孔子为师。

至于《淮南子》三处讲到公孙龙，没有疑问都是战国末的辩者公孙龙，绝不是孔子弟子公孙龙。

　＊　此文原稿标题为《公孙龙考（二）》。——《沈有鼎文集》编者注

当时我们认为上述三种答案都很合理，不能决定哪一种符合事实，但比较倾向于第三种答案，因为找不到汉代人承认有两个公孙龙的确实证据。这第三种答案基本上符合于唐人司马贞的意见。

现在我们经过重新考虑，认为汉代人是否承认有两个公孙龙虽无绝对确凿的证据，但《说苑》关于子石的记载，称"子石"和称"子贡"、"子游"一样熟悉，看起来子石真是孔子弟子公孙龙，似乎一提到"子石"汉代人都知道是谁。因此我们倾向于第二种答案。《盐铁论》的公孙龙说"论之为道辩"，这完全不能证明是辩者公孙龙的话。相反，这话因其严正倒是孔子弟子来说最合宜。孔子弟子公孙龙讲不讲"正形名"呢？我们不知道，但形名家尹文上攀孔子弟子公孙龙为师，就时代说比较可能。仲长统《尹文子叙》所说的情况是接近事实的。

本文的题目是：从较早的文献考察辩者公孙龙的学说的倾向性。我们认为：现行的六篇《公孙龙子》很不可靠，不能作为讨论的根据。应当把程序倒过来，从较早的文献考察公孙龙学说的倾向性，然后以此来衡量六篇的相对可靠性。关于这六篇，近人黄云眉说：

> 吾终疑为后人研究名学者附会庄、列、墨子之书而成，非公孙龙之原书矣。惟今书虽非原书，然既能推演诸记，不违旨趣，则欲研究公孙龙之学说，亦未始不可问津于此耳。
> （《古今伪书考补证》）

我们将在另一篇文字里提出较详细的论据，说明黄云眉的这一猜测基本上是符合事实的。在这里只简略地说一说，为什么现行《公孙龙子》不是公孙龙的原著。

晋鲁胜在《墨辩注叙》中告诉我们：名家典籍，除《墨辩》而外，在晋时统统都已亡绝了。我们没有任何理由来怀疑这话的真实性。有些人深信鲁胜在《叙》中的如下一段话：

> 墨子著书，作《辩经》以立名本。惠施、公孙龙祖述
> 其学，以正刑名显于世。

而这同一个鲁胜说的名家典籍除《墨辩》外都已亡绝的话，似乎闭着眼睛就没有看见。其实这句话是鲁胜关于当时的情况的叙述，最有可信的价值，而上引几句关于古代的话，其真实性倒是值得检查的。下面我们可以看到，这几句话并不符合古代的历史事实。

在《列子注》中，东晋的张湛提出了公孙龙《白马论》现存之说，和西晋鲁胜的话相矛盾。有人认为：既然《白马论》现存，则其他五篇或四篇亦必现存。这个无根据的推论弄得张湛和鲁胜的矛盾尖锐起来了。因为如仅存一篇，则鲁胜的话尚勉强可通过：如有五篇之多，则鲁胜绝不可能说是"亡绝"了。

于是近人孙礛在《读王献唐〈公孙龙子悬解〉》中提出了"江左之流传未绝"之说。意思是：鲁胜的话是根据北方的情况说的，他没有看到南方尚在流传的《公孙龙子》残篇。这个地理差异论是否经得起考辨，尚是疑问。

金岳霖同志曾说《公孙龙子》书在魏晋某一时期地位相当于逻辑教科书。这话和鲁胜的话矛盾更尖锐了。我看这话是从汪奠基先生得来的，而汪奠基先生的根据无非是《世说新语》的如下一段记载：

> 谢安年少时，请阮光禄道白马论。于时谢不即解阮语，
> 重相咨尽。阮乃叹曰："非但能言人不可得，正索解人亦不
> 可得。"（《文学篇》）

但这段记载中"道白马论"四字可以有两种同样自然的解释：1. 当时公孙龙原著《白马论》尚存，把它讲解一下。2. 公孙龙原著已佚，只能根据桓谭《新论》等书加以引申发挥，"道白马

论"只是"说一说公孙龙白马非马之辩的内容"的意思。于是阮裕（即阮光禄）"为论以示谢（安）"，就是拟了一篇《白马论》作为讲义。根据上引的记载，这篇《白马论》是阮裕的得意之作。张湛是玄言家，没有弄清楚这篇《白马论》的著作权，故误认为公孙龙原著。如果承认这一假设，那么和鲁胜的话可以不发生抵触，教科书之说也根本不成立，所有矛盾都解除了。好了，我们对这篇"往复论难至于八反，大率古人辩白马者义尽此矣"（伍非百《公孙龙子发微》）的《白马论》，竟然找到了真正的作者。（唐钺先生愿意承认五篇中只有《白马论》一篇是公孙龙原著，也可备一说。）

我们认为现行六篇《公孙龙子》（《白马论》除外）是晋代人根据破烂资料编串成的。（此说也来自唐钺先生。）证据很多，现在只举三条：

1. 《坚白论》："非彼无石，非石无所取……"这是抄袭了《庄子·齐物论》："非彼无我，非我无所取。"

2. "因是"二字，在《庄子·齐物论》中出现六次之多，在《坚白论》中也出现了两次。"因是"作专门名词用不见他书。很明显，是编《坚白论》的人抄袭了《庄子》。

3. 《通变论》开首110字我们认为确实是公孙龙原著的残存文字，只是有一处次序错乱，移正后整段文字就明白通畅了。但《通变论》到后半忽然"变"得语无伦次，像疯人一样。可见编串《通变论》的人是逻辑水平很差的一位"儒者"，不能发挥公孙龙，反倒丑化了公孙龙。

我们认为，鲁胜提倡《墨经》和公孙龙，这件事起了很大作用。公孙龙原著的一些残存片断竟因此而出现了。（这可以和解放后的情况相比。在新民主主义时期，中医经刘少奇同志和人民政府的提倡，一些家传的以前未见过的医书竟自愿地捐献出来了。）这是我们对黄云眉之说的一个重要的修正。但这些残存片断实在破烂不堪，经过晋代人的加工又加工，才成了现在的样子。惟有《通变论》开首110字和《白马论》，才比较完整地保存了原来状态。余者凡是大量引用《墨经》的地方，多半和《墨经》的原意无关，表明这些段落是鲁胜《墨辩注》以后的产物。难能可贵的是《坚白论》居然保持了战国时期"盈"、"离"两派的对立气氛。这也无非表明：（1）编串《坚白论》的人多少知道"盈"、"离"之辩是怎么回事。（2）鲁胜说公孙龙传《墨辩》之学，这话经不起考验。

　　我们对黄云眉之说还有一个重要的修正。黄说"不违旨趣"，我们大致同意。除了《通变论》外，现行《公孙龙子》确实拿辩者公孙龙的一部分思想作了引申。但引申了的公孙龙究竟不能算诡论家公孙龙的本来面目，至少原来是"潜性的"东西，现在变成了"显性的"东西。按现行《公孙龙子》书来看（撇开近人对它的渲染），公孙龙不失为一位大哲学家。为什么这位大哲学家的思想在较早的典籍（包括庄子后学里面几乎对每一位思想家都有同情理解的大哲学史家写的《庄子·天下篇》）里一点反映都没有呢？这是不合情理的。相反，如同下面看到的，较早的典籍反映出来的公孙龙完全是另一面貌，这不能拿众人的不理解作为充足的解释。看来，晋代人编《公孙龙子》的目的是为公孙龙翻案，翻案就不免有所偏党和夸大，这倒是在情理中的。应当说，这次编串的成功确实是一个奇迹，竟把公孙龙思想的轮廓从无到有地重新勾画了出来，这同一个考古学家根据一小块成了化石的骨头就能构造出一种远古动物的完整模型一样。这个任务，能产生"言尽意论"那样深刻的思想的、百家争鸣的晋代是完全能胜任的。例如现行《坚白论》确实是编者的一篇创造性的奇文。本来把残缺的旧资料编串成书可以说是晋代人的专长。编书的目的是为了保存这些资料，不让这些资料在皇家图书馆中一天一天烂下去。当然，编串总不免有很大的歪曲。但目前在学者间流行的"晋代人喜欢作伪"的偏见，特别是像胡适那样一听到《列子》就摇头，这实在辜负了晋代学者编书的苦衷。

以上是引申发挥了黄云眉的主张。这些简略的论据未必能令人信服，但至少可以让人知道，现行《公孙龙子》未必是公孙龙的原著。有了这个不可少的导言，我们就转入本题了。所谓"较早的文献"，我们指战国末到东汉的典籍，因为这时期《汉书艺文志》所著录的"《公孙龙子》十四篇"产生以后，尚未亡失。我们看一看，这些文献（其中也有对公孙龙适当地重视的）给我们介绍的公孙龙是什么样的形象。

《吕氏春秋》说：

> 空雒（旧作"雄"，从毕沅校改）之遇，秦、赵相与约。约曰："自今以来，秦之所欲为，赵助之，赵之所欲为，秦助之。"居无几何，秦兴兵攻魏，赵欲救之。秦王不悦，使人让赵王曰："约曰：'秦之所欲为，赵助之，赵之所欲为，秦助之。'今秦欲攻魏，而赵因欲救之，此非约也。"赵王以告平原君，平原君以告公孙龙。公孙龙曰："亦可以发使而让秦王曰：'赵欲救之，今秦王独不助赵，此非约也。'"（《淫辞篇》）

这倒是理直气壮。《吕氏春秋》从秦国的立场看，认为这是公孙龙的"淫辞"。从近代人看来，这样的"反唇"书生气也太大些。但这是古代的事情，不能用近代的尺度来衡量。我们引这段记载，无非因为它是唯一的现有资料，说明公孙龙如何以辩术来服务于政治。但这里并不涉及公孙龙的那些"诡论"，因此并不说明太多的东西。

《庄子·天下篇》自"惠施多方"以下，专论惠施，也涉及"天下之辩者"。多数学者认为应从《天下篇》分出，别为《惠施篇》。就体裁看，独立较好。但就内容看，前后都是关于哲学史的宝贵资料，似是一人所写。现在暂时从俗不分。《天下篇》说：

> 惠施以此（指《历物》十事）为大观于天下而晓辩者，天下之辩者相与乐之。"卵有毛。鸡三足。郢有天下。犬可以为羊。马有卵。丁子有尾。火不热。山出口。轮不辗地。目不见。指不至，至不绝。龟长于蛇。矩不方。规不可以为圆。凿不围枘。飞鸟之景未尝动也。镞矢之疾，而有不行不止之时。狗非犬。黄马、骊牛三。白狗黑。孤驹未尝有母。一尺之棰日取其半，万世不竭。"辩者以此与惠施相应，终身无穷。

> 桓团、公孙龙辩者之徒，饰人之心，易人之意，能胜人之口，不能服人之心，辩者之囿也。惠施日以其知与（旧有"人"字，据日本高山寺古钞卷子本删）之辩。特与天下之辩者为怪，此其柢也。

按我们的分析，这两段记载所叙述的事情时间不相同。初期辩者和惠施的《历物》比《墨经》稍前，后期辩者公孙龙在《墨经》之后。前一段所叙述的是惠施的《历物》十事怎样掀起了初期辩者的诡论大潮流。后一段所叙述的是惠施在晚年又有一段比较空闲的时间，能见到年轻的公孙龙和年龄稍长的桓团并和他们辩论不休，这时大潮流已过，辩者的学说的性质也变了。兹分别讨论之。

《天下篇》把"天下之辩者"和惠施对举，始终没有把惠施算在辩者里面。这是因为惠施有自己的学说，不但有自然科学方面的高深学说，并且有社会科学方面的"去尊"学说和逻辑学中关于"同"、"异"的学说，这就和初期辩者专以取胜为目标不同了。《天下篇》的两个"以此"，把惠施《历物》十事和辩者二十二事的发明权完全区别开，但后人仍把二者混淆的。今天来看初期辩者的二十二事，深浅很不相等：有"黄马、骊牛三"那样单纯的诡辩，有"轮不辗地"那样用细密的几何分析构成的诡论，也有在今天看来一点也不"诡"的、与惠施《历物》同类的"一尺之棰，日取其半，万世不竭"的深湛之论。但后一种似乎是例外。因此章太炎说："观惠施十事，盖异于辩者矣。"（《国故论衡·明见篇》）章太炎也是不承认惠施搞诡辩的。

近人用《庄子·秋水篇》的话，把辩者二十二事分为"合同异"和"离坚白"两类，这分类很深刻。但在《天下篇》，这两类似尚处于未分化状态。因为初期辩者的目标专在取胜，是一种逻辑练习，不论"合同异"和"离坚白"，只要适合这一目标都可以用。惠施作为思想家，必须在两者之间作一重点选择，而他是选择了"合同异"这一方向的。"天下之辩者"中在《天下篇》留下名字的只有两个，都属于后期，可能他们的著作都在《公孙龙子》十四篇里面。桓团、公孙龙和惠施相反，选择了"离坚白"这一方向。"合同异"是辩证法的表现。但如果把事物的相对性绝对化了，就流入《庄子·齐物论》一类的相对主义，然而惠施的思想似乎并没有这样的偏向。"离坚白"重视我们的认识对事物的抽象作用，而把抽象的结果实物化了，如果纠正这一偏向，就会发展成形式逻辑的思想。公孙龙在初期辩者的逻辑游戏中，隐隐约约觉得"离坚白"一类诡论似乎包含一些什么真理，因此和初期辩者"过而不留"的态度有所不同，对这类诡论颇有偏执，并且与以辩论技巧方面的发展。"辩者之囿"按一种解释就带有这意思。按另一种解释，"囿"是"苑囿"，是集大成之意。这也讲得通，因为公孙龙及其后学的著作有十四篇之多。据《天下篇》，公孙龙的辩论技巧和辩论作风是"饰人之心，易人之意"，只"能胜人之口，不能服人之心"。本来把抽象的东西实物化总是不能服众人之心的。

对此作风，刘向《别录》的一段话给了我们一个旁证：

> 齐使邹衍过赵平原君，见公孙龙及其徒綦母子之属论"白马非马"之辩。以问邹子，邹子曰："不可。彼天下之辩有'五胜'、'三至'，而'辞正'为下。辩者别殊类使不相害，序异端使不相乱。抒意通指，明其所谓，使人与知焉，不务相迷也。故胜者不失其守，不胜者得其所求。若是故辩可为也。及至烦文以相假，饰辞以相悖（旧作"悖"，从陈柱《公孙龙子集解·卷首》引改），巧譬以相移，引人声使不得及其意，如此害大道。夫缴纷争言而竞后息，不能无害君子。"坐皆称善。（《史记集解·平原君传》引）

我们不嫌重复，把这段话重新引了一遍。这种"引导对方犯错误"的作风，我们在《通变论》开首110字（次序移正后）尚可以看到。就是阮裕所拟的《白马论》也是用了这个方法。

还需要引《吕氏春秋》的一段话，来完成我们对《天下篇》的分析：

> 孔穿、公孙龙相与论于平原君所，深而辩，至于臧三耳（三字旧作"藏三牙"，据《孔丛子》改，下同）。公孙龙言臧之三耳甚辩。孔穿不应。少选，辞而出。明日孔穿朝。平原君谓孔穿曰："昔者公孙龙之言甚辩。"孔穿曰："然，几能令臧三耳矣。虽然，难。愿得有问于君：谓臧三耳甚难而实非也，谓臧两耳甚易而实是也。不知君将从易而是者乎，将从难而非者乎？"平原君不应。明日谓公孙龙曰："公无与孔穿辩。"（《淫辞篇》）

按我们的体会，平原君说"公孙龙之言甚辩"，多少含有"仔细讲道理，很有说服力"的意思。当然这和《齐物论》的话在观点上是冲突的。《史记·平原君传》说平原君优待公孙龙，认为他善为"坚白之辩"，也是这意思。可见平原君的确与众人不同，他细心听取了公孙龙的辩论，并对它有同情的了解。我们看到，公孙龙的论题仍和初期辩者的"鸡三足"、"火不热"差不多，只是稍稍改换一下成了"臧三耳"、"冰不寒"等，主要的是他在辩论技巧方面作了很大的改进。他偏执"离坚白"一类的诡论，认为常识的观点"臧两耳"只是"俗见"，不是严格的真理，真正严格的真理是"臧三耳"，因为在左耳和右耳之外，明明还有一个一般的"耳"。如果没有孔穿和邹衍的干涉，平原君由于好奇，真会成了公孙龙的信徒。然而《天下篇》对公孙龙的诡论并不表同情，认为桓团、公孙龙只是同初期辩者一样，为了取胜而辩，不是为了真理而辩，所以说他们是"辩者之徒"。并且认为惠施在晚年天天和这样的人辩论，很不值得。这里《天下篇》既冤屈了公孙龙，又对惠施了解不够。深刻的《天下篇》作者，在这里未免"一间未达"，我们认为并不奇怪，因为他走的是惠施的"合同异"道路。"鸡三足"、"目不见"的论证的大意还在现行《公孙龙子》中保存着，但都处于从属地位，这肯定不是公孙龙原著的样子。"臧三耳，可乎？"在现行《坚白论》竟变成了"藏三可乎？"于是《坚白论》的编者在"藏"字上作了很多文章，说什么"离也者，藏也"，这哪里会是公孙龙原著？我们认为《坚白论》的编者故意不理睬《吕氏春秋》的记载，认为《吕氏春秋》诬蔑公孙龙的那些篇章所说的并非事实，并且"藏"字自有妙义，即现行《坚白论》说的"自藏"，所谓"其不坚石、物而坚，天下未有若坚而坚藏"，这样把公孙龙真是发挥得太凶狠了，同时又把"臧三耳"这项对公孙龙不太光荣的诡辩也就吞没了下去。这篇奇文基本上是

《坚白论》的编者的天才创作。如果真是公孙龙原著，有这样"高超"而独特的唯心论学说的公孙龙的面貌不可能在较早典籍中毫无反映。

在汉代文献中，比较有价值的材料是《淮南子》三次讲到公孙龙，对公孙龙的评价三次很不相同：一次肯定，一次否定，一次否定中含有很大的肯定。《淮南子》的作者并非一人，观点的差异是情理中的事，何况这三次所说的也未必真有矛盾。《诠言训》是对公孙龙否定的：

> 公孙龙粲于辞而贸名。

高诱注说：

> 公孙龙以"白马非马"、"冰不寒"、"炭不热"为论，故曰"贸"也。

"贸名"是"乱名"的意思。《诠言训》的作者认为：公孙龙长于"辞辩"，但结果乱了"名实"。从这话我们可以估计，公孙龙和正名实的尹文并无关联，至少《天下篇》没有说他们有关联。如果承认仲长统的话，那么和尹文有关联的应该是孔子弟子公孙龙。辩者公孙龙和尹文的关系可能是魏晋人拉上的。我们特别强调：现行《名实篇》所代表的只是晋代人心目中的名家公孙龙，不是历史上的辩者公孙龙。（我们所提出的这两个公孙龙和开头所说两个历史上的公孙龙也不是一点纠葛都没有。）"正名"并不是辩者公孙龙的旗帜。较早文献只指责公孙龙乱名实，从来不指责公孙龙名为正名实而实际乱了名实。惟有《汉书·艺文志》把公孙龙列入名家，又说名家正名实，这样就叫人推论"公孙龙也正名实"，其实《汉志》也没有直接说公孙龙正名实。鲁胜的"以正刑名显于世"这话看来并无根据。（公孙龙生长在三晋的法家空气中，法家是讲"正名实"的，但公孙龙在"正名实"一点上并不突出。）然而晋代人最佩服毛公"论坚白同异，以为可以治天下"（《汉书艺文志》颜师古注引刘向《别录》）的态度，因此认为公孙龙的学说和"正名实"有关，那么倒也真和逻辑有关。为了说明全书的宗旨所在，现行《公孙龙子》的编者于是作了一篇压阵的、不包含诡论的、一气呵成的文章《名实论》。这样为了翻公孙龙的案，所有"潜性的"东西都变成"显性的"了。

《淮南子·齐俗训》对公孙龙也是否定的，但这里透露的东西比较多。《齐俗训》说：

> 公孙龙析（旧作"折"，据高诱注改）辩抗辞，别同异，离坚白，不可与众同道也。

"不可与众同道"虽是贬辞，但这一段上下文把公孙龙和苌弘、师旷、鲁般、墨子当作同类并提，其他古书都没有给他这样大的光荣。公孙龙的才智，能和"墨子以木为鸢而飞之，三日不集"相比，竟是大科学家了。只是"并提"未必是"等价"，所以我们最好不要根据这段话来无限夸大公孙龙。还有一点可以注意：《庄子·秋水篇》说"合同异，离坚白"，这公式很全面，"合"、"离"两方面都有。为什么《齐俗训》要把"合同异"改成"别同异"？是不是因为公孙龙从来不讲"合同异"，"合同异"三字显得不合适了？再从思想的性质看，惠施从"合"出发，就可以把"合"和"离"也合起来，而"离"处于从属地位；公孙龙从"离"出发，就会把"合"和"离"完全隔绝。《秋水篇》只是说他在初期训练中"合"、"离"两方面都有。到成熟时，我们相信公孙龙就只讲"离坚白"了，而完全排斥"合同异"。从《坚白论》、《白马论》、《名实论》看，公孙龙是必然排斥"合同异"的。《指物论》的"物莫非指，而指非指"是"合同异"的最高典型。（"物莫非指"，流行的解释"物都是由许多指组成的"在文字上虽很自然，但我们总觉得这个贝克莱式的论断在《指物论》中并无确证，因此我们宁可采用像"个别就是一般"那样的简单的讲法。）这篇和《白马论》不相容的《指物论》，我以前作《句解》一文（《光明日报》"哲学"副刊第 374 期，1963 年），曾假定它是三方面的对话，有论主，有客甲，有客乙。看来客乙的观点（"指非非指也，指与物非指也"）倒完全是公孙龙的，论主是和公孙龙对立的。直到现在，我仍然觉得这样的三人对话是《指物论》的最恰当的文字上的解释。《指物论》并不代表公孙龙的思想，而是走到了公孙龙的反面。那么《指物论》的作者又是谁呢？我们猜想是晋代人爰俞。关于爰俞其人，《三国志·邓艾传注》引荀绰《冀州记》，说他"清贞贵素，辩于论议。采公孙龙之辞，以谈微理。"《指物论》我们认为就是他"采公孙龙之辞，以谈微理"之文。我们并且疑心爰俞就是现行《坚白论》的编者，他既凭一些破烂资料编串了《坚白论》，把公孙龙发挥透彻了，觉得馀义未尽，于是从《坚白论》的思想出发，又另作一文《指物论》，这时就向公孙龙的反面发展了。爰俞写《指物论》时并未冒充是公孙龙的著作，所"谈"的"理"确是"微妙"，但那是他自己的思想。爰俞所谓"指"，即"坚"、"白"等属性。"指"字的这个用法，是《指物论》所独有的，《墨经》、《荀子》都还没有。（有人认为《墨经》已有，这是对《墨经》的误解。）唐太宗时成玄英作《庄子疏》，当时他所承认的公孙龙的著作，似乎《指物论》不在内。《庄子疏》屡次称引公孙龙的著作，但在疏解《齐物论》的"以指喻指之非指"一段时，却一字不提所当引的公孙龙《指物论》，这有点奇怪，并且全部《庄子疏》都不提《指物论》。可见《指物论》成玄英并没有看见，至少不认为是公孙龙的著作。唐高宗时，现行《公孙龙子》才开始有了定本，就是包括六篇名为"公孙龙子"的那个本子。有了《指物论》，

《公孙龙子》书的声价就长了一百倍。

在儒家至高无上的空气中，两汉人对《公孙龙子》十四篇仍然相当有研究的是扬雄和桓谭。扬雄《法言·吾子篇》说：

> 或问公孙龙诡辞数万，以为法，法欤？曰：断木为棋，梡革为鞠，亦皆有法焉。不合乎先王之法者，君子不法也。

王琯《公孙龙子悬解·叙录》说："扬子《法言》称龙诡辞数万，似当时完本，为字甚富。"公孙龙离开赵国后，专事著述，成十四篇之多，这部"诡论大全"肯定字数不会少。从上引的话可以看出：扬雄虽认为公孙龙的诡辞不合先王之法，是君子所不当法，但也不能不承认这些诡论具有像博弈那样的严格规矩。如果拿来衡量现行六篇《公孙龙子》，那么只有《通变论》开首110字和《白马论》（全文）才当得起这样的称誉。在这个意义上，我们可以说晋代人编串的《公孙龙子》是失败了，他们至多给了我们一个"公孙龙思想纲要"。前面我们虽说现行《坚白论》是一篇创造性的奇文，但它完全用文学笔调写出，论证很不严格，前半篇和后半篇的学说没有必然的逻辑关联，过渡仅靠偷换论点，决不是公孙龙原著的样子。其实在五篇《公孙龙子》中，所有和常识违反的、用通常语言讲的"诡论"，都用来牵强地服务于另一命题———一个哲学命题或者甚至是常识命题。唯一的例外是"白马非马"，而这命题按它的一个意义讲也并不"诡"。《名实论》和《指物论》则连"诡论"都没有了。"指不至"（用"指非指"形式）本来是诡论，但就所用"指"字的抽象意义讲也已经变成哲学命题，不是通常的"诡论"了。我们相信：十四篇所有的诡论都像"白马非马"那样，本身是独立的，不是从属于其他命题的（篇幅并不需要现行《白马论》那样长，几个诡论可以合成较长的一篇）。总之，"改造"的痕迹是那样明显。没有这个假设，许多问题都无法说明。就说这五篇文字，无论怎样唯心，也何至于只"能胜人之口，不能服人之心"呢？前面我们说过，《名实论》不是公孙龙的著作。这从上引扬雄的话竟完全得到了证明。《名实论》说："至矣哉古之明王！审其名实，慎其所谓。至矣哉古之明王！"既然公孙龙的学说是以先王为法的，扬雄的责备岂不成了无的放矢吗？公孙龙虽然不至于像田巴那样"毁五帝，罪三王"（《玉函山房辑佚书·鲁连子》），但也不需要把自己的一套诡论附会到"先王"身上。如果《名实论》真在十四篇内，而扬雄的意思是"公孙龙名为法先王，但实际上不以先王为法"，那么扬雄就应该明白地这样说。否则当时读《法言》的人可以根据《名实论》作出推论：既然公孙龙的学说是以先王为法的，那就不一定"君子不法也"了，相反，倒是君子该法的了。难道能文的扬雄不考虑到这个和他的原意正相反的结果吗？可见十四篇内肯定不会有像《名实论》那样的文章。

和《法言》一样，《庄子》、《淮南子》、《论衡》都向我们说明了公孙龙的诡论是不简单的。《庄子·秋水篇》说：

> 公孙龙问于魏牟曰："龙少学先王之道，长而明仁义之行，合同异，离坚白。然不然，可不可，困百家之知，穷众口之辩，吾自以为至达已。今吾闻庄子之言，汒焉异之。不知论之不及与？知之弗若与？今吾无所开吾喙，敢问其方。"公子牟隐几太息，仰天而笑曰："子独不闻夫埳井之蛙乎？谓东海之鳖曰：'吾乐与！出跳梁乎井干之上。入休乎缺甃之崖，赴水则接腋持颐，蹶泥则没足灭跗。还视（旧脱"视"字，从王叔岷校补）干蟹与科斗，莫吾能若也。且夫擅一壑之水，而跨跱埳井之乐，此亦至矣。夫子奚不时来入观乎？'东海之鳖，左足未入而右膝已絷矣。于是逡巡而却，告之海曰：'夫千里之远，不足以举其大；千仞

之高，不足以极其深。禹之时十年九潦，而水弗为加益；汤
之时八年七旱，而崖不为加损。夫不为顷久推移，不以多少
进退者，此以东海之大乐也。于是埳井之蛙，闻之适适然
惊，规规然自失也。且夫知不知是非之意，而犹欲观于庄子
之言，是犹使蚊负山，商蚷驰河也，必不胜任矣。且夫知不
知论极妙之言，而自适一时之利者，是非埳井之蛙与？且彼
方跐黄泉而登大皇，无南无北，奭然四解，沦于不测，无西
无东（旧作'无东无西'，据韵改），始于玄冥，反于大通。
子乃规规然而求之以察，索之以辩，是直用管窥天，用锥指
地也，不亦小乎！子往矣！且子独不闻夫寿陵余子之学行于
邯郸与？未得国能，又失其故行矣，直匍匐而归耳。今子不
去，将忘子之故，失子之业。"公孙龙口呿而不合，舌举而
不下，乃逸而走。

这段文字开首就并提"先王之道"和"合同异，离坚白"，好像
和我们前面关于《法言》的那段话有冲突。我们认为：假定
《秋水篇》的作者并未混淆战国时期的先后两个历史上的公孙
龙，那么"先王之道"仍可以理解为不包括"合同异，离坚
白"。这段文字中的公孙龙也并没有把两者搞混。故事中的魏牟
以轻蔑的态度说公孙龙"规规然而求之以察，索之以辩"，其实
这恰好是科学研究者应有的态度。那么在《秋水篇》的作者的
眼中，公孙龙的那一套似乎并不是仅能作为逻辑游戏的不严肃的
东西，而是对真理的追求了。另外一点是：道家对公孙龙的态
度，在晋代人编的《列子·仲尼篇》中借同一个"公子牟"忽
然有了一百八十度的转变。这透露了什么消息呢？就是为公孙龙
翻案。

《淮南子·道应训》说了一段公孙龙的事迹后，又用《老
子》的话歌颂一番，对公孙龙是完全肯定的。我们在《公孙龙

考（一）》中，已经引了《道应训》的这段故事。因为和公孙龙
的诡论的内容没有多少关联，在这里我们只引开头的一句话：

> 昔者公孙龙在赵之时，谓弟子曰："人而无能者龙不能
> 与游。"

公孙龙有很多弟子，但没本领的人他就不收录。这表明公孙龙对
弟子的要求是严格的，不合这要求的就休想及格。同时这也表明
公孙龙的那一套不是容易学的。但反过来，凡有一技之长的他也
都愿意收录。这就为曹操的"不拘一格"的风度开了先例。

王充在《论衡·按书篇》中说：

> 公孙龙著"坚白"之论。析言剖辞，务曲折之言，无
> 道理之较，无益于治。

这也表明了公孙龙的学说不简单，同时又表明公孙龙搞的那一套
并不联系到政治，和毛公完全不同。这里我们还看出一个问题，
公孙龙的学说，本来是以"坚白论"为中心的，三国以后重点
转移，好像他的学说是以"白马论"为中心的。这个转变，我
们认为和历史上的辩者公孙龙转变为晋代人心目中的刑名家公孙
龙实质上是一回事。现行《公孙龙子》中最重要的文章有三篇，
其中两篇是我们认为多少能代表公孙龙的思想的。《白马论》较
浅，也比较容易和刑名家的"正名实"连起来；《坚白论》较
深，三国以后一般对此问题已无兴趣，也理解不了。故东晋初的
阮裕只恢复了《白马论》。后来发现公孙龙的残篇后，爰俞才把
重点重新放到《坚白论》上来。这时他已无法改变"刑名家公
孙龙的学说是以《白马论》为中心的"这样一个流行的成见了。
（参看晋代人编的《迹府》）

以下专门讨论"白马非马"之辩。

现行《公孙龙子》五篇中不引《墨经》的只有《白马论》
和《指物论》，文字也比较流畅。我们疑心这两篇有单行本流

传，否则不大好解释为什么宋代陈景元只录了这两篇（见《道藏》目录）。《指物论》中论主的思想我们已经判定为不是公孙龙的。《白马论》是阮裕拟的讲义，确实拟得很好，但里面论主说了一句话："此飞者入池而棺椁异处，此天下之悖言乱辞也。"这个恐怖主义的手法有"贼喊捉贼"的嫌疑，毋宁说是《白马论》的一个缺点，但它确实起了作用，使客方脑子糊涂起来，准备投降了。我们认为：这一句话有"正名"的口气，不会是公孙龙原著所有，如果是公孙龙原著所有，较早的文献就会逮住他大骂了。这点前面也已经说过。这篇文章开头用了桓谭所提供的材料。桓谭《新论》说：

> 公孙龙，六国时辩士也。为"坚白"之论，假物取譬。谓白马为非马。非马者，言"白"所以名色，"马"所以名形也；色非形，形非色。（《太平御览四百六十四人事部》引）

这里所引无疑有十四篇的原文在内，因此是最宝贵的资料。桓谭行文简捷，提了"坚白"就立刻转到"白马"，因为对于汉代人来说，"白马非马"已经是比较有兴趣的题目了。"色非形，形非色"六字我们疑心也是公孙龙的原文，比现行《白马论》的"命色者非命形也"要斩截爽快得多。《迹府》首段也用了《新论》的材料。但如果拿《迹府》首段和桓谭这段文字相比，那么不但"坚白"错成了"守白"，并且凡《迹府》所多出的文字看来全有问题。现在不赘了。

关于"白马非马"的发明权，《韩非子·外储说左上》说：

> 兒说，宋人善辩者也。持"白马非马也"，服齐稷下之辩者。乘白马而过关，则顾白马之赋，故籍之虚辞则能胜一国；考实按形，不能谩于一人。

《庄子·天下篇》和《荀子·不苟篇》、《正名篇》所举诡论很多，但没有"白马非马"。《正名篇》提到《墨经》的"牛马非马"，王先谦硬读为"白马非马"，太粗心了。《庄子·齐物论》提到"马非马"，也没有说"白马非马"。成玄英的疏解是"马，戏筹也"，和白马无关。我们认为"马非马"还是和白马有关，并非"戏筹"。看来"白马非马之辩"是兒说所创，比较晚出。公孙龙的"白马非马"是继承了兒说的。兒说能服稷下之辩士，而公孙龙不能服人之心，这是一个对比。似乎"白马非马"和其他诡论不太相同。邹衍听了"白马非马"，也认为"辞正"，只是他反对公孙龙的辩论态度。对公孙龙来说，"白马非马"这一并不太诡的诡论是不过瘾的。公孙龙不是刑名家，不讲正名实，"白马非马"在他只是在"诡论大全"中占一位置而已。

《战国策·赵策二》中苏秦说：

> 夫刑名之家，皆曰"白马非马也"已。如白马实马，
> 乃使有白马之为（通"伪"）也，此臣之所患也。

"白马非马"之说并非苏秦的时候就有。《战国策》的许多辞令本来不一定符合当时的录音，因为古代并没有录音器。既是经过了后人渲染的，那么这一点我们可以不管。问题是："白马非马"之说何以竟成了刑名家的常识？这是有一段过程的。韩非是反对"白马非马"的，但此说终于为刑名家中讲逻辑的一部分人所接受。《赵策》中的苏秦只是借用"白马非马"来为自己开脱。苏秦合纵，斩白马而成六国之盟。这回使秦，假装"纵不可成"，所斩的白马也是假的。但是终究斩了一匹马，所以是"臣之所患"。这个解释不知道是否可通。这里似乎还有"白马是假象，马是本质"的含义，但这和《白马论》的逻辑显然不同。

综上所引，较早的文献所给我们的公孙龙的形象是历史上的辩者公孙龙的比较真实的形象。而《列子·仲尼篇》和现行

《公孙龙子》（包括《迹府》在内）所给我们的另一形象则是晋代人心目中的理想的"至人"或刑名家公孙龙的形象。两个公孙龙当然有些相同的地方，但是也有很多不同的地方。一个是诡论家或"潜性的"哲学家，一个是"显性的"哲学家或逻辑理论家。前一个公孙龙不太叫人喜欢，但他有很多辩论技巧可以供人学习，可惜材料几乎没有了。后一个公孙龙受了道家的洗礼，是晋代的刑名家按自己的形象改造过后的公孙龙。这个公孙龙比较令人喜欢，因为把诡论背后的哲学思想阐发出来了。两个公孙龙都有研究的价值。晋代人所编串的《公孙龙子》虽然相当成功，但仍为六朝以后的人所鄙弃，直到明代和清末才渐渐受到学者们的重视。这是后一个公孙龙的遭遇。我们有了马克思列宁主义毛泽东思想作为武器，才把这两个公孙龙区别开。那么前一个公孙龙的学说面貌，如果运用这同一武器，也会有可能适当地弄清楚。这是我们的基本思想，也是中国逻辑史的重要课题。

　　我研究《墨经》、惠施、公孙龙，三四十年前就开始摸索。解放前我讲课虽然有点怀疑现行《公孙龙子》，但总觉得证据不够，因此仍把现行五篇《公孙龙子》当作公孙龙原著处理。为了便于讲解《公孙龙子》的文义，这也是一个办法。我并且劝凡初摸《公孙龙子》的人都用这个办法，就是把五篇文章暂时看作公孙龙原著，以便集中注意力于文义的理解。但是这个态度只能维持一定的时间。既然已经看出现行《公孙龙子》有问题了，那么研究一定要深入下去，追问其究竟。庞朴同志提出了黄云眉的主张的重要性后，我确实感到黄云眉先得我心。但他只有一个看法，缺少论据，并且还未能区别我们所说的两个公孙龙，因此我把我的心得写了一部分出来，并根据唐钺先生的意见，对黄云眉的主张作了重要的修正。我相信，如果一个人持严肃的科学态度，推敲六篇文字和鲁胜的《墨经注叙》以及有关公孙龙的较早资料，时间久了，所得结论会和上述看法大体一致的。

（《中国哲学史研究》1989 年第 3 期。）

《墨经》中有关"不定称判断"的争论

　　西方传统逻辑把判断按"质"区分为肯定、否定，又按"量"区分为单称、全称、特称。有人指出"按量"这话是不确切的，因为这里并不是按判断的量来区分判断，而只是这种区分和主项所指的对象的数量方面多少有关联。亚里士多德在《工具论》中（《前分析篇》上卷第二章）明确地提出了把判断一方面分为肯定、否定，另一方面区分为全称、特称、不定称（《解释篇》第七章又提出了单称），但他并没有说这两种区分一是按"质"，一是按"量"。人们可以说这两种区分都是表明判断的"质"的差别；肯定、否定的区分关涉到"质"的主要方面，单称、全称、特称的区分关涉到"质"的次要方面。但由于按"质"、按"量"来区分判断的说法在逻辑学家中间已经是约定俗成的惯例，以致数理逻辑这门精确科学也采用了"量词"这一术语，我们也就不必在这个名词问题上迂阔无当地提出异议了。

　　还有一点会引起注意的，就是亚氏原来提出的"不定称"判断这一名目到后来在一般西方传统逻辑的教本中被放弃了，而这是很容易理解的事。实际上当亚氏提出全称、特称、不定称的区分的时候，他是把这种区分作为"命题"的区分，不是作为"判断"的区分来提出的。亚氏很少用"判断"这一术语。本来命题就是判断的表现形式。"不定称命题"这种表现形式的特点，就是没有全称或特称的明确标志，同时主项也不代表一个单独概念。亚氏举"快乐不是善"作为"不定称命题"的例子（《前分析篇》上卷第一章）。其实"不定称命题"虽然没有全称或特称的明确标志，但一般说来，在每一具体场合总可以确定它所表示的是一个全称判断还是一个特称判断。（也有不确定的场合，但在这样的场合就需要把所省略的全称或特称的标志补出来。）那么严格说来，并没有所谓"不定称判断"，只是判断的表现形式有时有这种"不定称"的情形。西方传统逻辑一般都把亚氏的"不定称"这一名目删除了，就是为了这个理由。但是判断和判断的外壳或表现形式是密切关联着的。判断的表现形式出现"不定称"的情形，这是日常遇见的事，因此在结合实际语言来研究形式逻辑的时候，也就不能不对这种情形加以处理。由于今天"判断"这一术语在一般形式逻辑的叙述中比较常用，为了讨论的方便，本文就暂时采用"不定称判断"这一个不严格的逻辑术语，读者正不必"以辞害意"。

现在让我们看一看亚氏在《工具论》中怎样处理他所提的不定称判断。在《解释篇》第六七两章中，亚氏详细讨论了表现肯定判断和否定判断间的对立的两种关系：矛盾关系和反对关系。凡处在这样的关系中的肯定判断和否定判断，必须主项相同，宾项相同。亚氏先把主项是单独概念的判断和主项是普通概念的判断区分开来；前者是单称判断，后者有全称判断、特称判断、不定称判断三种。由于四种判断都有肯定和否定的差别，那么总共就有八种判断了。现在把亚氏认为是处在矛盾关系和反对关系中的判断列表如下：

（甲）矛盾关系。每一个肯定判断都有一个与之矛盾的否定判断，反之亦然。于是八种判断恰好分成四对：

（1）单称肯定和单称否定。亚氏的例子是：苏格拉底是白的——苏格拉底不是白的。

（2）全称肯定和特称否定。例子是：所有人都是白的——并非所有人都是白的。

（3）特称肯定和全称否定。例子是：有的人是白的——任何人都不是白的。在以上三种情形下，一对矛盾判断必然是一真一假。

（4）不定称肯定和不定称否定。例子是：人是白的——人不是白的。这样的两个判断亚氏也称为"矛盾"判断，但是他认为两者不一定是一真一假，而是可以同时都真。

（乙）反对关系。反对关系是两极端间的关系。处在反对关系中的两个判断不能同时都真。由于主项是单独概念的判断和主项是普通概念的判断各自成组，亚氏认为判断间的反对关系可以有如下两种情形：

（1）单称肯定和单称否定。例子见上。《解释篇》第七章虽然没有说，但根据第十四章，这样的两个判断亚氏确实认为是反对判断。上面已经指出两者也是矛盾判断，并且必然是一真一假；那就是说，两者不仅不能同时都真，也还不能同时都假。

（2）全称肯定和全称否定。例子是：所有人都是白的——任何人都不是白的。这样的两个判断不能同时都真，但是可以同时都假。

我们详细叙述了《解释篇》中关于矛盾判断和反对判断的学说，主要是因为亚氏的说法和一般逻辑教本的说法不完全一样，而和本文的题目有关，特别值得注意的是所谓不定称的"矛盾判断"。实际上这样的一对判断当一个被理解为全称，一个被理解为特称的时候，就和（2）、（3）两项目的矛盾判断同样，两者必然是一真一假。但当都被理解为全称的时候，两者可以同时都假，和项目（2）的反对判断同样。只是当都被理解为特称的时候，两者才可以同时都真，但这样两者就已经不是对立的了，为什么还叫作"矛盾判断"呢？

《前分析篇》阐述了三段论的格和式。在阐述过程中亚氏对不定称判断所采取的完全是"安全路线"，就是把它和特称判断一样处理（参看《前分析篇》上卷第四章）。这样做就等于要求在三段论中当我们把一个不定称判断理解为全称的时候，必须把全称的标志补进去，而只是当我们把它理解为特称的时候，才保留不定称的形式。于是不定称判断和特称判断就只剩下了外表上的差别，实质上已经完全没有差别。后来的西方逻辑学家索性采取快刀斩乱麻的办法，把"不定称"这一名目取消了完事，这应该说是非常合理的。

从西方逻辑史的角度看来，不定称判断的问题可以认为是很不重要的。但是如果我们把古代中国的《墨经》所讨论的逻辑问题拿来一比较，就显得这里头还是有值得引起思考的东西。原因是《墨经》的看法和亚氏不大一样，而这个问题在西方逻辑史中所表现的绝对不重要性看来只是亚氏的机械处理方法所造成的。

我们已经说过，判断的表现形式出现不定称的情形，是日常遇见的事。要处理这种情形，必须按照具体情况和议论的上下文来确定某一个不定称判断是应该理解为全称还是应该理解为特称，而最好不要像亚氏那样片面地都同特称一样处理。至于怎样按照具体情况来处理不定称判断，这问题不是本文所要解答的。本文的讨论所关涉到的也只限于一种情形，就是当一个不定称判断被提出作为论题的时候，对这个处在比较独立状态中的不定称判断我们应该怎样来理解。

《墨经》中关于"牛马非牛"的争论，完全把这个问题提到了重点上来。《墨经》的争论还有另一方面，在本文末尾我们也要附带提及。

关于"牛马非牛"的《经》和《经说》全文如下：

> 牛马之非牛与"可"之同，说在兼。（《经下》）
>
> "或不非牛或非牛而'非牛也'可，刚或非牛或牛而'牛也'可。故曰：'牛马非牛也'未可，'牛马，牛也'未可。"则或可或不可，而曰"'牛马，牛也'未可"亦不可。且牛不二，马不二，而牛马二。则牛不非牛，马不非马，而牛马非牛，非马，无难。（《经说下》）

《经说》首句原作"或不非牛而非牛也可"（毕沅本还脱掉"可"字，据《道藏》本补入），我们加上了"或非牛"三字，为的是使文义更显出，不是绝对非加不可的。

《墨经》的《经说》有许多条是两方面对辩的话。过去的注释家往往不理会这点，结果就弄不清楚《墨经》的意思。根据上引这一条《经说》的末尾，《墨经》是主张"牛马非牛"的。那么上文"'牛马非牛也'未可"的话，和《墨经》的这一主张冲突，就显然不是《墨经》的正面主张，而是《墨经》引来要驳斥的主张了。为清楚简便起见，我们把《墨经》所引对方的话用引号包围起来。怎么知道《经说》正面的话从"则或可或不可"这一句开始呢？这是因为下句"而曰'"牛马，牛也"未可'亦不可"正好顶着上文"'牛马，牛也'未可"的话，可以看出是归谬法的运用。

我们把文字方面的问题约略处理了，现在转到含义方面。

"牛马"概念的外延是"牛"概念的外延加"马"概念的外延。墨家的形式逻辑有"牛马非牛"和"牛马非马"的说法。

《经说下》另一条也说："谓'彼是，是也'不可。""彼"、"是"等代词《墨经》是拿来当作变项用的。"谓'彼是，是也'不可"就是"谓'AB，B也'不可"。（我们可以假定A、B的外延没有共同分子。）用"牛"、"马"依次代入A、B，就得出"谓'牛马，马也'不可"，这和本条"牛马非马"的说法完全是一致的。

墨家"牛马非牛"的说法引起了争论。现在我们先把《经说》所引反对者的话解释一下。

首先我们要把"或"字和"可"字的意义弄一弄清楚。

《小取》："或也者，不尽也。"《经上》："尽，莫不然也。"在《墨经》和其他先秦典籍中，"尽"字是全称的标志（一般也用"皆"字），"或"字是特称的标志。过去的注释家往往把这两字搞糊涂了，原因是没有细心阅读《墨经》的全部。

《小取》："'马或白'者，二马而'或白'也，非一马而'或白'"。（"白者"旧作"自者"，据堂策槛本改。）这几句话的意思是至少要有二马才能说"其中有白的"。"或"字在这里显然是特称判断的标志，不是或然判断的标志，也不是选言判断的标志。虚字的古今用法常会有一些分歧，读古书的人不可以不注意。

"可"字在本条中是当"正确"讲，不是当"可能"讲。一个判断正确不正确，是"可不可"的问题；真实不真实，则是"当不当"的问题（"当"读去声）。但墨家认为只有真实的即符合于客观实际的判断才是正确的，可见"当"一定是"可"，"不当"一定是"不可"。所以"可"和"不可"完全相当于一般逻辑书上所说的真和假。

现在我们把反对者的话今译如下：

　　牛马一部分并非不是牛一部分则不是牛，而你认为

"牛马不是牛"这话是正确的；那么牛马一部分不是牛一部分是牛，你也该认为"牛马是牛"这话是正确的了。所以我说："牛马不是牛"这话不正确，"牛马是牛"这话也不正确。

"牛马是牛"这话是不正确的，这是《墨经》和反对者双方所同意的一点。但反对者认为"牛马不是牛"这话也不正确，而《墨经》则恰好认为这话是正确的，这就构成了《墨经》和反对者之间的意见分歧。反对者的逻辑是这样：

> 如果"牛马不是牛"真，那么"牛马是牛"也真。
> "牛马是牛"假，所以"牛马不是牛"也假。

现在可以看出，反对者是把不定称判断不论肯定、否定都理解为全称的，于是不定称肯定和不定称否定的关系就是全称肯定和全称否定的关系，这是亚氏所说的反对关系。

下面我们看《经说》如何回答反对者的话。

首先我们要指出："或可或不可"在本条中应当解作"一可一不可"，"或"字并没有不确定的意思。"或"本来是特称的标志，今译作"有的"。但因为所讨论的只是"牛马，牛也"和"牛马非牛也"两句话，所以"有的正确，有的不正确"完全等于"其中之一是正确的，一是不正确的"。

《经上》："攸，不两可两不可也"。（旧作"不可两不可也"，我们又补上一个"两"字，这"两"字是必须有的，不然意思就不完全。）《墨经》用"攸"这个不常用的古字作为逻辑术语，意思是"一对矛盾命题"。（这正好就是希腊文的 antiphasis，这词的单数式就被用来指一对矛盾命题，用英文说就是 a pair of contradictories；拉丁文译作 contradictio，也是单数式。过去有人把"攸"字改作"佊"字，我在1954—1955年在《光明日报》的《哲学研究》副刊上发表的《墨辩的逻辑学》这篇文字里面也是这样改，原因是在有些地方这字讹作"彼"字，而"彼"这样一个常用代词是不会被用作逻辑专门术语的。但与其认为"彼"字讹作"攸"、"彼"两字，不如说"攸"字在有些地方讹作"彼"字可能性更大一些。"攸"的本义是"所"，引申为争论——即"辩"——所在的意见分歧之处。《经上》："辩，争攸也"，毕沅本讹作"争彼也"，《道藏》本不讹。）"不两可两不可"，前一个"不"字一气贯下去，就是说不能两者同时都真，也不能两者同时都假。这里"不两可"是矛盾律的要求，"不两不可"是排中律的要求。既然"不两可两不可"，那就必然"一可一不可"，也就是必然一真一假。

《墨经》认为"牛马，牛也"和"牛马非牛也"是一对矛盾判断，按照"攸"的定义必然是一真一假。现在把《经说》回答反对者的话今译如下：

"牛马是牛"和"牛马不是牛"两句话必然是一正确一不正确，你既然认为"牛马不是牛"这话不正确，那你又说"牛马是牛"这话不正确，你这样说也是不正确的了。

"而曰''牛马，牛也'未可'亦不可"，张惠言曾这样注释："言未可，是亦不可。"后来的许多注释家又把这里的语法关系搞糊涂了，早先的张惠言倒是搞对了的。我们用一个套一个的引号来作标点，这样《墨经》的意思就很清楚了。

《墨经》的逻辑是这样：

如果"牛马不是牛"假，那么"牛马是牛"不能又假，否则就违反排中律。

"牛马是牛"假，所以"牛马不是牛"真。

我们把《经说》"且牛不二"以下的话先放在一边，以后我们再回来给这段话以说明。

现在可以看出，《墨经》是把不定称肯定理解为全称，而把不定称否定理解为特称的。不定称肯定和不定称否定的关系，《墨经》和亚氏都看作是矛盾关系。但《墨经》更能把这一点贯彻下去，所以它认为两者必然是一真一假，既不能像亚氏那样容许"两可"，也不能像反对者那样容许"两不可"。而反对者是把不定称肯定和不定称否定的关系看作两个全称判断间的关系即反对关系，因此二者之间还容许一个"两不可"的第三种情形。

现在我们来解释《经》文"牛马之非牛与'可'之同"这句话。

按照中国语法，"牛马非牛"是一个句子，"牛马之非牛"则是一个含义相同的短语。同样，"牛马之非牛与'可'同"是一个句子，"牛马之非牛与'可'之同"则是一个短语。（如果把"可"字当作及物动词用，那么后者也成了一个句子，但这不太像《墨经》的语法。）《经下》诸条"说在……"前面一般都是一个句子，但也有只是一个短语的，例如"推类之难"，"无久与宇坚白"、"影之小大"等都是。"疑"只是一个单词，但也能在"说在……"前面独立成为题目。句子和短语的差别只是语法上的，并且往往无关紧要。例如《经下》："五行无常胜。说在宜。"如果把这一条写成了"五行之无常胜，说在宜"，也是未尝不可的。

"牛马之非牛与'可'同"，就是说"'牛马非牛'与'"牛马非牛"可'同"。《墨经》的意思是这样：

> 说"牛马非牛也"，说"'牛马，牛也'不可"，说"'牛马非牛也'可"，三者都是一样。
>
> 说"牛马，牛也"，说"'牛马，牛也'可"，说"'牛马非牛也'不可"，三者也都是一样。
>
> 反对者承认"'牛马，牛也'不可"，但又不承认"牛马非牛也"，也不承认"'牛马非牛也'可"，这是不对的。

反对者不主张"牛马,牛也",也不主张"'牛马,牛也'可",但又主张"'牛马非牛也'不可",这也是不对的。

《经》文的话说得太简略了。我想如果改作"牛马之非牛与'不可'同"也许要清楚一些。

从《墨经》中的这条争论,我们所得的体会是这样。当一个不定称肯定判断作为论题被提出的时候,把它作为全称来理解是最自然的。这一点是《墨经》和反对者一致的地方,"因明"的惯例也是这样。但当一个不定称否定判断作为论题被提出的时候,两种理解都是很自然的。一种是把它当作全称来理解,和独立提出的肯定判断同样。一种是把它作为肯定判断的矛盾判断来理解,也就是把它当作特称来理解。后一种办法的一个优点是它成全了不定称肯定和不定称否定之间的矛盾关系,这关系正是亚氏在起初提出了到后来没有能一贯维持下去的。至于亚氏把不定称肯定判断一般也当作特称来处理,这就是很不自然的了。我们认为亚氏自己所举的不定称命题的例子,"相反的属性是同一门科学所研究的"(《前分析篇》上卷第一章),很自然地应当被理解为"凡是相反的属性都是同一门科学所研究的",也就是被理解为全称。

以上所给的"牛马非牛"这条《墨经》的解释,完全不同于一般注释家的游移不定之说,看来离《墨经》的本意不远了。而且我们的这个解释,又被另一条《墨经》所证实:

止以久也。(《经上》)

无久之不止,当"牛非马",若矢过楹;有久之不止,当"牛马非马",若人过梁。(《经说上》)

"矢"旧作"夫",从王引之校改。"牛马非马"旧作"马非马",但《墨经》不可能有"马非马"之说。"马非马"见于

《庄子·齐物论》。今本《公孙龙子》有"白马非马"之说，因此一般认为《庄子》的"马非马"实在是"白马非马"。"白马非马"也不可能是《墨经》的主张，因为《小取》明说"白马，马也"。假如说《墨经》是在那里引别人的学说，那么《墨经》的文字比较严格，决不会像《庄子》那样用"马非马"来代替"白马非马"。我们已经知道《墨经》有"牛马非马"之说，那么这里也应该认为是脱落了一个"牛"字。这一点还可以在《荀子》里面找到强有力的证明。《荀子·正名篇》说：

"飞矢过楹，有'牛马非马也'"，此惑于用名以乱实者也。验之名约，以其所受，悖其所辞，则能禁之矣。

荀子是反对墨家的"杀盗非杀人"和"牛马非马"之说的。"飞矢过"旧作"非而谒"三字由于古体形近而讹。我们把《荀子》这一段话和本条《墨经》互相比较，两边都讲"楹"讲"非马"，那就很有理由用《荀子》"牛马非马"来校正《墨经》的"马非马"，又用《墨经》的"矢过楹"来校正《荀子》的"而谒楹"。单单"飞矢过楹"这句话不可能是荀子所反对的，荀子所反对的乃是"'飞矢过楹'，有'牛马非马也'"之说。（这意思是"有'牛马非马也'可作例证或比方"。）荀子在这里不免有一点疏忽，《墨经》是用"牛马非马"和"人过梁"相比，不是和"矢过楹"相比。但这一点疏忽无伤大旨，因为这两件事在《墨经》本来是同时提出的，并且荀子所反对的主要是"牛马非马"这句话。梁启超把"牛非马"改作"牛马非马"，又把"马非马"改作"牛非马"，好像和《荀子》的话更切合一些。但这样改有两个毛病，一是改字较多，二是逻辑上讲不通（参看下面的解释）。所以我们认为还是说荀子有一点疏忽比较合情理。

文字方面的问题交代过了，现在回到含义方面。我们先解释本条《墨经》，再解释《荀子·正名篇》的这段话。

　　《庄子·天下篇》引辩者的话："镞矢之疾，而有不行不止之时。"《墨经》处处和辩者的诡辩学说作斗争，但这一条道理《墨经》是当作科学真理来接受了的。《经说上》："时或有久，或无久"。这就是说，时有有久之时，也有无久之时。"久"是时间上的延续，"无久之时"就只是一刹那。《经下》："行脩以久。"（"脩"旧作"循"，从张惠言校改。）"脩"是空间上的长度，行一段长度必须有一段延续的时间。例如人过桥从这头到那头，不能不经过中间的路程，那就需要一段时间。这是"有久"而不"止"，"有久"而不"止"其实就是"行"。另一方面，按本条"止以久"的说法，"止"也必须有时间上的延续。矢在柱旁飞过；如果单就矢头和面向矢行之路的假定是圆柱的凸出处说，"矢过楹"就只是一刹那。在这一刹那中，既然矢所行的路程只等于零，那就说不上"行"；但我们也不能说这矢处在静止状态，因为"止"就必须在一处呆一段延续的时间，哪怕是呆很短的一段时间也不会只是一刹那，既是一刹那就说不上"止"。所以说："有不行不止之时"。这是"无久"而不"止"，而"无久"必然不"止"。《墨经》关于时间和运动的看法，可以总括如下表：

这里发生了一个问题。"止以久也"这一条是放在许多定义一起的，它本身是不是定义呢？如果说是定义，这定义就犯了过宽的毛病。《墨经》认为"行脩"也是"以久"，可见"以久"不一定是"止"。（假定"止"和"以久"确实相等，那么"有久之不止"真正成了"马非马"！《墨经》会承认这样的想法么？）如果说不是定义，那么我们就必须假设编排《墨经》的人因为看见这条《经》虽有《说》而没有"说在"字样，又还有"也"字，所以把它误编入《经上》，误认为是"止"的定义。〔作者按：我后来在《论墨经四篇之编制》一文中（此文发表在1983年出版的伍非百《中国古名家言》第一部分所附《墨辩校勘记》后面）就采用了这个假设，和这里下面所说的"想法"不同。二均可供参考。〕但这样的假设如能避免更好。我个人的想法如下：这条《经》文的确是定义，"止"字后面应该加逗号。在一定的论域以内，这条定义并没有过宽的毛病。只要假定我们的论域是说一个物体在一处的情况，那么"有久"必然"止"就和"无久"必然不"止"同样不成问题了。"行脩以久"则是超出了刚才所假定而《墨经》没有明说的论域，因为现在所说已经是一个物体陆续在多处，而不是单在一处了。可见这里并不发生逻辑上的矛盾。

现在还需要讲明"当'牛非马'"和"当'牛马非马'"的意思。

按"止以久"的定理，凡是"止"都是"以久"。那么"无久"必然不"止"，和"牛"必然不是"马"一样，所以"无久不止"相当于"牛非马"。但"以久"只是在上面所假定的论域以内才是"止"，一般地说"以久"并非都是"止"，例如"行脩"也是"以久"。"有久"不一定"止"，和"牛马"不一定是"马"一样，所以"有久不止"相当于"牛马非马"。

"牛非马"和"无久不止"都可以理解为全称否定，"牛马非
马"和"有久不止"则都是特称否定。（"无久之不止"、"有久
之不止"只是把"无久不止"、"有久不止"两个句子变成了短
语。）前面我们说《墨经》是把不定称否定理解为特称否定的，
实际上这并不排斥在一定情况下它也可以把不定称否定理解为全
称否定，因为较弱的情形本来包括着较强的情形。以上所说的意
思可以用下图表明：

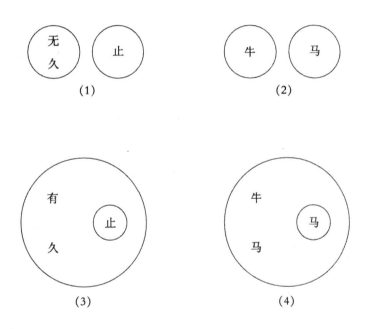

总之《墨经》是在那里借用"牛"、"马"等概念间的外延关系
来说明"无久"、"止"两概念间和"有久"、"止"两概念间的
外延关系。

　　这里让我们再附加几句。"无久之时"本来只是数学的抽
象，并不具有和"有久之时"同等的感性实在性。飞矢在任何

一刹那中，固然"行"和"止"都说不上，但我们要描述飞矢在这一刹那的情况，还是用"飞"、"行"、"运动"等词为合宜，因为在每一刹那中它总是正从旧的位置到了现在的位置而且正在离开这位置而到新的位置。飞矢的运动在每一刹那从数学眼光看来还有一定的速度咧！辩者的学说我们认为带有形而上学的色彩。但因为《墨经》的观点也是形而上学的，我们当然不能怪它没有就这个问题给辩者以批判。这一点和本文所讨论的题目没有太大关系，让我们就说到这里为止。

我们看，上面我们所给"止以久"这条《墨经》的解释和前面我们所给"牛马非牛"这条《墨经》的解释是多么自然地符合一致，丝毫没有牵强的地方。（高亨和谭戒甫都用王闿说，把本条"久"字解作"拒"或"撑柱"，为说虽巧，但这样一来，"有久"、"无久"等话都和《墨经》其他地方讲法不一致，因此说服力不大。）现在我们还需要解释一下《荀子·正名篇》反对墨家"牛马非马"的话。

《正名篇》把"邪说僻言"分作三类，有"惑于用名以乱名"的，有"惑于用实以乱名"的，有"惑于用名以乱实"的。要体会这分类的用意，首先必须讲明什么是"惑于用名"和"惑于用实"。"名"，指一般原理和理论；"实"，指具体事实。按《正名篇》的看法，属物理、心理等范围的错误学说，其错误主要是观察和归纳、经验方面；而属伦理范围和逻辑范围的错误学说，其错误主要是在基本假定和演绎方面。前者是"惑于用实"，由乱实而乱名，因此《正名篇》称之为"惑于用实以乱名"。后者是"惑于用名"，由乱名而乱实，那么应该也可以一概称之为"惑于用名以乱实"。为什么又多出一种"惑于用名以乱名"来呢？理由是这样：伦理的错误学说，虽然也是名实兼乱，并且和逻辑的错误学说一样，是由乱名而乱实，但因为伦理的错误学说关涉到"毁誉之名","乱名"这方面尤其突出,因此《正名篇》称之为"惑于用名以乱名",而仅把逻辑的错误学说称为"惑于用名以乱实"。"牛马非马"按荀子看来正是属于最后这一类的错误学说。

"名约"就是"制名之枢要"。《正名篇》在论"制名之枢要"时曾提出如下的条例:

> 单足以喻则单,单不足以喻则兼。单与兼无所相避则共,虽共不为害矣。

"牛"和"马"都是单名,"牛马"则是兼名。这里有一群牛马,单名"牛"和"马"也用得上,兼名"牛马"也用得上,单名和兼名不是互相排斥的,所以说"共"。既然"单与兼无所相避","虽共不为害",那么"牛马非马"之说要"牛马"和"马"互相排斥,自然是错误的了。这里荀子是把不定称否定判断当作全称否定来理解的。

"兼"字的意义明白了,于是我们在开始所引的那条《墨经》中的"说在兼"三字也可以解释了。《墨经》的意思是这样:"牛马"是兼名,范围不限制在牛类,所以不能说"牛马,牛也"。既然"牛马,牛也"不可,那就应该说"牛马非牛"。("牛马非牛"和"牛马非马"当然是同样的问题。)这还是表明,《墨经》是把不定称否定判断当作特称否定来理解的,如前面已指出。"牛马之非牛与'可'之同"这短语实际上包含着两个论题:一是"牛马非牛",二是"牛马之非牛与'可'同"。"说在兼"和这两个论题都有一定的关联,和前一个论题的关联则是主要方面。

(《沈有鼎文集》,人民出版社,1992 年。)

论原始"离坚白"学说的物理性质

原始"离坚白"学说，是战国时期的一种物理理论。它产生在《墨经》之前，为《墨经》所驳斥。《墨经》提出了另一种物理理论与之对垒，即"坚白相盈"的学说。两种理论在今天看来都不很科学，这是受了古代生产力发展水平的限制。我们今天也很难说两种理论谁胜过谁。我以前写《墨经的逻辑学》一书，认为《墨经》粉碎了"离坚白"这一形而上学的"诡辩"，这结论有商量余地，主要是当时还没发现这两种学说的物理性质。

公孙龙在《墨经》之后，继承了"离坚白"的传统加以发挥。据《史记》所载，公孙龙善为"坚白之辩"。但从现存的《公孙龙子·坚白论》（这可能是东晋初的哲学家爱俞根据一些破烂资料，配合《庄子》和《墨经》的词句，所编串成的妙文；因为鲁胜告诉我们，公孙龙的原著，和《惠子》等名家篇籍，在西晋时都已亡绝了）来看，已经看不出"离坚白"学说的原始物理性质，因为它是专从认识论来阐述的。也许到了战国末期的辩者公孙龙那里，这学说已经变了质，把物理性质阉割了。

我们有毛泽东思想作为指导，就具备了可能性。根据《墨经》的论述，来恢复战国初期或中期的"离坚白"这一重要原始物理学说的基本面貌。

原始"离坚白"学说，大意很简单。是说一块坚白石之所以对我们的触觉能呈现"坚"的性质，是因为里面有坚素；其所以对我们的视觉能呈现"白"的性质，是因为里面有白素。坚素和白素虽然混杂在一起，但作为坚素的最小单位的是坚原子，作为白素的最小单位的是白原子，每一个坚原子和每一个白原子都占有不同的空间位置，是"相外"。用近代的物理学、化学作比喻，氢、氧化合成水，每一个氢原子的核和每一个氧原子的核也仍然占据不同的空间位置，是"相外"。原始"离坚白"学说认为：面对一块坚白玉，我们的视觉所以能看到"白"，不能看到"坚"，是因为只反映了众多白原子所构成的那一部分；我们的触觉所以能摸到"坚"，不能摸到"白"，是因为只反映了众多坚原子所构成的那一部分。两部分虽然表面上互相渗透，同在一个地方，但实际上视觉所见只是一块白石，触觉所摸只是一块坚石，坚石和白石各就其众多原子所占的空间位置说是各个分离的，是"相外"。那么严格地说，这里有两块不同质的石头夹杂在一起，因此"坚白石二。"这就是《荀子·儒效篇》所说的"虽有圣人之知未能偻指"的"坚白同异之分隔"。

《墨经》维护常识，反对"坚白相外"的怪说，主张"坚白相盈"：

　　无久与宇坚白，说在盈（旧作"因"，这是由于南方人抄写《墨经》，音近而致误，今据《经说》改）。（《经下》）

　　无。坚得白必相盈也。（《经说下》）

《经说》的"无"是所谓"牒经字"，不连下文读。有人把《经说》读作"抚坚得白"，这不但和《坚白论》所引《墨经》字句不同（《坚白论》虽把"无"字误连下读，但所引字句不误），而且和《坚白论》一样，把"得"字理解为认识关系，这又和"撄，相得也"的定义不符。这里所说"坚白相盈"，即"坚白之撄相尽"，意思是一石中"坚"、"白"二者不仅相"得"，并且互相渗透，占有同一的空间。即使把此石分割到最后的"无厚"（原子）了，并且只考虑一刹那的"无久之时"，"坚"和"白"还是"相盈"而不相离。也就是说，在坚白石的每一个不可分割的原子中，就在一刹那间，坚性和白性还是互相渗透、互相包融而"不相外"的。

可能有人会把"无久与宇坚白"解释成《墨经》所准备驳斥的超时空的坚性和超时空的白性，这完全是误解。超时空的"坚"和"白"虽在《坚白论》后半被提出来了，但这是爱俞独创的学说（或爱俞所体会的公孙龙"离坚白"的"真意"），和先秦思想不一定有关联。即令有关，也和《墨经》无关，和原始"离坚白"学说无关。《墨经》所给的定义是："久，弥异时也；宇，弥异所也。""久"是延续到异时的时间。"无久"不一定要超越时间，它只就是《墨经》所主张的作为时间最小单位的"无久之时"，就是没有延续性的、一刹那的时点。《墨经》明说："时，或有久，或无久"。"久，有穷，无穷"。这样把"时"作了典范性的分类。"无宇"也不一定要超越空间。"宇"是扩展到异所即异处的空间（不论是线，是面或"区穴"，是体）。"无宇"即"无厚"、是没有扩展性的空间位置，即点。《墨经》把它认为仅占有一个点的原子称为"无厚"。"无厚"是空间的最小单位，也是物质的最小单位。

把这"无久与宇"四字讲清楚了，便可看出不仅《墨经》所反对的学说是很"怪"的，而且《墨经》自己所提出的物理理论也是很"怪"的，也是思辨的结果，也有点脱离经验。两派都把复杂的物理现象看简单了。从今天的科学看，也许有人会觉得两种物理学说都不值一提，但我们认为这种原始科学理论所包含的逻辑方法，颇有值得我们寻味的地方。

我们的结论是：先秦的思想，深刻而丰富多彩，但书阙有间。我们仔细分析了《墨经》，发现"离坚白"和"坚白相盈"确实是先秦的两种物理学说，而前者也绝不是许多学者所描述的什么贝克莱主义。当时这两种学说旗鼓相当，互相对立，争论异常热烈。看来这些争论是严肃的，和"鸡三足"等近于逻辑游戏的诡辩并无直接关联。我们认为这些争论不是无果实的唯心论把戏，而是推动了古代自然科学向前发展的，很有辩证法的意义。

一得之见，希望同志们讨论，并批评指正。

（《沈有鼎文集》，人民出版社，1992年。）

现行《公孙龙子》六篇的时代和作者考

　　《汉书艺文志》名家：《公孙龙子》十四篇。这是战国末期的公孙龙及其后学的著作。"名七家"中篇数最多的一家就是《公孙龙子》，看来是集诡辩学派之大成的一种丛书，可能也包括一些其他辩者如桓团等的著作在内，正如《庄子》五十二篇是道家的一种丛书，《管子》八十六篇是法家（包括一部分道家）的一种丛书一样。

　　《隋书经籍志》无《公孙龙子》书名，但载《守白论》一卷，列入道家。根据唐成玄英的《庄子疏》，《守白论》是公孙龙的著作。《旧唐书经籍志》和《新唐书艺文志》，名家都载有《公孙龙子》三卷，这就是现行的《公孙龙子》六篇。后代的书目也有把三卷合并为一卷的。这是公孙龙的著作的著录概况。

　　这里面发生了许多问题，很不简单。本文就专来研究这些问题，并与以初步的解答。

一

　　扬雄《法言》说：

> 或问公孙龙诡辞数万，以为法，法与？曰：断木为棊，
> 梡革为鞠，亦皆有法焉。不合乎先王之法者，君子不法也。
> （《吾子》）

王琯《公孙龙子悬解叙录》说："扬子《法言》称龙'诡辞数
万'。似当时完本，为字甚富。"看来"诡辞数万"的话是真实
的。

一般认为：现行六篇《公孙龙子》就是《汉志》十四篇
《公孙龙子》的残存部分。这里面疑问很多。西晋时，鲁胜《墨
辩注叙》说：

> 自邓析至秦时名家者，世有篇籍，率颇难知，后学莫复
> 传习。于今五百余岁，遂亡绝。《墨辩》有上下经，经各有
> 说，凡四篇。与其书众篇连第，故独存。

这里"名家"二字不是名词，只是"成家"的意思，但所说仍
是"以'名家'之学成家的"。因此我们可以断言，鲁胜所说
"自邓析至秦时名家者"，就是《汉志》所说的"名七家，三十
六篇"，里面有：

《邓析》二篇，

《尹文子》一篇，

《惠子》一篇，

《公孙龙子》十四篇，

《毛公》（公孙龙同时人）九篇，

《成公生》（秦时人）五篇，

《黄公》（秦时人）六篇。

鲁胜告诉我们：这些名家篇籍到了晋代统统都已亡绝了。当
时仅存的是《墨辩》四篇，是《墨子》（墨家丛书）的一部分。
鲁胜把《墨辩》按其内容也看作是名家篇籍，因为《汉志》名
家不著录此书只是因为此书不单行。正因为《墨辩》不单行，

所以独独保存了下来。

可惜鲁胜的话有一点不很准确。他所说的"《墨辩》四篇"是不包括《大取》、《小取》的。这两篇在《墨子》书中是紧附在四篇之后的，因此一起保存下来的名家篇籍实际上是六篇，不止四篇。那么"四篇独存"这话是不够准确的了。但我们没有理由因此就怀疑鲁胜所说名家篇籍除《墨辩》（六篇）外到晋时都已亡绝的话。

奇怪的是到了东晋的时候，张湛的《列子注》突然提出公孙龙《白马论》现存之说。张湛在《列子·仲尼》篇"白马非马"句下这样注释：

> 此论现存，多有辩之者。辩之者皆不弘通，故阙而不论也。

这话显然和鲁胜的话矛盾。近人孙𥖾觉察到了这个矛盾，因此在说到"阮裕曾为谢安道白马论"时，补上"则江左之流传未绝"一句。（见《读王献唐〈公孙龙子悬解〉》）意思是公孙龙的著作在北方的流传虽已断绝，在江左的流传在晋初一直未绝。这个矛盾是不是可以这样轻易地解除，以致我们只好说鲁胜的学问不到家，我认为很值得研究。孙𥖾所根据的是《世说新语·文学》篇的一段话：

> 谢安年少时，请阮光禄道白马论。为论以示谢。于是谢不即解阮语，重相咨尽。阮乃叹曰："非但能言人不可得，正索解人亦不可得。"

这里"请阮光禄道白马论"一句，本来可以有两种不同的解释。一种解释是：请阮裕讲解一下公孙龙所著的《白马论》，这篇论在当时还存在。另一种解释是：请阮裕根据当时能见到的（比今天要丰富得多的）资料，加上自己的体会，讲一讲"白马之论"，即"白马非马之辩"的内容。公孙龙的著作已不存在，这内容要阮裕根据当时还看得到的资料（包括桓谭《新论》）用自己的聪明体会出来。

于是阮裕"为论以示谢"，即阮裕自己作了一篇《白马论》，作为讲义。按上面的第一种解释，公孙龙的《白马论》固然现存，阮裕又自己写了一篇讲义，解释公孙龙的《白马论》。按第二种解释，公孙龙的"白马之论"原著已不存，阮裕只是按自己的体会拟了一篇《白马论》当作讲义。我们认为第二种解释比较合理，并由此作出论断：现行《公孙龙子·白马论》就是阮裕所拟以示谢安的论。理由除了鲁胜所说的名家篇籍除《墨辩》外都已亡绝以外，有如下五条：

（1）《世说新语》下文只说谢安看了阮裕所作的论后"重相咨尽"，即重复地赞赏了半天，一字不提公孙龙的原论。

（2）伍非百《公孙龙子发微》说："《白马论》……设为问答，往复难论，至于八反。大率古人辩白马者义尽此矣。"如果现行《白马论》确是公孙龙的著作，那么阮裕的论又能增添些什么呢？唐人张游朝作《冲虚白马非马证》八卷，我们可以想象得到，这书一定内容贫乏，重重复复毫无新意。但阮裕所作的论不同，这是他的得意之作。他叹息说："非但能言人不可得，正索解人亦不可得。"如果阮裕的论不是现行的《白马论》而能进一步在现行《白马论》往复八反的基础上又发挥出新意，再来几次往复，甚至让难《白马非马》的一方占了优势，让辩证观点最后取得胜利，那么此论的失传真是中国学术界的不可估计的一大损失了。但我们认为，说阮裕所作的论就是现行的、往复至于八反的、"古人辩白马者义尽于此"的《白马论》，比较合理些。西晋人关于这篇《白马论》的著作权总比东晋人要清楚。《白马论》也许被收在鲁胜所编的《刑名》二篇里面，但鲁胜决不会认为此论是公孙龙本人的著作。鲁胜作《墨辩注》说不定还是受了阮裕《白马论》的启发和鼓舞哩！

（3）现行《公孙龙子》的五篇论中，《白马论》的论证异常细密，不同于他篇，这至少说明《白马论》和其他四篇论不是出于一人之手。魏晋人的著作有许多是单篇论说，篇名存留下来的如钟会的《易无互体论》，扬义的《易卦序论》，宣舒的《通知来藏往论》等。（见《周易注·疏》卷首）张湛所说《白马论》现存似乎也是单篇，因为在整段讲公孙龙的地方张湛一字不提公孙龙有其他著作现存。

（4）现行《白马论》通篇不用术语，唯一的例外是客方所用的"离"字，并且是用错了的。论主立即把客方的"离"字改正为"忘"，"忘"字不是术语，结果术语一个都没有了。这篇不用术语的逻辑论文，以古代的诡辩形式出现，我看确是阮裕的天才创作。谢安当时还不很懂得它的内容，却颇为欣赏它的"古"的外衣，于是"重相咨尽"。阮裕也自许不凡，叹知音之难得。不用术语而理论深入确是《白马论》的一个显著特点，魏晋人是能够达到这样一个逻辑水平的。

（5）张湛说了"此论现存"，立即加上一句"多有辩之者"。这也可以有两种不同的解释。一种解释是：谁对公孙龙《白马论》的学说加以发挥或加以驳斥，都可以称为"辩之者"。例如按通常的说法，阮裕对公孙龙《白马论》另作一论加以发挥，那么阮裕就是一个"辩之者"。但这个解释不太符合张湛的语气，并且说阮裕"不弘通"也太不对了。我们倾向于另一种解释，比较自然：即"多有辩之者"事实上减弱了"此论现存"的肯定语气。"辩"是"考辨"的意思。许多人对《白马论》作了考辨，有的人怀疑现存的《白马论》不是公孙龙的著作，也可能有人直接指出了它是阮裕的著作。张湛认为这些考辨家都不懂得哲学，他们的考辨没有什么意思，因此"阙而不论"。只要《白马论》所讲的道理符合公孙龙本人的思想，张湛就满足了，管它执笔的是谁呢？张湛的"玄言"的水平确实相当高，全部《列子注》可以说是吃透了王弼和郭象的精神实质的。

综上所说，我们得到两条结论：

（1）西晋时，鲁胜已告诉我们：自邓析至秦时的名家篇籍除了《墨辩》以外都亡绝了。这情况应当是真实的。（这一点到了第三节还需要修正。）

（2）东晋时虽有人如张湛等认为当时流行的《白马论》是公孙龙本人的著作，但比较合理的说法是：这篇《白马论》（也收在现行《公孙龙子》里面）是西晋初期阮裕所拟，并且是他的得意之作。

二

现行的、六篇齐全的《公孙龙子》（一卷或分三卷都可以）是唐高宗时才流行于世的。当唐太宗时，成玄英作《庄子疏》，还没有说到这部《公孙龙子》"全书"，只说到《守白论》和《白马论》。这阶段看来是两种材料并行，尚未合成一书。《隋书经籍志》道家载《守白论》一卷，"守白"二字，根据成《疏》及桓谭《新论》，乃是"坚白"之讹。成玄英并不知道公孙龙还有一篇《指物论》。兹将证据一一列出。

《文苑英华》七百五十八，有唐无名氏《拟公孙龙子论序》。因为这项材料很有趣，并且极端重要，我们不妨把全文抄录于下：

> 公孙龙者，古人之辩士也。尝闻其论，愿观其书。咸亨二（旧衍"十"字，从谭戒甫校删）年，岁次辛未，十二月庚寅，仆自嵩山游于汝阳。有宗人王先生，名师政，字元

直，春秋将七十。博闻多艺，安时乐道，恬澹浮沈，罕有知者。仆过憩焉，纵言及于指马。因出其书以示仆，凡六篇，勒成一卷。其夜仆宿洞玄观韩先生之房。先生名玄最，字通元，从容人间，虚淡（旧作"谈"，从谭戒甫校改）自保。与仆观其书，且谓仆曰："足下后生之明达者。公孙之辨何如？"仆曰："小子何足以知之？"然伏周孔之门久，寻圣贤之论多矣。六合之内，圣人论而不辨；六合之外，圣人存之不论。简而易之，欲其可行也；神而明之，存乎其人也。陈诗书，定礼乐，身心之道达而已，家国之用足而已。变而通之，未尝滞之；引而伸之，未尝荡也。令天下思之而后及也，令天下得之而不过也。若此，则六经之义具矣，五常之教足矣，安取离（旧作"辞"，从谭戒甫校改）坚别白之辨乎？故曰："若公孙龙之论，非不中也，非不妙也，其辞逸，其理怪，其术空，其义㹞，令人烦，非高贤不能知也，非明达不能究也。抑可以为圣人之理，不足以为圣人之教。若随方而言，触类而长，何必白马、坚白犹（谭戒甫曰，疑"独"）存其理乎？故曰因是论之也，即直之论也。惑其文则不可以为易矣，达其意则不足以为难矣，可存而不可守也，可辨而不可行也，知者不必言，言者不必用也。然天下之理不可废也，天下之言不可沮也，故理可贯也，言可类也。若使仆借公孙之理，乘公孙之意，排合众义，培劳群言，则虽天下之异可同也，天下之同可异也，天下之动可静也，天下之静可动也，坚不坚，白不白，石非石，马非马。何必聚散形色，离合一二者乎？"先生曰："天下有易，迷之者难，则天下无易矣。天下有难，能之者易，则天下无难矣。足下当有易之地，用无难之辨，能为龙之所为乎？"仆笑而答曰："使虎豹之力移于麇鹿，固为虎豹矣；使雁鹜

（当作"鹰隼"）之口移于鹰隼（当作"雁鹜"），固为鹰隼
矣。故以仲尼之道托于盗跖之性，则盗跖固为仲尼矣。今公
孙龙之理处于弟子之心矣，弟子且非公孙龙乎？"遂和墨襞
纸，援翰写心。篇卷字数，皆不逾公孙之作；人物义理，皆
反取公孙之意。触类而长，随方而说。质明而作，日中而
就。以《事源》代《迹府（旧作"皆"，从余嘉锡校改）》，
因意而存义也。以《辛（旧作"幸"，从庞朴校改）食》
代《白马》，寻色而推味也。以《虑心》代《指物》，自外
而明内也。以《达化》代《通变》，缘文而转称也。以《香
辛》代《坚白》，凭远而取近也。以《称足》代《名实》，
居中而拟正也。或因数陈色，或反色在数，或弃色取味，或
以气转形。明天下之言，无所不及也。发沈源而回鹙，辟榛
路以先驱。庶将来君子，有以知其用心也。

这里我们仿佛找到了一把钥匙。把六篇合成一部书，我看就是王
师政搞的。六篇的篇名和次序完全和现行本相同。这部"完整"
的《公孙龙子》也是从王师政之后才流行于世的。因为在唐太
宗时，成玄英的《庄子疏》还只说：

> 公孙龙著《守白论》，现行于世。（《天下》）

《秋水》篇成《疏》也说公孙龙"著《守白》之论，成《疏》
《天地》篇也说到"公孙龙《守白论》"。

《守白论》无疑就是《隋书经籍志》道家所载《守白论》
一卷。关于"守白"二字，《天地》篇成《疏》说：

> "坚白"，公孙龙《守白论》也。

现行《公孙龙子迹府》说：

> 公孙龙……为《守白》之论，假物取譬，以"守白"
> 辩。

这一句来自汉桓谭《新论》，但《新论》的文字是：

　　公孙龙……为"坚白"之论，假物取譬。
根据这三条材料，"守白"是"坚白"之讹，已无疑义。

　　谭戒甫先生在"守"字上做文章，别出心裁，认为《守白论》原先就是《白马论》，后来才扩大到包括其余四篇论的。因为"白马非马"就是守住"白"不放。其实《孔丛子》中孔穿说"欲正名色不宜去'白'"，也是"守白"，也是"白马非马"的意思，不过孔穿有意要反对"白马非马"这一命题就是。谭戒甫的主张确可以备一说。但按我们的说法，"守"字是讹字，那么关键在某种字体的形似，与意义无关。又按谭说，"守白"一词已见汉时，这是无法令人相信的。（《迹府》首段中所有和《太平御览》四百六十四所引桓谭《新论》不同或多出的词句看来几乎都是有问题的。）《新论》和《迹府》下文就转到"白马非马"的论题上，这是桓谭行文简捷处，"坚白"和"白马"二论在当时是不会混淆的。公孙龙的主要学说本来是"离坚白"，汉王充也只说公孙龙著"坚白"之论。《迹府》下段所说"龙之所以为名者，乃以'白马'之论尔"，我认为是后人把重点转移了，不足为据。"白马非马"从兒说以来，可以说是"刑名"家（即主张"正形名"的法家或道家）的常识，不足构成诡辩。《迹府》又说："欲推是辩（'白马非马'）以正名实而化天下焉。"且不说较早的材料都不提公孙龙"正名实"，这"化天下"实在是张冠李戴，把毛公的思想当作公孙龙的思想来讲了。况且汉刘向《别录》也只说毛公"论坚白同异，以为可以治天下"，不专说"白马"。可见重点一移再移，完全不是本来面目了。

　　《守白论》一卷看来不一定包括《白马论》，但可能包括《迹府》。《德充符》篇成《疏》说：

　　公孙龙作《白马论》，云"白马非马"。
《齐物论》"坚白之昧"句下成《疏》说：

白，即公孙龙《守白、白（两"白"字旧脱一字，这类脱误是古书经常发生的）马论》也。

这里《守白》、《白马》并举，可见《守白论》一卷虽包括《坚白论》，却不包括《白马论》。《迹府》很可能是《守白论》的首篇或末篇。《迹府》详论"白马"，可能正因为《白马论》不在《守白论》一卷之中，所以要详其所略，但《隋志》名家不著录《白马论》，是一个疑点，可能是遗漏了。

看下文可以知道，我们是不认为《守白论》一卷中六篇齐全的。上面已说六篇本《公孙龙子》我们认为是从唐人王师政以后才流行于世的。而在流行于世以前，已经有无名氏摹拟这部《公孙龙子》的著作，"篇卷字数，皆不逾公孙之作"，这是很有趣的。六篇《拟公孙龙子论》都没有传下来。

《守白论》一卷的来历我认为可以远溯至晋代，是晋代人所编的资料，《指物论》也是晋人所作。"指非指"最初见于《庄子齐物论》，是从《天下》篇辩者二十二事的"指不至，至不绝"引申出来的，也和《列子·仲尼》篇公孙龙七事中的"有指不至"相同。冯友兰先生根据《列子》"有指不至，有物不尽"把"至不绝"改为"物不绝"，这恐怕是错的。"有物不尽"是说"一尺之棰，日取其半，万世不竭"，下文"不（旧脱）尽物者常有"也是这意思。"物不绝"的意思只能是《周易序卦》的"物不可穷也，故受之以未济终焉"。两意完全不同，所以我主张"至不绝"不改，这是承上句"指不至"，进而再说"假定至，则不绝"，"不绝"是"不去"的意思，这和传统的解释比较接近。"指非指"就是"指不至"，指既不至，那么指失掉了指的功用，因而"指非指"。《齐物论》的"指"字完全是"手指"的意思。

《指物论》不然。按上文所说，现行的《坚白论》无疑是包括在《守白论》一卷里面的，它是发挥公孙龙的"离坚白"思想的。《指物论》的作者受这篇《坚白论》的影响很深，又把"指"字不解释为手指而解释为坚、白等一般属性。这从《指物论》的"指者天下之所兼"和《坚白论》的"物坚焉，不定其所坚"和"不定者兼"可以看出。通篇《指物论》在这个解释下可以读通，否则是很难读通的。我们要注意，"指"字的这个意义是《指物论》所独有的。《墨经》的"所知而弗能指"和"有指于二而不可逃"也还逃不出手指指物的意思。

　　《齐物论》指、马对举，《指物论》则指、物对举，指、物应该就是指、马了。但"指"字的意义变了，"指非指"就不那么容易解释了。《指物论》用了《齐物论》的"指非指"词句，又配上一句"物莫非指"来谈它的"微理"。"指"字的所指虽从公孙龙的"离坚白"来，"物莫非指"和"指非指"倒是符合先秦辩者的"合同异"形式的。（上面说，"指非指"就是"指不至"。但这两个提法有很大差异。"指不至"属"离坚白"类，"指非指"属"合同异"类。目前我们不妨把重点放在"物莫非指"这个鲜明的"合同异"论点上。）《指物论》是一篇"合同异"性质的辩论，思想接近惠施而远离了公孙龙。我们检查一下，过去都把《指物论》解释为公孙龙本人的思想，其实这些解释都是很牵强的，可以说是改造了公孙龙。公孙龙的形而上学思想对"物莫非指而指非指"的辩证思想完全格格不入，勉强凑合在一起也是"凿不围枘"，实际上是破坏了公孙龙。我估计晋代一直到隋代都没有把《指物论》看作公孙龙的著作的。如果是这样，那么成玄英解释《齐物论》的"以指喻指之非指"时，完全不提公孙龙的《指物论》，这是毫不奇怪的。《庄子疏》别处也不提《指物论》，因为当时并没有人认为公孙龙有《指物论》的著作。还有一点，成玄英解释"以马喻马之非马"时也不提他认为是公孙龙作的《白马论》，这是什么缘故呢？如果成玄英意识到"马非马"不能用"白马非马"来解释，这正是他的高明处；你看他索性撇开了公孙龙，说"马，戏筹也"，以为这样可以讲通，其实《齐物论》是把马看作万物之一物，并无戏筹的意思。但成玄英虽然不认为《指物论》是公孙龙的著作，如果他看到《指物论》他还是会认为《指物论》的"指非指"就是《齐物论》的"指非指"，这是用不着说的。

那么《指物论》的作者是谁呢？我认为嫌疑最大的，就是西晋末的爰俞。

《三国志邓艾传注》关于邓艾的同时人爰邵，引荀绰《冀州记》说：

> 邵……长子翰……翰子俞，字世都，清贞贵素，辩于论议。采公孙龙之辞，以谈微理。

爰邵已是三国末尾的人，那么他的孙子爰俞是西晋人了，估计时代比鲁胜略后。爰俞虽"采公孙龙之辞"，但所谈的却是自己的"微理"。他采公孙龙之辞（姑且假定他是《指物论》的作者）有两方面：（1）"指非指"是辩者二十二事中的"指不至"的另一提法，而通常把辩者二十二事都算在公孙龙账上。（2）"指"字的特殊用法虽是爰俞自己的，但也是从《坚白论》体会出来的，而《坚白论》是发挥公孙龙的"离坚白"思想的。爰俞所谈的"微理"，如上所说，是"合同异"型的，不是"离坚白"型的。《指物论》这篇文字深奥不易懂，说得上"微"，到了今天，成了一人一解，五花八门，很难总结了。上面说过，不用"指"字的特殊意义，《指物论》很难读通。但就是用了"指"字的特殊意义的各种对《指物论》的解释，通常也总是把"物莫非指"解作"物都是纯由各种指所构成的"。这个解释文字上虽颇自然，我认为在《指物论》中并无确证。这种不合理的思想也不太像中国人的思想。我宁可解释得简单些："物莫非指"是说个别和一般的统一，几乎任何"S 是 P"语句都表现这一点。"指非指"是说脱离了个别事物的指，不作任何个别事物的属性，那就失去了指的功用，不成为指了。爰俞从公孙龙的"离坚白"思想出发，走到了公孙龙的反面。但脱离个别事物的指爰俞虽认为不成为指了，他似乎还是同公孙龙一样认为是独立自存的。

"玄之又玄"的《指物论》，只有作为对话来处理时，才能获得清晰的含义。如"以天下之所有为天下之所无，未可"只能作为客方对论主的"物莫非指"这一论题的驳难来解释。但这篇文字一向无人能解，两个"曰"字讹化成了"且"字，延误已久，更无法读通了。

读者不免会提出疑问：既然《指物论》是西晋人爰俞所作，《指物论》受了《坚白论》的影响很深，那么西晋时已有了《坚白论》，为什么东晋时的张湛竟然没有看到这篇《坚白论》，正如你前面所说，公孙龙的著作张湛只认为《白马论》现存？我们说：爰俞可能在私人处看到《坚白论》，这篇《坚白论》（连同一些别的资料）尚未公开。永嘉之乱时，这些资料由私人保藏着，一直到张湛作《列子注》时尚未公开，这都是很可能的事情。在张湛未把《列子注》公开以前，一般人难道会看到在张湛手中的八卷《列子》吗？同理，张湛可以看不到未公开的《坚白论》等资料。当时的情况十分混乱，要搞得一清二楚，决不是容易的事。

如果我和郭老同样程度地信任想象力，我就会说："《指物论》一定是爰俞所作。"但我不愿意用那样肯定的语气。闻一多的考辨运用了丰富的想象力，但重要的是他还作了不少理智的工作来检查想象力所提供的假设，看它们是否经得起实践的考验。

我认为他的方法是最科学的。

又有人说：上面你所讲的可以自成一说，但是里面还包含一个问题。《庄子·秋水》篇中公孙龙说自己"合同异，离坚白"，那么公孙龙不是完全不可以"合同异"。我们说：《秋水》篇中的这段故事用的是通常对辩者的描述语言，其实"合同异"的"合"字对公孙龙是不合适的。

让我们首先把《庄子·天下》篇所说的"辩者"作一点分析。《天下》篇说"天下之辩者"，似乎在提出那些极端违反常识的所谓"诡辩"以前，本来有一批人可以称为"辩者"。"辩者"可能包括游说之士，也可能包括职业性质的律师。律师的任务是在法庭上替原告或被告辩护，谁用他，他就为谁服务。春秋时的邓析就是一个例子。说这些人"操两可之说，设无穷之辞"，也许有所夸大，但在战国的某段时间内，无原则的"善辩"是会引起一定程度的重视的。惠施的学说曾在"天下之辩者"中间掀起一股作为逻辑训练的"诡辩"潮流，专替"马有卵"等一些违反常识的命题辩护。这里面也有一些同惠施一样接触到自然科学问题的，这方面我们暂时不谈。辩者的论题虽违反常识，却经常牵涉到宇宙事物的客观辩证法的一些方面。许多哲学史家把这些论题分为"合同异"和"离坚白"两大类。至于哪些论题"合同异"，哪些论题"离坚白"，有的界线分明，有的很成问题，这里我们不准备讨论。"天下之辩者"卷入了这个潮流的我想也只是一部分。以下用"辩者"两字就专指这一部分言。

《天下》篇没有把惠施算在"辩者"里面，它总是"惠施"和"天下之辩者"并提。《天下》篇又说惠施"卒以善辩为名"，认为可惜，那么惠施和"辩者"总还是有若干共同点的。我们可以总起来把《天下》篇的辩者分为本质不同的三类：

（1）一般的辩者，以二十二事为代表。一般辩者的主要目的是取胜，所以"合同异"和"离坚白"两类论题都可用，只是违反常识就行。这类以取胜为目的的辩者是辩者的绝大多数。（这里面也有接触到自然科学的，这些至少在近代一般不能叫"诡辩"了。上面说过，我们撇开这些不谈。）有人认为一般的辩者可以分为"合同异"和"离坚白"两派，分别以惠施、公孙龙为首领。这个看法不符合历史事实，因为《天下》篇把两类论题（二十二事）杂堆在一起，并没有分列。

（2）惠施。惠施是古代的自然科学理论家，不是单纯的辩士。《天下》篇说他"遍为万物说"，这是自然科学性质的。哲学性质的"历物十事"，其第一、第五、第十不采取诡辩形式，因为此三事并非和常识对立的怪论，只是作为一种哲学理论提出的。其余七事都和常识违反，其中也有自然科学方面的。这七事总的说来，都可以看作用浪漫主义语言表达的自然辩证法命题，不一定非解释为"诡辩"不可。这些天才论题都是属"合同异"型的，对《墨经》的"同异交得"思想有影响。到了《庄子·齐物论》，把"合同异"原理夸大为相对主义，这才成了诡辩。

惠施辩论的目的是宣传真理，不单纯是求胜，所谓"以反人为实，而欲以胜人为名，是以与众不适也"。"合同异"是他的主要特点。既然合同异，那就进一步可以把"合同异"和"离坚白"两个对立面合一合。惠施似乎确是这样做的。

在《秋水》篇的"濠梁之辩"中，惠施提出了一个以"离"为特点的论题。（一般属"离坚白"类的，其所"离"不一定是坚、白等抽象的东西。）但这回他并非严肃，只是试探一下庄子。庄子严正地把他驳回去了，惠施没有话说，明知是"前言戏之耳。"称这场辩论为"濠梁之契"，是正确的。"离"是假的，惠施的真意是"合"，这回倒是和庄子一致。

那么有什么证据可以说明他是把"合"和"离"两个对立面结合了呢？惠施晚年对桓团、公孙龙的离坚白学说发生了很大的兴趣。《天下》篇在提到桓团、公孙龙这两个"辩者之徒"后，紧接着说，"惠施日以其知与之辩。"这里"之"字通行本讹为"人之"二字，只有日本高山寺本单作"之"。单作"之"是对的。惠施日以其知与桓团、公孙龙辩，《天下》篇的作者认为太不值得，他认为桓团、公孙龙只是目的在取胜的"辩者之徒"，是惠施过分地重视了他们。但《徐无鬼》篇中庄子对惠施说："儒、墨、杨、秉四，与夫子为五"，注释家都说"秉"是公孙龙，又说公孙龙字"子秉"，其实"秉"字恐怕是"龙"字之讹，公孙龙是晚辈，所以直斥其名。（《刘子·九流》篇公孙捷的"捷"字也是"龙"字之讹，"捷"和"秉"显然在字形上相似。）《徐无鬼》篇中的庄子居然把公孙龙和杨、墨、惠施并提，十分抬高了这位后进者。这时公孙龙已相当成熟，惠施已到晚年。《德充符》篇说惠施"倚树而吟，据槁梧而瞑。天选子之形，子以'坚白'鸣。"那么惠施鸣的"坚白"是"盈坚白"还是"离坚白"？谭戒甫认为惠施是盈派，和《墨经》一样。但"盈"只是常识观点，不需要惠施那么出神地去"吟"。我看惠施也得离一离"坚白"，或者是亦盈亦离，表现了惠施的本色。

如果有人一定要把《指物论》说成是先秦的产品，我看与其把它看成公孙龙的著作，不如把它看成惠施和公孙龙辩论的记录更为合理些。

（3）桓团、公孙龙。凡是目的不是单纯为了取胜，而是要把"合同异"或"离坚白"的客观辩证法方面比较自觉地提到哲学高度来处理的思想家，一般总要在这两个方向中，选择一个作为自己的主要方向。惠施和公孙龙正是这样。

但惠施严格说并不搞诡辩。（章炳麟《国故论衡·明见》篇说："观惠施十事，盖异于辩者矣。"可见章炳麟也不承认惠施是诡辩家。）在古代中国可以称得起诡辩学派的人，只有像公孙龙那样专选择"离坚白"方向的辩者。桓团的思想不详，可以认为和公孙龙同类。至于"合同异"的诡辩家，如《庄子·齐物论》的作者，只是一般的相对主义者，并且喜用直观，不用论证，在古代并没有形成特殊的诡辩学派。

古代中国的诡辩学派，以公孙龙为代表，一方面尽力发展"离坚白"类的诡辩，一方面加以哲学性的总结。

《迹府》把公孙龙说成和尹文一样，是主张"正刑名"的。这是捧公孙龙的晋代人拉上的关系。《天下》篇完全没有把公孙龙和尹文或《天道》篇的"形名"联系起来。我看和尹文有联系的，是另外一个公孙龙，尹文的老师。（姑且假定先秦有两个公孙龙，尹文的老师又上攀孔子为老师，这可能性比较大一些。）从今天看来，用"正名"观点解释辩者公孙龙，不免迂儒之见。其结果只能是"名实愈不可正"。

诡辩学派的特点是"离"。既然从"离"出发，就会把"合同异"和"离坚白"两个对立面完全隔离起来。因此公孙龙只讲"离坚白"，而排斥"合同异"。

有什么证据可以说明公孙龙是排斥"合同异"的呢？汉代初期的《淮南子》对公孙龙是既褒又贬，和较后的汉代人完全持贬的态度不同，因此值得重视。我们单引《齐俗训》：

公孙龙析辩抗辞，别同异，离坚白，而不可与众同道也。
这里"不可与众同道"不完全是贬辞。《齐俗训》的作者竟把公孙龙和苌弘、师旷并提，又和鲁般、墨翟造木鸢相比，这是公孙龙莫大的光荣。他又觉得"合同异、离坚白"这一公式对公孙龙不完全合适，因此把"合"字改成"别"字。一字之差，真有千钧的力量。由此我们知道公孙龙是不讲"合同异"的。

综本节上文所说，我们得到两条结论：

（1）现行的、六篇齐全的《公孙龙子》是从唐高宗时的王师政以后才流行于世的。

（2）唐太宗时成玄英作《庄子疏》，只提到公孙龙的《守白论》和《白马论》。《白马论》已在上节讨论了，《守白论》就是《隋书经籍志》著录的《守白论》一卷，这是晋代人所编的资料。"守白"是"坚白"之讹。这一卷还可能包括《坚白论》以外的材料，但《指物论》不在其中。在解释《庄子》的许多篇时都说到公孙龙的成玄英，在解释《齐物论》的"指非指"时，竟完全不提公孙龙的《指物论》，这表明他所见到的《守白论》一卷中并无《指物论》。《指物论》是晋人所作，作者很可能是西晋末的爰俞，他从公孙龙的思想出发，走到了公孙龙的反面。把《指物论》编入公孙龙的著作，这是王师政的一大"发明"。六篇本流行后，这个"发明"普遍被接受，竟没有人专对《指物论》提出怀疑了。

三

本节专讨论《守白论》一卷。上节说，《隋志》著录的《守白论》一卷就是成玄英所说的"公孙龙著《守白论》现行于世"，"守白"是"坚白"之讹，这一卷包括现行的《坚白论》，这三点可以认为毫无疑问。我们又认为这一卷不包括《白马论》，其中也无《指物论》，理由已见上节。对这一卷《守白论》的来源还需要进行更深入的讨论。

我们认为《守白论》一卷，除《迹府》以外，包括《通变论》、《坚白论》、《名实论》三篇。因为《坚白论》是其中最主要的一篇，所以总称为《坚白论》，讹为《守白论》。现行《公孙龙子》五篇论中，这三篇本来有一个共同点，可以构成一组。这共同点是：三篇都包括大量的《墨经》词句，但多数和《墨经》的原意不符。可见是熟读《墨经》的人编的，估计编书是在鲁胜作《墨辩注》以后。

继先秦的逻辑思想高潮后，晋代出现了第二次逻辑思想高潮。鲁胜的《墨辩注》是一个突出的标志。这次高潮没有先秦那样波澜壮阔，但某些方面显得深化了。晋代人重视"正名实"，章炳麟认为晋律是中国历代法律中最好的法律。

晋代人最喜欢把旧材料编纂成书，并且编书的水平很高。现行的《例子》和《古文尚书》都是晋代人根据大量材料编成的。陈梦家在《尚书通论》中证明：现行的《古文尚书》是东晋人孔安国（不是汉代的孔安国）承诏"推造"的。

晋人编书的方法，是把残缺的资料想方设法连串起来。连串的时候，容许利用各种可能的材料，使原先那些残缺的资料成为可以理解的东西。这里面往往发挥高度的创造性，但我们似乎不能说这是有意作伪。

《守白论》一卷是根据少量的、破烂不堪的、公孙龙原著的残句，用大量的连串工作编成的。根据这些破烂资料，善于编串的学者就能大致恢复一些原来学说的样子。这就如同根据一小块化石片段，生物学家就能恢复某种远古动物的整体结构一样。

从东汉到西晋，朝代的改换不是通过战争，而是通过比较和平的手段。首都图书馆有好些资料没有遭到破坏，但无人过问，一天一天烂下去。鲁胜并没有看到这些破烂不堪的资料，所以他说名家篇籍除了《墨辩》都亡绝了。可能这些资料大家都不知道，到了后来才发现。发现以后政府可能就请学者们来整理。也可能这些资料一直在私人手中，因为不完整，没有公开。编书就是为了保存这些资料所采取的措施。

有什么证据表明《守白论》一卷是根据一些破烂不堪的残存资料所编串成的，而不是根据一些散见于当时流行的各种典籍的资料所编成的？我们说：现行《坚白论》中有"藏三可乎?"一句，这是把破烂资料中的"臧三耳"误读为"藏三可"。公孙龙不用一般辩者的"鸡三足"诡辩，而代之以"臧三耳"，这见于《吕氏春秋·淫辞》篇（又见于《孔丛子》）。编书者在破烂资料中发现了这三字（字体当然和流行字体不同），但他不相信这三字应当读成"臧三耳"，他可能认为《吕氏春秋》根据这三字才造了公孙龙一个大谣言，因此他对这三字有自己的读法。

另一个证据是：现行《坚白论》对盈、离两派的界限划得非常明确，不像鲁胜那样模糊。（《墨经》在形式上也是主客不分明，容易令人混淆。）如果不是有一些一般看不到的资料，晋代人不见得能编出两派对辩的《坚白论》。但只要破烂资料中有两三个关键字，聪明的编书者就能体会出两派对垒的形势。

如果根据散见各书的资料来编，那么《列子》的七事应当全被利用，还有一般算在公孙龙账上的辩者二十二事也应当全被利用。但除了"鸡三足"和"目不见"等一两条，其他都没有用上。（破烂资料里面也不一定全是公孙龙一人的东西。）可见编书者确是根据一些破烂资料来编，他要连串的就是这些资料，所以不愿加入和这些资料并非紧密关联的其他材料。这也表明，编串这些资料的学者并无作伪的意图。

那么有什么证据表明编书者所根据的只是少量破烂的资料而不是一些比较完整的资料呢？除了上面所举的完全不和其他字连贯的"臧三耳"三字，以及鲁胜所说名家篇籍都已亡绝的话，我们可以举出大量的证据，表明所根据的资料确实破烂不堪，经过了加工又加工才成了现行三篇的样子。因为这个问题比较专门，我们只举几个例子来说明。

《坚白论》："无坚得白，其举也二。"《墨经》的"无久与宇坚白"一条，《说》文是："无。坚得白必相盈也。""无"是牒《经》字，不和下文连。《坚白论》把"无"连下文读，就成了"无坚得白"。如果现行《坚白论》此句是公孙龙原著所有，那么或者是《墨经》抄了公孙龙，或者是公孙龙抄了《墨经》。但在《墨经》"无"只是牒字，所以不可能从公孙龙抄来；相反，是公孙龙抄了《墨经》，并且抄错了。《坚白论》下文接着说："视不得其所坚而得其所白者，无坚也。"因为"无坚"两字费解，所以加上这句注解。这也表明是公孙龙从《墨经》抄来了"无坚得白"这个不太通的句子。

但是这里面问题很多。第一，公孙龙的时代去《墨经》的时代不会太远。公孙龙既要引《墨经》，总不至于不知道《经说》牒字的通例，因而引错了。第二，先秦的诡辩家和墨家各有各的传统，不相承袭，也无所假借，交锋也只是对话，著书辩论也只要用说话的形式，用不着引书。引书并且引错的做法，只显得公孙龙低能，实在没有必要。因此，宁可说是晋代的学者不知道《经说》的这一条通例，所以编书时错引了《墨经》，这是合情理的。

第二个例子。《坚白论》："'坚白石三可乎？'曰：不可。曰：'二可乎？'曰：可。"这里"三"、"二"等数字，用法应当和"黄马骊牛三"相同，才合辩者的传统。"黄马骊牛三"是一个简单的诡辩。常识的观点是"黄马骊牛二"。但"骊"是杂色。现在假定这骊牛是黄黑色的牛。那么这牛按一部分毛色是黄牛，按另一部分毛色是黑牛。黄马、黄牛、黑牛，一共是三个。可见"三"是"三个"的意思。按这个用数字的传统，对于"坚白"问题的常识观点应当是"坚白石一"，不应当说"坚白石三"。《坚白论》把常识观点说成"坚白石三"，意思是坚、白、石三者可以合为一个名词，或这三个因素可以结合在一个体里面，这就大转其弯，是不理解先秦语言的朴直性的人所写的可以说是"赝古"的矫揉造作的句子。"坚白石二"代表辩者的观点，本无疑义。但辩者说"坚白石不是一而是二"，《坚白论》说"坚白石不是三而是二"，这两个"是二"的意思并不相同。辩者的意思是：坚石、白石，一共是两个，一个是视觉的对象，一个是触觉的对象。《坚白论》的意思则是：坚石是两个因素结合，白石也是两个因素结合，不论视觉的对象或触觉的对象，总都是"二"。这真是不必要的转弯。我们可以设想破烂资料中有"坚白石二"四字，晋人把它发挥成了《坚白论》首段，大意固然捉住了辩者的一些想法，但细节是错了。

第三个例子。《坚白论》："若白者必白，则不白物而白焉。""若白者必白"五字也见于《墨经》，但辞义显然和这里完全不同。这无非说明，晋代的学者熟读《墨经》已经到了这样的程度，他们和文人熟读古书一样，可以脱口成章，不拘限于辞义了。从"坚未与石为坚"到"故离也"约七八十字，把公孙龙关于"离坚白"的哲学性的总结完全说了出来，但这里面有晋代人的文字。

别的例子不举了。所有例子无非表明，现行《公孙龙子》的后三篇决不是先秦的原来样子，而是大大加了工的产物。

此外，《坚白论》的"固是"和"非彼无石，非石无所取……"都是套《齐物论》来的。这些就不说了。

这三篇是集体编串的。估计至少有三个人，每人负责编串一篇。负责编串《坚白论》的人水平特高，他天才地、创造性地完成了一篇奇文。这位天才可能并非别人，乃是爰俞。这样，问题更简单了，爰俞用不着在别人处看到这篇《坚白论》（如上节所说），他自己就是编串《坚白论》的主人。

　　《坚白论》后半给了公孙龙一个道家的洗礼，公孙龙也确实成了道家了。这个发展和改造在《列子》所讲的关于公孙龙的故事中（和《秋水》篇作一对照）也已经完成了。道家对公孙龙的态度，竟来了一百八十度的转变。这个"翻案"，非通过改造公孙龙本人不能做到。

　　现在交代一下《通变论》。《通变论》问题最清楚，它的两部分界限分明，一真一伪。第一部分是一个完整的诡辩，论题是"二无一"。这个诡辩在形式方面很严格，是诡辩学派的模范作品，也正是扬雄的门徒认为"可以为法"的、规矩和博弈一样严格的东西。从这里我们看到了公孙龙的手法，总是"引导人犯错误"。（阮裕在《白马论》中，用的是同样的手法。）"二无一"的诡辩保存得特好，并不"破烂"。只因中间有一处次序错乱，"二既无左又无右，二者左与右奈何？"这个待答的疑问句误移在最后，编书者认为不完整，于是替它补上了从"羊合牛非马"开始一直到篇末的第二部分。三个编书者中间，这一位编串《通变论》的学者水平最低。论题本来是"二无一"，他却举了四个"二非一"的例子来凑数，弄得文不对题。公孙龙决不会如此糊涂，因为"二非一"并不需要论证，也不能构成诡辩论题。下面就胡来了，整整一大段完全没有逻辑脑子，滥用了一些术语，诡辩也搞不成诡辩的样子。这应当就是梁刘峻《广绝交论》所说的"逞黄马之剧谈，纵碧鸡之雄辩。"我们真不知道"雄"在哪里。（汉冯衍所说"碧鸡之辩"，当是指现在已佚的公孙龙原著，这完全是另一回事。）自己没有中心思想，扯这个扯那个，最后还是假借了儒家的"恶紫之夺朱"一类的思想，总算来了一个响亮的收尾。因为第一部分有"变"字，编书者就题名为《通变论》。

　　《名实论》是一篇说明宗旨、用来压阵的文章。通篇不用诡辩形式。但是从先秦一直到汉所有材料都只说公孙龙"善辩"，没有人提公孙龙"正名"。相反，早期的《淮南子》说他"贸名"，也就是"乱名"。看来公孙龙并不用"正名"作为他的旗帜。（刘歆把《公孙龙子》列入名家，又说名家"正名实"。但刘向既然认为公孙龙"非先王之法也"，刘歆也不会认为公孙龙真能正名实。）到了魏晋时，不说公孙龙"正名"，就不能替他翻案了。这篇以"正名"为旗帜和全书宗旨的文章，根本不可能是公孙龙的著作，否则在东汉以前必有人大骂公孙龙"以正名为名，而以乱名为实"。但这样的论点完全不见于记载，连一点影子都没有。《名实论》开头从朴素唯物论出发，所讲是"形名家"的基本原理，和公孙龙的二元论世界观在形式和内容上都不相称。后面才提出作为公孙龙方法论特点并且足以与《墨经》对抗的"唯谓论"。但又处处用《墨经》的词句来发挥公孙龙的这个方法论，对两派的界限不甚明确。总之到了晋时，公孙龙得到了改造，改造过后的公孙龙一方面有道家色彩，一方面又举起"正名"的旗帜，好像公孙龙的学说真是发挥了《庄子·天道》篇提到的"形名"思想似的。这种魏晋人的看法，和有历史观点的《庄子·天下》篇相比，是大大倒退了。

　　说公平话，这几位编书的学者为自己的形式逻辑水平有限，面对着把一些破烂不堪的资料连串起来的任务，也只能尽自己的能力，质量不好也无可奈何了。但这个艰巨的任务总算完成了，并且给了我们一个公孙龙的形象，虽然有些歪曲、美化或丑化，总大致还有点公孙龙的样子，这就不简单了。可惜经晋人改造过后的公孙龙，除了《通变论》首段和《白马论》以外，已经不再有博弈规矩的严格性，不复能作辩论形式的模范了。

（《沈有鼎文集》，人民出版社，1992年。）

哲　　学

周易序卦骨构大意

易六十四卦，有主卦，有散卦。凡内外卦同序为主卦，内外卦异序为散卦。老与老，长与长，中与中，少与少，曰同序。又卦有类合有应合。内外卦同类曰类合，异类曰应合。同类，谓阳卦与阳卦，阴卦与阴卦。类合之主卦，即八卦自重，若是者无相应之爻，乾坤习坎离震艮巽兑是也。应合之主卦，即卦之六爻皆应者，其为数亦八，泰否即未济成恒损益是也。凡主卦之数十有六，立序卦之骨构，其余四十八卦皆散卦。主卦总为六组：乾坤一也，泰否二也，坎离三也，即未济四也，震艮巽兑五也，咸恒损益六也。上篇始之以乾坤，中之以乾坤之交泰否，而终之以坎离；下篇终之以坎离之交即未济，而中之以震艮巽兑，始之以震艮巽兑之交咸恒损益。一顺一逆，皆类合应合相间。上篇以类合卦始，应合卦次之，仍以类合卦终。下篇以应合卦始，类合卦次之，仍以应合卦终。乾坤与乾坤之交居上篇，先之以乾坤，而次之以乾坤之交泰否，正也。震艮巽兑与震艮巽兑之交居下篇，先之以震艮巽兑之交咸恒损益，而次之以震艮巽兑，交也。此十二卦，所以统散卦而立其体也。坎离与坎离之交即未济，则以终上下篇而藏其用、焉。又乾坤纯中之至纯，比应之爻皆同质，故为六十四卦之始；即未济交中之至交，比应之交皆异质，故为六十四卦之终。乾阳坤阴，故先乾后坤；坎阳离阴，故前坎后离；震艮阳巽兑阴，故先震艮后巽兑。咸恒互乾，损益互坤，又咸恒有坎象，损益有离象，故先咸恒后损益。凡应合之卦，内阳外阴为得交，内阴外阳为失交；泰否二卦，一则内纯阳而外纯阴，一则内纯阴而外纯阳，是为得交失交之极则，故先泰后否，先得交后失交也。凡阳爻居阳位，阴爻居阴位为得位，阳爻居阴位，阴爻居阳位为失位；即未济二卦，一则六爻皆得位，一则六爻皆失位，是为得位失位之极则，故先即济后未济，先得位后失位也。又类合之卦，长先而少后，故先震后艮，先巽后兑，从其序次之体也；应合之卦，少先而长后，故先咸后恒，先损后益，从其发展之用也。上篇散卦之次乾坤者八卦，屯蒙需讼师比小畜履是也。下篇散卦之次震艮巽兑者亦八卦：中次震艮者半，渐归妹丰旅是也；次巽兑者半，涣节中孚小过是也。上篇散卦之次泰否者十有六卦，同人大有谦豫随蛊临观噬嗑贲剥复无妄大畜颐大过是也。下篇散卦之次咸恒损益者亦十有六卦：中次咸恒者半，遯大壮晋明夷家人睽蹇解是也；次损益者半，夬姤萃升困井革鼎是也。是为序卦之骨构。予初创此说，以为前人所未发，近读崔东璧遗书易卦次图说，乃与予说不谋而合；由是知客观真理，非一人之言，故详著其说，读者幸无忽之。

至散卦之排列，崔氏未详其故。以其较主卦为复杂，骤观之极散乱，实则处处有法象存乎其间。大致上篇之排列象天而圆，下篇之排列法地而方。上下篇各有抱插嵌三势。又有回互交错顺布三序：回互之序用于上篇，顺布之序用于下篇。而交错之序通上下篇。要之，逆顺错综，处处对称，一往一复，妙趣无穷，断非出于偶然可知。兹限于篇幅，不详述。

（《北京晨报》"思辨"专刊第 36 期，
1936 年 5 月 6 日第 11 版。）

周易卦序分析

　　《周易》义例首干而主长男，首干体也，主长男用也，故能以阳驭阴，以刚制柔。其序卦也，用建构原则（Principle of Architectonic）而不用平等原则（Principle of Continuity）是以意味深长。后世儒者多不能晓，盖其卦有主从之别，有同德合德之分，主卦十有六，立其骨构，从卦四十有八，皆以八相随。其排列则上篇象天而圆，下篇法地而方。有三序：回互之序，用于上篇；交错之序，用于上下篇；顺布之序，用于下篇；井然森然杂而不乱，学者所宜用心焉。

（《哲学评论》第 7 卷第 1 期，1936 年 9 月。）

中国哲学今后的开展

引论 哲学的非历史性与历史性

哲学的真理是超历史的。

哲学的基本了悟是不可增益的，非发展的。了悟的程度有浅深，有究竟，有不究竟，但了悟的内容是最后的，非发展的。

一般真理的认识——包括一大部分哲学的知识——却是渐进的，历史的，发展的。

哲学的内容观点是多方面的，也有浅深程度不同的诸阶段。

就人生哲学说，到真理的路途是随着各个人各社会的性格，生活，环境，历史而有无量的差异的，但殊途而同归。

本论第一节 中国民族性与哲学

一般对于中国民族性与哲学的关系，有两个相反的见解。一方面有人说：中国人既看重现实，不喜欢冥想，也没有为真理而求真理的精神，所以在哲学上的成就也就很小，远逊于印度与西洋。一方面有好些西洋学者对中国文化非常钦慕，就是因为中国有它那种透辟的，深厚精微的哲学。印度佛家向来也有"东土多大乘根器"的传说。这样看来，中国人的哲学天才似乎比印度人还高，简直为全世界之冠了。

分析中国民族性与哲学的关系，可以归结到两个基本点：（一）中国人往往是悟性很强的，他那种直觉的本领，当下契悟的机性，远过于西洋人与印度人。这不但从中国古代大哲学家的著作与禅宗的语录里可以看出来，就在日常生活中也有时可以感觉到。（二）一般的中国人在性格上习惯上大都看重现实生活，对于现实生活以外的问题是一概不理会的；因此既不尚冥想，也没有超现实的理念境界。

因为悟性强，所以中国人对于事物持一种不分析的态度。他那与天地万物为一体的精神，使他看轻一切割裂的、分析的思想活动。实际上过度的分析活动也是有碍于悟性的明澈的。

因为看重现实生活，所以中国人有他那种特殊的心平气和的客观态度。中国人崇尚理性，蔑视强权，差不多个个人都有不同和平的人类生活理想在脑中。

中国人因为看重现实生活的缘故，所以讲究中庸，讲究调和，不走极端。在学术方面，便是尽量吸收各种不同的思想，冶为一炉。

因为取的是不分析态度，又因为爱好调和，同时却没有一种积极的综合的方术。所以一大部分的中国人，陷入思想笼统的浅薄，不喜欢抽象的，彻底清晰的思想活动。一方面也因为不分析的缘故，没有组织思想的能力。有些人就是有了很清楚的见解，也不肯系统地，由浅入深地把它写出来，使人人可以得益。

照这样看，构成中国民族性的各成分——有先天的，有一半先天，一半由于习惯的——其中一部分呈现着极度的哲学才能，一部分又暴露了中国人对于哲学问题不理会，对于哲学系统不努力种种弱点。

这几个弱点虽然与中国人先天的性格有关系，却不是完全为性格所决定了的。就拿不分析态度来说，中国人不是不能分析，乃是不愿意分析；因为听了几个绝顶天才的话，觉得分析没有多大价值，所以不屑去作分析的工作。现在中国人受了西洋文化的影响，已经改变了态度，而且正在那里尽最作分析工作，一点也不输于西洋人。就说中国人的数学天才，也要胜过英美人好几倍。从这条路走，中国人会渐渐改去了思想笼统不彻底，缺乏抽象概念等等的弱点的。慢慢地中国人会有一天觉悟，现实生活以外的问题，与超现实的理想，处处都与现实生活的幸福有重大的不可分离的关系，不过眼光短浅的人看不出来罢了。至于思想的组织能力，也是随着逻辑的精神而增长的，这在以后还要说到。

一方面中国人也自然会保持着他那种明澈的悟性，理性的尊崇，客观的态度，调和的综合的精神，因为这些都是对于哲学，对于文化的发展有莫大的益处的。

总结一句，中国民族从先天的性格，已往的成就，将来的可能三方面看来，不愧是一个"哲学的民族"。

本论第二节　过去中国文化的两大分期与哲学的血脉

中国虽然在以往的历史没有多少系统的哲学思想，但中国文化在过去的光荣里，处处充满了哲学的精神。

过去中国的文化，可以分作两大时期。尧舜三代秦汉的文化，是刚动的，思想的，社会性的，政治的，道德的，唯心的文化。魏晋六朝隋唐以至宋元明清的文化，是静观的，玄悟的，唯物的，非社会性的，艺术的，出世的文化。

这两期文化的发展与转变，由下表可以得到一个粗疏的大概：

第一期文化开始	第一期文化全盛	第一期文化消灭	外拓的文明过渡期开始	
★	★		★	
唐虞夏商周结束	———————————————————————秦汉			
过渡期亦衰落期	第二期文化	复古文化	衰落	回光
第二期文化孕育	全盛	运动		反照
	★	★	★	
魏晋六朝隋	唐五代	宋元	明清	结束

　　第一期文化，是以儒家的穷理尽性的哲学为主脉的。它是充满着慎思明辨的逻辑精神的。这一期的思想是刚动的，创造的，健康的，开拓的，理想的，积极的，政治道德的，入世的。

　　周代是第一期文化全盛的时候。这期文化最高的表现，就是周代的礼乐。周代的礼乐是建筑的，数理的，反映着封建意识的，象征的，宇宙的，充满着伟大的理想的。

　　能深深地抓住这一种伟大的精神而加以理论化的，是孔子。

　　在儒家的正统思想以外，道家的返朴思想与玄悟的精神也在周代找到伟大的代表者：老子与庄子。

　　秦灭六国的时候，施行全盘的大屠杀，中国民族顿然回到野蛮的，黑暗的状态。这是中国文化的第一次浩劫。

　　汉代承继着秦的政治改革，与周代残余的文化糟粕，一边参用黄老的权术，一边提倡忠义质直的气节，发展为一种外拓的文明。自然主义在这时候渐渐兴起，这是过渡到第二期文化的一种表示。

　　魏晋六朝，是政治的衰落期。佛老思想兴盛，艺术发展到了最后的阶段——柔媚细腻的阶段。这时第二期文化已经孕育了。

第二期文化，是以道家的归真返朴的玄学为主脉的。中国人两千年来精神生活的托命处，也就在静观默契的玄悟。这一期的文化思想，是唯物的，非理想的，恬退的。中国人在这一期内所诵的格言，就是"大事化为小事，小事化为无事"，不是"富有之谓大业，日新之谓盛德"了。

艺术的发展，在这一期内竟达到了一种特殊的，不可超越的神韵境界。

我们叙述第二期文化，是以禅宗的造诣为极峰的。在这里可以看出当时一部分的中国人那种不可企及的明澈的悟性，真是单刀直入，透辟，究竟，不糊涂，不笼统，有体有用；中国人的精神与绝对真理契合，到了绝顶的光明境界，自古所未有的。后来虽然有很多笼统糊涂的人模仿他们的皮相，毕竟这里有个天壤之别，是不可同日而语的。

唐代是第二期文化全盛的时候。唐代的艺术一反六朝的萎靡，以诗人的天才为最高原则，发展到空前绝后的阶段。唐代的艺术不只像六朝的艺术那样要求"典雅"，它要求的是"神奇"，是浪漫。光烁千古的盛唐诗人，是中国文化的永久的夸耀。

就表面上看，第二期文化在政治道德礼俗各方面，挂着的是儒家的牌子。其实在这一时期的中国人，已经不能够了解古代儒家那种伟大的积极的创造的精神了，只是在利用着儒家的糟粕来收一点维系人心的功效罢了。不但礼乐不兴，中国没有像古代儒家所要求的那种社会性的文化，就是在道德一方面，也变成消极的，女性的，私人感情的关系了。中国人的最高理想，确是元代山水画中所表现的一种离言说的悟悦境界——老庄的境界，不是孔孟的道德。

宋学的兴起，是对外来的佛教反动，是复古的中国本位文化运动。宋学的贡献，在重新积极地提出中国的圣人为人格的最高理想，在重新提出穷理尽性的唯心哲学，继续孟子与中庸易传作者的未竟之业。宋学的失败，在缺乏慎思明辨的逻辑，在不能摆脱几百年来的唯物思想与虚无思想，不能达到古代儒家那一种创造的，能制礼作乐的多方面充实的直觉。没有那开展的建设的能力，而只作到了虚静一味的保守，以迷糊空洞的观念为满足。宋儒轻视艺术，对文化也有一种消极的影响。结果只是教人保守着一个空洞的不创造的"良心"，在中国人的生活上加起重重的束缚，间接地招致了中国文化的衰落。

到了明代，中国人的不健康的精神，道德的腐败，完全暴露无遗，中国文化已到了衰落的时期，每况愈下，不可收拾了。

清代的皇帝提倡宋学，躬行儒家的政治，使中国文化有一度最后的"回光返照"，一个总算账，一个结束。经学到了清代，走上了科学的道路，同时哲学思想差不多完全消灭。清代文化，是一个没有哲学的文化。清代的艺术，是模仿的功夫到了家的，讲究得不能再讲究了的，学者的艺术。第二期文化到这时候也不能再不结束了。

清代后期的艺术，已经到了柔弱粗俗的阶段，再没有东西了。生活方面政府既腐败，人民也是腐败。这时候中国真可以说是一个没有文化的国家了。于是加上外交的失败，西洋科学文明的模仿，非人文的新式学校的设立，革命军的兴起，五四运动的爆发，新文学的尝试，线装书的入茅厕，学风的浅薄浮夸，文化的破产，政治的混乱，经济的贫困，左派的猖獗，同时没有一个有力量的守旧学者能作中流砥柱，你想一个没有哲学没有思想的文化，在这种环境之下，哪能不倒呢？可是旧文化是倒了，同时并没有一个新文化能出来代替它，于是到处表现着的是浅薄，是模仿，抄袭，猖狂，茫然无措。这是中国文化的第二次浩劫。

本论第三节 历史的节律性与中国哲学今后的开展

古语说："祸兮福之所倚。"在这个大酝酿的时期以内，中国人在物质与思想各方面，虽然没有能赶上西洋，已经有了显著的进步。这一个大混乱，大酝酿的时期，很显明地是一个过渡，它极度地呈现了过渡时代的浅薄。这个浅薄的时代，真乃是一个伟大的时代，因为它是过渡到未来的第三期的中国文化，那将发稀有的光彩的。这是进向大时代的酝酿，有预感的人，都可以预感到。

不幸的中国人在这时期以内，受了浅薄的唯用主义的影响，轻视哲学，以为哲学问题都可以不了了之；他决不想一想中国民族的堕落，完全是精神的堕落，并不是经济的失败。政界的人大都认为理论是没有多大用处的，中国目前所需要的，是踏实的工作；理论不但无益，反而有害，因为它是足以引起意见的分歧，招致政党的分裂。至于哲学理论，更是无用中之无用，中国目前所需要的，是物质生活的改善，什么哲学，什么精神文明，中国人已讲了几千年，还怕将来不如西洋么？这个在目前是完全用不着的。不过也有人渐渐觉到思想的力量是不容忽视的，因此提出"中国现在需要什么哲学"的问题，好像哲学只是一个奴隶，可以给人卖出买进的。这真是唯用主义，现在主义的口吻，充分地暴露了中国人的没有思想，没有哲学。

无论如何，我们现在已经可以知道：哲学在中国将有空前的复兴，中国民族将从哲学的根基找到一个中心思想，足以扶植中国民族的更生。这是必然的现象。

因为历史是有它的波动的节律的。我们说中国第二期文化已经结束，就等于说中国第三期文化将要产生。而且我们知道：第三期文化一定重新回到第一期的精神，那社会的，健康的，积极创造的精神。思想的活动，是第三期文化的特征。贯穿着这一期文化的，是慎思明辨的态度，逻辑的精神，综合的能力，理想的建立与实现。

何以知道是如此？因为这些刚才所说的特征，已经在中国露出了很微细的萌芽，这是到处可以看见，可以感到的，不过离着自觉的程度还很远就是。

何以知道必然要如此？因为中国文化——同其他文化一样——有它特殊的波动方式，一往一复的节律。上面所说的儒道两种精神，乃是相成而又相反，是一起一伏而互为消长的。每一个起伏的大波，在中国文化史里是要占几百年几千年的时间的。可是在每一次新的文化产生增长的时候，就是整个中国文化在进化的历程上跨了一大步。因为每一次新的文化产生，是对旧的文化的反动，是革命，同时是回到前一期的文化精神，是复古。只有革命是真正的复古，也只有复古是真正的革命。每一次新的文化产生，是综合着正反两方面的精神，而达到一个新的，自古未有的形式的。因此是前进，不是退后，是创新，不是因袭，是成熟，不是返旧；也只有创新才是真正的复古。

将来中国是否还有第四期的文化呢？大概是有的。第四期的文化必然又回到第二期的精神。这或许在将来大同社会实现以后才会产生。不过这是在较远的将来，现在可以不必说他。

第三期文化的产生，是要以儒家哲学的自觉为动因的。

第三期动的文化，是处处与第二期静的文化相对应，而与第一期动的文化暗中符合的。

科学与哲学，一定要由刚动的精神才能产生。由静的态度只能产生默悟的玄学，不能产生思辨的哲学。

新的文化要从新的哲学流出。

第三期文化是富有组织能力的。不论社会的组织，思想的组织，都是以刚动的逻辑精神为条件的。

因此中国今后的哲学是系统性的，不再是散漫的。它是要把第一期哲学的潜在的系统性，变为显在的。这一个系统，就是穷理尽性的唯心论大系统。

积极的政治，积极的自由的道德，也在第三期文化里才有可能。在这一期内，中国人将以精神主宰一切，不像在第二期的中国人完全生活在物质里头，为物质所克服了的——除了少数的艺术家与宗教家。

第三期文化的政治与经济，是民族自觉的，民族文化的，工商业的，社会主义的，民本民主的，自由的。

此外，在第三期内艺术的发展必然改变了方向：诗性的，神理的艺术或将转变为理念性的，戏剧性的，深刻性的，社会性的艺术。音乐将复兴。积极的宗教，亦将兴起而有它的地位。

说起来奇怪，我觉得在第三期文化成熟以前，在儒家哲学自觉之先，还应当有一度老庄哲学的复兴。儒家哲学的自觉，是要以老庄思想的复兴为条件的。因为道家哲学之于儒家哲学，等于老子之于孔子，告子之于孟子，佛老之于宋儒，卢梭之于康德，谢林之于黑格尔，没有前者的启发，后者是不可能的。试看没有受过佛老影响的儒者，都是比较平凡庸俗，没有哲学思想的。老庄的思想具有一种解放的力量：若是不先有老庄思想的复兴，就来提倡儒家哲学，那就不免于顽固守旧，足以阻止中国民族的前进，使它不能从旧礼教的枷锁解放出来，这就譬如提倡读经而没有能阐扬经义精华的人，结果只是自害害人，只是阻碍中国文化的发展。至如佛家的思想，因为出世的气味很重，不能影响到多数人；它也没有老庄那种艺术意味，因此缺乏滋长生命的功用，并不能应付中国人的需要。中国人现在所需要的就是生命。老庄的哲学，可以给中国人生命。向来在大乱之后，老庄的思想总是有复兴的趋势的。

这复兴的老庄思想，与第二期文化内的老庄思想是不同其面目的。复兴的老庄，是经过解释后的老庄，是积极化了的老庄，正如中国将来提倡孔子，已不是封建思想的孔子一样。本来第二期的中国，有所谓儒释道三教。三教之中，道教是最没有思想的。提倡道教的人，离开了老庄的精神生活，专门来弄那一套秘密的养生炼丹之术，总是莫名其妙。倒是山水画里，保存得一点老庄的真精神。至于思想方面，道家的东西已全给佛家吸收去了。到现在，却才是原始的真老庄复兴的机会。中国人现在所要取于老庄的精神的，乃是他那绝对自由的灵魂，他那理性的生活，他那艺术的人生态度，他那自然科学的兴趣。中国人要投在大自然的怀里，要从大自然的生命中发现自己的生命。发现了自己的生命，才说得上理想的建立。

（《哲学评论》第 7 卷第 3 期，1937 年 3 月。）

真理底分野

　　本文内的思想，萌芽是在 1931 年春，当时作了一篇英文的短文，没有发表，文中主要的意思有两点：纯逻辑的概念与命题，在内容上，对于实在，没有任何积极性的肯定，也没有任何积极性的假定；非纯逻辑的概念中，形上学的概念与科学的或历史的概念之区别，在是否"纯理的"。1934 年回国以后，我曾将纯逻辑是什么一个问题特别提出来在清华哲学讨论会上讲了一次，金龙荪先生与冯芝生先生似乎都接受我底见解底一部分，但他们底意见并不完全与我相同，对于我底主要的意思也不能说完全了解。这题目我后来又在北大与燕大底哲学讨论会上讲过两次。现在冯芝生先生与金龙荪先生对这问题的见解，已经各别地在他们所发表的文章内陈说过。本文不过是将我原来的意思重说一遍，但是只能说一个大意，因为本文已把范围扩大了，已经兼讨论到形上学是什么这问题，规模与在国外时所作的短文一样。关于纯逻辑，在本文内因为篇幅底限制并不能畅所欲言，预备以后另作一专篇，来详细讨论。

一

"真理"（Truth），若是指绝对的真理说，是唯一的，不容有二，也就无所谓"分野"。绝对的真理——所谓"如如"，"同一与不同一底同一"（Identität der Identität und Nichtidentität）——唯有在纯净的直觉中始能证会。我们提出"真理底分野"五个字的时候，我们所谓"真理"，乃是指着我们在一个一个的判断中所达到的一条一条的真理。这样的"真理"，又有广狭二义。狭义的真理，是有普遍性与必然性的。（例如万有引力律。）广义的真理，只要是真命题所显示的都是。所以广义的"真理"，也包括特殊的"事实"（Fact）而言。（例如"太阳与地球互相吸引"，"地球上有猫活着"。）"真理底分野"五个字里面"真理"两字，乃是就广义说的。真命题所显示的既然就是真理，那么真理底分野，也就是等于真命题底分野。

语句、判断、命题、真理，这四个东西底关系是这样：语句是判断底表示，判断底内容是命题，命题是语句底意义。判断是个别的，命题是公共的。命题有真有妄；真命题有与之相应的真理（或事实）为它所显示，妄命题没有与之相应的真理（或事实）为它所显示。

命题必须由概念组成。概念是思观（Begriffliches Vorstellen）底内容。思观底表示是名词，概念是名词底意义。思观是个别的，概念是公共的。名词、思观、概念、对象，四个东西与上文所说的四个东西有同样的关系。凡是一个概念可以应用上去的事物，就是以这个概念为意义的名词所代表的事物，也就是思观底对象。一个名词底意义（所谓概念），不但与这个名词所表示的思观不同，并且与这个名词所代表的事物也不同。例如"红性"

这个名词，它所代表的是红性，它所表示的是以红性为对象的思观，而它底意义既不是红性，又不是对红性的思观，而是这样的思观底公共的内容，就是"红性"这个概念。再如"红的"这个名词，它所代表的是红的事物，它所表示的是总以红的事物为对象的思观，而它底意义既不是红的，也不是对红的事物的总的思观，而是这样的思观底公共的内容，就是"红的"这个概念。

"概念"有广狭二义。狭义的概念是可以成为思观底直接内容的，这内容里面没有任何斥指个别的成分。广义的概念不一定能成为思观底直接内容，它也有只能成为思观底间接内容的，这内容里面有斥指个别的成分，这个成分只能作感观（Sinnliches-Vorstellen）底直接内容，不能成为思观底直接内容。狭义的概念我们称为"通性概念"（例如"人"，"马"，"马性"，"红性"）。此外所有的广义概念，我们称为"历史概念"。（例如"孔子"，"孔子底子孙"。）一个通性概念所根据的是"性"（Essence），这性底没有是不可设想的，因此这概念底效力底失掉也是不可设想的。宇宙间尽可以没有马，但马性是不会有"没有"底可能的。我们不能设想"马性"与"马"这两个概念会没有效力，因为这两个概念都是根据于马性的。"孔子"特指某一个个别的人，宇宙间有某一个个别的人，可以说是偶然的，这个个别的人本来就没有"没有"底可能。假若本来没有孔子，那么"孔子"这个概念根本就失去了它底根据。因为"孔子"是一个私名，是一个斥指名词，不是一个含义名词，它底功用就在斥指某一个个别的事物；假若这个个别的事物本来就没有，这个斥指名词根据就完全失去，而且根本也不会有这个斥指名词。（这是严格的逻辑的说法。事实上如神话与古代历史底许多私名，虽有其名，可以并无所指，而俨然若有所指；考证家考证某人有无的时候，也用这样的私名，这样的私名已经有了种种的含义，其实并不是私名了。）总之，马性不仅是有，而是必有；孔子只是有，不是必有。所以"马"是通性概念，"孔子"是历史概念。至于"孔子底子孙"这个概念，虽然可以应用到多数个别的人身上（它不是一个私名），但假若没有孔子，那么"孔子"这个名词既然失去了根据，"孔子底子孙"当然也就没有意义，而且根本就不会有"孔子底子孙"这个名词。因此，"孔子"与"孔子底子孙"都是历史概念，不是通性概念。（"历史"两字，有人用它来与"自然"对立，这并不是这里所用的意义。照我们底定义，不但"孔子"、"孔子底子孙"是历史概念，就是"地球"、"地心"、"太阳系"以至整个的"爱因斯坦宇宙"，也都是历史概念。）

一个历史概念，绝对不能用一个通性概念来替代。有人以为世界上没有两个性质完全相同的个别的事物，因此我们若将某一个个别的事物所有的性质合起来看作一个复合的性质，与这复合的性质相当的概念既是通性概念，同时又只能应用于这一个个别的事物，可以用来替代这个个别的事物底私名。但当我们说，"世界上没有两个性质完全相同的个别的事物"，这句话里面所谓性质，若是指与通性概念相当的性质，这句话决不能纯用逻辑证明。若是所谓性质，也包括这个个别的事物对某某别的个别的事物的关系，如说"在昆明与重庆之间"，这些性质，固然有与通性概念相当的成分，如"在——之间"三字，但它底本身不是单用通性概念（或以通性概念为意义的通性名词）所能代表的，因此与把这类性质合起来所得的复合性质相当的概念，当然也不是通性概念。其实凡是时间与位置坐标底规定，都不是通性概念。例如"1932年"，就是说"耶稣诞生后1932年"。这里面包藏了"耶稣"这个私名，所以是历史概念，如"孔子底子孙"，"法国人"，都不用通性概念来替代。"法国人"无论指生在法国的人或者有法国籍的人或者法国族底人，都是从他对某某别的个别的事物的关系来说的，因此既不是通性概念，也不能用通性概念来替代。假若"法国人"只是说面貌怎么样，形态怎么样，性格怎么样的人，那么这样的人说不定在别的星球上也会有。"法国人"三字像这样的用法，在文法与修辞学上成为一种特例。这所谓"法国人"并不是说的法国人，因为它相当于一个通性概念。

"概念"底广狭二义，已经说明了。狭义的"概念"只包括通性概念，广义的"概念"兼包通性概念与历史概念两种。以后我们单说"概念"的时候，取的是广义。

二

概念与概念，命题与命题之间，纯从逻辑底立场来看，可以有"含藏"或"涵藏"底关系。

甲概念含藏乙概念，就是说，凡是了解甲概念的，一定也能了解乙概念；从甲概念过渡到乙概念，中间只需经过一种或几种形式逻辑的手续，如分、合、反等。例如能了解"红"的一定也能了解"不红"，能了解"不红"的，一定也能了解"红"。"红"与"不红"，是两个互相含藏的概念。再如能了解"坚白石"的，一定也能了解"坚"，也能了解"不坚"。但了解"坚"或"不坚"的，不一定能了解"坚白石"。"坚白石"含藏"坚"，也含藏"不坚"，但是"坚"并不含藏"坚白石"，"不坚"也并不含藏"坚白石"。

甲命题涵蕴乙命题，就是说，凡是了解甲命题而且承认甲命题之为真的，一定也能了解乙命题，而且从逻辑上不得不承认乙命题之为真；从甲命题过渡到乙命题，中间只需经过形式逻辑的推理历程。例如，承认"人都有理性"的，一定得承认"没有理性的都不是人"，承认"没有理性的都不是人"的，也一定得承认"人都有理性"。这两个命题，是互相涵蕴的。再如承认"孔子是圣人"的，一定得承认"有圣人"，但承认"有圣人"的，可以不承认"孔子是圣人"。"孔子是圣人"涵蕴"有圣人"，"有圣人"并不涵蕴"孔子是圣人"。我们这里用"涵蕴"两字，与一般的用法大致相同，不过略有一点差别。照普通的说法，"一切事物都有相互关系'涵蕴'人与人都有相互关系"，因为承认了前一个命题，同时再来否认后一个命题，就陷于矛盾。但照我们给"涵蕴"两字的意义来说，了解且承认"一切事物都有相互关系"的，不一定了解"人"这个概念，所以也不一定了解"人与人都有相互关系"这个命题。根据我们底定义，我们不能说"一切事物都有相互关系"涵蕴"人与人都有相互关系"。我们至多可以说，承认前一个命题之为真的，假若他能了解后一个命题，那就不得不承认后一个命题之为真；不能说，承认前一个命题之为真的，一定也能了解后一个命题而同时承认它为真。

前面我们所说的概念与概念之间的含藏关系，与普通所说的概念与概念之间的涵蕴关系完全不同。普通所说的概念与概念之间的涵蕴关系，照我们底说法，实在是命题与命题之间的涵蕴关系。例如，普通说"狗"涵蕴"动物"，不说"狗"涵蕴"非动物"。用我们底话说，就是：无论甲是什么，"甲是狗"一定涵蕴"甲是动物"。我们不能说：无论甲是什么，"甲是狗"一定涵蕴"甲是非动物"。至于"狗"这个概念，照我们底说法，不但含藏"动物"这个概念，并且也含藏"非动物"这个概念。

概念与概念，命题与命题之间的含藏与涵蕴关系，都说过了。这两种关系，表面上看起来很不一样，归根说起来还是一个东西。我们若要推广说，概念与命题之间，也可以有纯逻辑的含藏或涵蕴关系。

甲命题含藏乙概念，就是说，凡是了解甲命题而且承认甲命题之为真的，一定也能了解乙概念。例如了解而且承认"这朵花是红的"或"红是颜色"的，一定也能了解"红"，也能了解"不红"。"这朵花是红的"含藏"红"，也含藏"不红"；"红是颜色"含藏"红"，也含藏"不红"。甲概念涵蕴乙命题．就是说，凡是了解甲概念的，一定也能了解乙命题，而且从逻辑上不得不承认乙命题之为真。例如了解"红"的，一定了解而且承认"凡红的都是红的"，也一定了解而且承认"红是颜色"。（因为"红"本来就是指的一种颜色，就是红色；说"红是颜色"等于说"红色是颜色"。）"红"涵蕴"凡红的都是红的"，也涵蕴"红是颜色"。但是了解"红"的，不一定承认"这朵花是红的"。所以"红"并不涵蕴"这朵花是红的"。

含藏与涵蕴关系不止在一个概念与一个概念之间，或一个命题与一个命题之间。几个概念可以含藏一个概念，几个命题可以涵蕴一个命题。这里所说的，不是各别的含藏或涵蕴，而是联合的含藏或涵蕴。例如"坚"并不含藏"坚白石"，"白"或"石"也并不含藏"坚白石"，但是"坚"与"白"与"石"三个概念联合地含藏"坚白石"；因为了解"坚"与"白"与"石"的，一定也能了解"坚白石"。在我们这个例里，"坚白石"又反过来含藏"坚"，含藏"白"，含藏"石"。任何一串概念，都可以有一个概念为它们所联合地含藏，同时又各别地含藏它们。命题也是同样。

一个通性概念，决不能含藏一个历史概念。因为通性概念没有任何关于事实的假定，历史概念有关于事实的假定。但是"通性概念"底范围还是很广的。不但形上学的概念，就是自然科学中的概念，里面大部分如"电子"、"细胞"、"习惯"等，只要除去了关于事实上存在的假定，也都是通性概念。

凡是为通性概念所涵蕴的命题，我们称为"纯分析命题"。（例如"人是动物"，"红是颜色"。）纯分析命题对于事实是无所肯定，也无所假定的。一个纯分析命题，决不能涵蕴一个非纯分析命题。

凡是有普遍性与必然性的命题，我们一概称为"理法命题"。理法命题以外的真命题，我们称为"历史命题"。（例如"孔子生于鲁"；"地球上有文化"，"有猫"。）历史命题也有讲法则的，例如法文文法里面的许多命题，这样的命题只是讲的某一部分事实底法则，不是讲的普遍的、必然的法则。理法命题所预示的，就是前面所说的狭义的真理。历史命题所预示的，就是前面所说的狭义的真理。历史命题所显示的，是事实。一个理法命题，决不能涵蕴一个历史命题。"科学"两字，照狭义的用法，应该指研究普遍法则的学问，并不能包括历史以及其他记载事实或整理事实的学问。狭义的"科学命题"，严格说，应该都是理法命题。

凡是纯分析命题，都是理法命题。但似乎有的理法命题，不是纯分析命题。例如物理学所有的命题，虽然为通性概念所构成，但我们似乎可以设想这些命题不真，它们似乎并不为通性概念所涵蕴，并没有"逻辑的必然性"，而仅有"势的必然性"。物理学的定律，其中或许有一部分不是理法命题，不是绝对普遍的，而是为我们这个爱因斯坦宇宙底特殊性所限制的，但我们觉得至少有一部分（固然指不出那部分）确有绝对普遍的效力，确是理法命题。我们得到这一类命题，仍是靠的归纳法，但仅是归纳法并不能给我们纯分析的必然。可是从另一方面说，我们要把理法命题分为纯分析与非纯分析两种，有时候（特别在最进

步的科学例如物理学里面）很难划出一条明确的界线。因此有
人认为所有的理法命题，只要真正是理法命题，都是纯分析命
题，不过有时候人类底知识不够证明它是纯分析的罢了。照这个
说法，"理法命题"与"纯分析命题"两个名词是没有区别的。
但是照我们底看法，纯分析命题只有"分析的或静的必然性"，
而理法命题似乎也有是非纯分析命题的，这类非纯分析的理法命
题，似乎另有一种"综合的或动的必然性"，不仅仅从通性概念
底分析可以得到的。

三

　　凡是为一切概念（各别地）所含藏的概念，就是纯逻辑的
概念。（例如"不"、"都"等。）否则就是非纯逻辑的概念。
（例如"时间"、"因果"、"红"等。）凡是为一切命题（各别
地）所涵蕴的命题，就是纯逻辑的命题。（例如"任何东西都同
于自己"，"两个与两个是四个"。）否则就是非纯逻辑的命题。
（例如几何学、物理学的、形上学的命题。）每一个非纯逻辑的
概念或命题一定含藏或涵蕴任何纯逻辑的概念或命题，但是纯逻
辑的概念或命题决不能含藏或涵蕴非纯逻辑的概念或命题。纯逻
辑的概念与命题，又都是互相含藏、互相涵蕴的。我们假若把所
有互相含藏涵蕴的概念与命题，合为一个"蕴聚"，我们可以
说，所有纯逻辑的概念与命题，都在一个蕴聚中，这个蕴聚我们
称为"纯逻辑蕴聚"。

　　纯逻辑的概念与纯逻辑的命题，在内容上，对于实在，没有
任何积极性的肯定，也没有任何积极性的假定。这个特点，是纯
逻辑的概念与命题所独有的。这也就是纯逻辑的概念与命题之所
以异于形上学的、科学的、历史的概念与命题之所在。我们说

"假定"（Presupposition），并不是说"假设"（Hypothesis）；"假定"是指着某知识所涵蕴的那些已给默认为不成问题的知识，"假设"是指不曾断定是非的命题，我们暂时认它为真。"积极性的"（Positive）四个字，照我们底用法，并不与"消极性或否定性的"（Negative）相对，而与"滔滔洛汲"或"无真正内容的"（Tautological；inhaltlos）相对。"肯定"两字，我们也取广义，包括"否定"。

任何非纯逻辑的概念，对于实在，都有积极性的假定。例如"因果"这个概念，虽然并不肯定或假定宇宙间有因果这类事实（因为它是一个通性概念），但它总是先已假定了有因果这个意义或"性"或"可能"，这个虽然没有关于事实的肯定或假定，本身已经是一个对于实在的积极性的知识了；换句话说，它实是有所谓，实是知识。任何非纯逻辑的命题，不是对于实在有积极性的肯定，就是对于实在有积极性的假定。前者底例如"有人"，后者底例如"人是人"，"孔子是孔子"。"有人"这是关于事实的肯定。"人是人"，"孔子是孔子"，这两个命题普通往往认为是纯逻辑的命题，但照我们底说法，这两个命题是应用纯逻辑得来的命题，不是纯逻辑的命题。因为里面含藏着的"孔子"、"人"两个概念，一个有关于事实的假定，一个有意义方面的积极性的假定。纯逻辑的概念或纯逻辑的命题，完全不是这样。它不但是"什么都没有说"，可以说"简直没有说什么"。"不"、"都"、"一个"、"两个"，这那里是真正的"概念"，它说了什么来？"甲是甲"，这话不但对甲无所肯定，连甲都没有指定是什么，这那里是一个真正的命题，这那里是知识，里面一点真正的内容都没有！

纯逻辑的概念或命题，因为在内容上没有任何积极性的肯定或假定，所以它底效力倒是普遍而必然的。你不说什么，当然没有错误。

纯逻辑的概念与命题，虽然在内容上没有任何积极性的肯定或假定，但是我们假若不专从内容来看，不纯从逻辑的含藏或涵蕴关系来看，而从事实方面或进一步从超验的形上学认识论方面去探一个纯逻辑命题，背后有什么必要的主观条件，我们曾发现它是以"有思想"或至少以"思想"这个可能为假定。但是"思想"这个概念，仍不是我们所讲纯逻辑的。

凡是纯逻辑的概念都是通性概念，但通性概念不都是纯逻辑的概念。凡是纯逻辑的命题都是纯分析命题（当然也都是理法命题），但纯分析命题不都是纯逻辑的命题。"马"是通性概念，因为"马"这个概念，没有任何关于事实的假定；它所根据的是马性，马性是必有而不仅是有。但它不是纯逻辑的概念，因为它有意义方面的（不是关于事实的）积极性的假定；不是一切概念都含藏"马"。"红是颜色"是一个纯分析命题，因为它没有任何关于事实的肯定或假定。照普通的说法，这类命题是有"逻辑的必然性"的；但是我们不称它为纯逻辑命题，因为它有积极性的内容，有意义方面的积极性的假定。"红是红"，这个命题虽然只是纯逻辑里面的同一律底应用，但我们也不称它为纯逻辑的命题，只称它为纯分析命题，因为"红"这个内容还是有积极性的，这在前面也已说到。"孔子是孔子"这个命题，也不过是同一律底应用，但我们不但不称它为纯逻辑的命题，并且不称它为纯分析命题，因为"孔子"是一个历史概念，不是通性概念。

四

凡是以思想作纯粹的反省就可以得到的概念，我们称为"纯概念"或"范畴性概念"。"纯"就是不杂，因为我们得到这概念，并不由感官底经验，我们纯用思力，没有经验底成分夹杂其间，所以纯概念又名为"先验的概念"。"红"这个概念虽然没有关于事实的肯定或假定，但我们非恃感官底经验，非由经验出发而加以概括或抽象，不能得到"红"底概念。因为这样，"红"虽然是通性概念，并不是纯概念。我们得到一个概念，虽然事实上也是先有了种种的经验，在表面看起来，也是由经验出发加以概括抽象而得到的，但是我们只要进一步推究，就知道不然。一切经验知识，都要假定纯概念。（红的事物底知识虽然也假定"红"这个概念，但是我们假若离开了感性，专恃思力，决不能得"红"这个概念。）再进一步，我们可以说任何概念，若是我们不单从内容来看，而追究它底根底时，都要假定一切纯概念。纯逻辑的概念，也不是例外。例如"不"这个概念，单从内容看，并不含藏"价值"这个概念（我们所指不是逻辑里面的"价值"，乃是价值论所讨论的价值）；但我们只要往根底处追究，若是不假定"价值"，那么我们既然不求"真"（这"真"是知识底真，价值论底"真"，不单是命题底"真"，纯逻辑底"真"），还有什么"不"与不"不"？"价值"是一个纯概念，一个范畴性概念。

凡是纯逻辑的概念都是纯概念，但纯概念不都是纯逻辑的概念。凡是纯概念都是通性概念，但通性概念不都是纯概念。"纯概念"底范围，比"纯逻辑的概念"广，比"通性概念"窄。一个纯概念，决不能含藏一个非纯概念。

在人类底知识历程中，常常发生一类问题，人类觉得这类问题是宇宙间最根本的问题。人类底理性，只要一天回到自己，就会发生这类问题，要追问宇宙底究竟。人类遇到这类问题，最初给它种种神话的答案，次后就有多大胆的近乎原始科学的解释，最后才知道返求之于理性自身，纯概念就由此而发现了。

　　凡是为纯概念所涵蕴的命题，我们称为"范畴性命题"。（例如"一切都以至善为归宿"。）凡是纯逻辑的命题都是范畴性命题，但范畴性命题不都是纯逻辑的命题。凡是范畴性命题都是纯分析命题，但纯分析命题不都是范畴性命题。"范畴性命题"底范围比"纯逻辑的命题"广，比"纯分析命题"窄。一个范畴性命题，决不能涵蕴一个非范畴性命题。

　　范畴性命题又名为"先验的命题"，因为它不夹杂经验底成分，而经验知识都要假定它。进一步说，任何命题，我们若是不单从内容来看，而追究它底根底时，都要假定一切范畴性命题。

　　凡是一个概念，我们从各方面追问宇宙底究竟时所得的正确的答案能含藏它，我们就称它为"哲学的概念"。（例如"生命"、"自由"。）凡是哲学的概念都是通性概念，但通性概念不都是哲学的概念。凡是纯概念都是哲学的概念，但哲学的概念似乎不都是纯概念。哲学的概念里面，有一部分——如"知识"、"善"等——固然是纯概念，但另有一部分——如"生命"、"快乐"等——似乎不是纯概念。也有人认为凡是哲学的概念，只要真是哲学的概念，全都是纯概念（范畴性概念），不过有些我们不很容易看出是纯概念就是。这个见解，在本文里我们并不采用。

　　一个哲学的概念决不能含藏一个非哲学的概念。哲学的概念以外的通性概念，我们都称为"科学的概念"。（这里"科学"两字取的是狭义。）所以一个哲学的概念，决不能含藏一个科学的概念。哲学的概念，除了纯逻辑的概念以外，都称为"形上学的概念"。

　　凡是一个命题，我们从各方面追问宇宙底究竟时所得的正确的答案能涵蕴它，我们就称它为"哲学的命题"。（例如"宇宙是进化的"。）凡是哲学的命题都是理法命题，但理法命题不都是哲学的命题。凡是范畴性命题都是哲学的命题，但哲学的命题似乎不都是范畴性命题。也有人认为凡是哲学的命题，只要真是哲学的命题，全都是范畴性命题，因此也都是纯分析命题。不过有的哲学的命题我们不容易看出它是范畴性命题，也不容易看出它是纯分析命题就是。但是在我们看来，像"宇宙是进化的"这一类命题，似乎并没有逻辑的或静的必然性，而确有一种形上学的综合的必然性。在这里，"先验"与"后验"底对立才得到了统一，这统一可以说是先天的统一。

一个哲学的命题决不能涵蕴一个非哲学的命题。哲学的命题以外的理法命题——不论是纯分析的或是非纯分析的——我们一概都称为"科学的命题"。（"科学的命题"不包括历史命题，因为要取"科学"两字底狭义。）所以一个哲学的命题，决不能涵蕴一个科学的命题。哲学的命题，除了纯逻辑的命题以外，都称为"形上学的命题"。

形上学的概念与科学的概念，形上学的命题与科学的命题，其间差别我们不可以这样表示：形上学的概念或命题底每一个成分都是充满了"意义"的，这所谓意义不是认识论所讲的"意义"，而比较接近价值所讲的"意义"，但范围宽些。科学的概念与命题就不能完全免于"无意义"的，单单的差别，例如红与青底，色与声底差别。我们又可以说，形上学的概念与命题是可以"纯然地理解"的（例如"价值"），科学的概念与命题不是可以"纯然地理解"的（例如"红"、"电子"）。

假如我们采用了本文所没有采用的见解（就是认为所有的理法命题都是纯分析命题，所有的哲学的概念都是纯概念，所有的哲学的命题都是范畴性命题），那么真理就只有四个分野：逻辑、形上学、科学、历史。逻辑不能涵蕴形上学，形上学不能涵蕴科学，科学不能涵蕴历史。形上学、科学、历史，都是有积极性，"有内容"的知识。独有纯逻辑底种种概念，种种命题，都是没有积极性，"没有内容"的。但是我们若是追究它底根底，就可以发现所有的纯逻辑的概念与命题，都是思力底别异作用底内在法则底反映。所以逻辑底本源也是有积极性的，逻辑也不妨认为就是研究这些内在法则的学问，那么纯逻辑也成为一种有积极性的知识，而且形成形上学底一部分了。

"知识"两字，可以有两个意义。它可以指思观与正确的判断说，它也可以指二者底内容（就是概念与真命题）说。"逻辑"、"历史"等等名词，每一个都可以有三个意义。它可以指某类底思观与正确的判断所形成的系统说，它可以指二者底内容（某类底概念与真命题）所组成的系统说，它也可以指二者底对象（某类底"物"与真理）所组成的系统说。

因为本文并没有采用上文所说的简单的四分法，所以真理底分野（也等于真命题底分野）可以用下图表示：

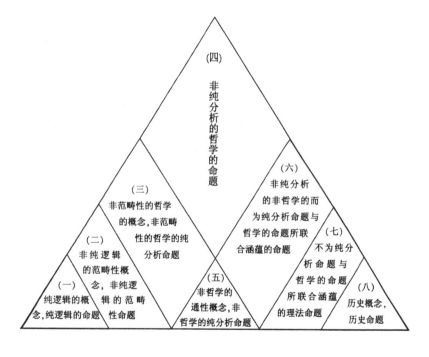

图中的（一）是逻辑，（二）、（三）、（四）是形上学，（五）、（六）、（七）是科学，（八）是历史。（一）、（二）、（三）与（五）底命题都是纯分析的，（四）与（六）、（七）、（八）底命题都是非纯分析的。

哲学的概念与非哲学的概念，哲学的命题与非哲学的命题，这中间的界限〔（一）、（二）、（三）、（四）与（五）、（六）、（七）、（八）底分界〕是不可逾越的。这个界限，我们可以称为"先天"与"后天"底界限。哲学的或先天的知识，实在是不由外铄，只要返求诸己就得。内外既由于一本，知一即可知万。哲学所研究的，是万有底究竟，万有底"意义"。科学底种种内容，哲学并不要问。科学与历史，必须有了哲学，才能理解自己。一切，到了哲学的理解，才可以说是真正地被理解了。

（《哲学评论》第 7 卷第 4 期，1940 年。）

语言、思想与意义

——意指分析的第一章

一　辞身与辞

在我们听张三说一个字或是说一句话的时候，我们是听见了一串声音，但我们并不只当他一串声音看待，我们赋予他以"意义"。这串声音对于我们不仅仅是一串声音而是一个"辞身"。

我们赋予张三所发的这串声音以某一个意义；其实我们不仅仅赋予这串声音以这个意义，只要是与这串声音"同样"的一串声音我们也都赋予这个意义。于是同样的两串声音不但成为意义相同的两个辞身，而且被看作同一个"辞"的两次出现。"思想"两字在本书里出现好些次，每一次出现就有一个辞身；但这些辞身并不是许多辞，而是同一个辞的许多辞身。

辞身与辞这两个概念在平常我们往往不加分别。我们说："张三认识四千多字。"我们也说："张三写了两万多字。"这两句话里面"字"的意义并不相同。张三写了两万多字，这两万多字大概有好些是"重复"的，因为总逃不出张三所认识的四千多字。一旁是两万多个辞身，一旁是四千多个辞。辞身是个别的物理事物，但辞不是个别的事物。辞虽然不是个别的事物，但也不是没有历史性的"本然的"事物。一个辞依靠着某些约定的存在而有。一个个别的物理事物之所以成为这个辞的辞身，也依靠着这些约定的存在。

辞不一定有辞身。那些庞大的阿拉伯数字在事实上并没有辞身；因为一个人的寿命太短促了，等不得写完这样一个几兆兆兆位的数字的辞身。但这些几兆兆兆位的数字——这些辞——确是有的，因为某些约定存在着。

两个互不交通的社会说不定会有巧合的事情发生。由于他们各别的约定他们赋予了同样的一串声音以同一个意义。我们不能因此说这两个社会具有同一个辞。因为他们虽有同样的两个约定（或是两套约定有部分的偶合），这两个约定是没有因果联系的，并不能看作同一个约定。我们只能说这两个社会的这两个辞属于同一个"辞模"。一个辞模是一个物理型式与一个意义的可能的结合。辞不是本然的事物，但辞模有些是本然的。因为物理型式都是本然的；一个辞模的意义只要是一个非历史的意义，这个辞模也是本然的。辞模不是"终极的"事物，与意义、辞、辞身等不同。

大多数辞身的产生是为着表现"思想"。这样的辞身我们称为"有效的辞身"。但有些辞身的产生并不为着表现思想。中国人讲究练字，有些人高兴的时候就在一张纸上随便乱写。这样的辞身我们称为"无效的辞身"。无效的辞身也可以不由人力而产生，例如一群雁在天空中排列成一个"人"字。

一个辞身倘若是另一个辞身的部分，我们称他为"非独立的辞身"；倘若不是另一个辞身的部分，我们称他为"独立的辞身"。张三说了一句"我不去"，此外没有连着说什么。这里

"我不去"是独立的辞身，"我"，"不"，"去"，"不去"是非独立的辞身。李四说："明天下雨的话我不去。"这里"我不去"是非独立的辞身。

一个辞倘若不能有独立的有效的辞身，我们称他为"不完全的辞"；倘若可以有独立的有效的辞身，我们称他为"完全的辞"。（所谓可以有或是不能有，不是事实上有没有，是理论上可能不可能有。几兆兆兆位的数字的辞身，事实上虽没有，理论上是可能有的。）"从来"，"明天下雨的话"，是不完全的辞。"啊呀！""水"，"我不去"是完全的辞。

我们已知道：不完全的辞的有效的辞身只能是非独立的辞身。但完全的辞既可以有独立的有效的辞身，又可以有非独立的有效的辞身。例如"我不去"是一个完全的辞；前面张三说的"我不去"是独立的辞身，李四说的"我不去"是非独立的辞身。

二　思想作为与意念

前面说过：有效的辞身是思想的表现。但"思想"这名词有好多意义，好多用法。照他的第一个用法，思想是一种心理的作为，我们称这种作为为"思想作为"。张三想着怎么样怎么样。这"想"就是张三的思想作为。思想作为是个别的心理事物。

思想作为有他的对象。张三想着七十八这个数目，七十八这个数目就是张三的思想作为的对象。但"对象"又是一个意义繁多的名词。我们应当区别"思想内容"与"对象本身"。张三想着李四。这也就是说张三里面有一个李四。但李四自己并不在张三心里面。李四自己是对象本身，张三心里面的李四只是张三的思想内容。

很不幸的，"思想内容"这名词又有好多意义。照他的第一个意义说，思想内容是思想作为所产生的"意念"。张三不能光是空空的"想"，他是想着什么。张三想着李四；在张三心里面不仅仅有一个思想作为，同时还得有一个"内容"来作李四的代表。意念是对象的代表，意念与思想作为一样都是个别的心理事物。一个思想作为不能不产生一个意念，否则不成其为思想作为。一个思想作为产生了一个意念，这个思想作为就把这个意念当作对象本身来观看。说得更妥当一点，思想作为就是这个"观看"。在意念里面观看对象就是思想作为。意念不能脱离思想作为而存在。一个思想作为停止的时候，他所产生的意念也消灭了。思想作为与意念的关系是一对一的。普通用"思想"这名词往往指着意念说，这是"思想"两字的第二个用法。

但是把"思想"或"意念"看作与思想作为同生同灭的心理内容，仍不合普通说话的习惯。照普通的看法，一个意念虽是由一个思想作为产生的，他并不随着思想作为一起消灭；思想作为停止之后，他潜藏在心里面，遇到机会的时候就另有一个思想作为把他"重唤"起来。这个思想作为并不产生任何新的意念，他只把那个旧的意念从心的库藏里面请出来。甚至于一个人不但可以把自己的意念重唤起来，他还可以把他的意念传给别人，让别人由"学习"得到这个意念。这个意念已成了公共的财产，不单在你的心里，也不单在我的心里了。这样一个"意念"其实是一个意念传统。这个传统还是根据着各人各时各别的意念中间的因果联系而成立的。为避免混乱起见，这样一个传统我们不称为一个意念而称为一个"通脉意念"。说某人或是某社会有某一个通脉意念等于说他有一大堆"意义"相同而中间又有某种因果联系的意念。（我们说"一大堆"，只是就通常的情形说，其实少到只有一个也可以，但至少有一个。）这种因果联系就是直接或间接的"承袭"。甲意念承袭乙意念，或是甲乙两个意念都承袭丙意念，甲乙两个意念中间就有了我们所说的这种联系。这些意念虽然不是一个一个在时间上没有间隙的连续着，但由于他们中间的因果联系，他们被看作同一个通脉意念。

因此照我们的看法，所谓"重唤"仍是一个思想作为产生一个新的意念，学习更不用说了。在精神的领域里没有不劳而获的事情。即令某一个思想作为不是一个"首创的"作为而只是承袭的作为（重唤或是学习）他还得自己建筑起自己的意念来。正如同一个人誊写字帖也还是自己在那里写字，一个人誊写自己的书稿也还是重新写一遍。

照这样说，一个通脉意念究竟不是一个意念。一个公共的，同时在许多人心里的通脉意念显然不能是一个意念。至于一个为张三所私有的通脉意念也不是一个潜伏在张三心里的意念，这点似乎不很显然。因为张三的前后两个意念中间是有间隙的，倘若没有一种连续，怎么能发生因果关系呢？我们还常说，张三知道什么什么，张三相信什么什么；只要张三曾有过那样一个思想作为，我们并不因为他在这个时候没有那样一个思想作为就说他在这个时候不知道什么什么。你问他，他就会告诉你，只要他还没有"忘掉"或是"改变思想"的话。固然由于你这一问他就有了一个重唤的（因此还是"那样"的）思想作为，但正在你问他之前一些时候他并没有那样一个思想作为。你不能说正在你问他之前一些时候他不知道，你也不能说等到你问他他才知道的。既然他在这些时候本来是知道（或是相信）的，似乎我们应当说，他在这些时候虽然没有那样一个思想作为，他保持着有那个意念。假若意念不能保持，知识就同水一样流来流去，谈不到什么"获得知识"或是"增进知识"了。但我们已说过：意念决不能脱离思想作为而存在。所以在张三的那样一个思想作为停止的时候，张三已没有那个意念了，只有一个潜伏着的机构，使得张三在遇到适当的机缘时会有一个承袭的思想作为来重新建筑一个与他曾有过的那个意念同样的意念。这个机构是半物理半心理的，但心理的成分重些。（一个公共的通脉意念也需要一个半物理半心理的机构来维持他，在这个机构里面物理的成分也重要了）。这样一个机构我们称为一个"意念习"。

前面说有效的辞身表现思想，这"思想"两字最适当的解释是"通脉意念"。一个通脉意念可以有不止一个辞身来表现他。许多辞身表现同一个通脉意念，这许多辞身就被看作同一个"通脉辞身"。例如你有一部孟子，我也有一部孟子，他还有一部翻译的孟子；三部孟子虽然是三部书，也还是一部书。他们不仅仅"内容"意义相同，而且这相同不是由于偶合。

一个通脉意念不一定有辞身表现他。张三有一个常在心里盘旋的思想，但没有把他的思想说出来或是写出来。这个思想或是通脉意念就没有被表现。

我们说过：思想作为与意念的关系是一对一的。因此有人会主张二者是同一的，不应当加以区别。或是这样说：有思想作为就够了，用不着同时再有一个意念。意念是对象的代表；正因为人心不能达到心外的事物，所以需要一个心内的事物来代表心外的事物。但是倘若人心真不能达到心外的事物，心内的事物也没有法子代表心外的事物；正如同一个天生的聋子看乐谱一样。倘若人心可以达到心外的事物，就用不着一个心内的事物来作心外的事物的代表。思想作为何尝不可以是对于对象本身的直接的观看？我们回答：神的思想作为或许是不需要意念的，因为神的思想是直观的。但人的思想是抽象的，不是直观的，所以不能没有意念；并不是人心不能达到心外的事物。因为人的思想不是纯乎阳动的，所以有他的阴静的一方面，这就是意念。另一个理由是：一个思想作为是一个单纯的事物，但一个意念往往是一个复合而有结构的事物，所以思想作为与意念虽是相依相辅不能相离，但也不能是同一的。

三　意指对象

意念代表对象。张三想着"女娲氏"，想着"1925年的法国国王"，想着"最大的整数"。我们说女娲氏，1925年的法国国王，最大的整数是张三的这三个意念所代表的对象。但女娲氏并无此人，1925年中法国并没有国王，数目里面并没有最大的整数。既然这样，张三的思想是没有对象了。但是说张三的思想没有对象，也不合普通说话的习惯。思想没有对象就不成其为思想，张三的思想的对象就是女娲氏，1925年的法国国王，最大的整数。我们一方面不能不说张三的思想有对象，一方面又不能说这对象是没有的。这个矛盾应当怎么样解除，是一个不很容易回答的问题。

有人这样回答：张三的思想的对象确是"有"的，但并不"存在"。所谓"女娲氏"无非是一大堆"性状"的联合。一大堆性状的联合还是一个性状，这个性状本身并不是没有的，只是没有具有这个性状的事物。这个回答仍是说不通的。因为女娲氏并不是那个性状，他就是具有那个性状的事物。至于"最大的整数"本来就指一个性状说，但这个性状是没有的。最大的整数之所以为最大的整数又是一个较高级的性状。虽然这个较高级的，自身含有矛盾的性状并不是"没有"的，最大的整数只是最大的整数，不是这个较高级的性状——不是最大的整数之所以为最大的整数。既然这样，我们不能不说：张三的思想的对象确乎是"没有"的，不只是"不存在"。说得更清楚一点，张三的这几个意念并没有与他们相当的对象本身。

那么张三的思想真没有对象了？张三明明想着女娲氏，想着1925年的法国国王，想着最大的整数，怎么能说张三的思想没有对象呢？有人提出这样一个说法：张三的思想虽然没有相当的对象本身，但并不是没有意念，我们说张三的思想有对象，这里"对象"两字指的只是张三的意念。这个说法还是有困难的。张三的思想的对象明明是女娲氏，1925年的法国国王，最大的整数。女娲氏曾炼石，补天，张三的意念也曾炼石，补天么？1925年的法国国王是一个国王，张三的意念也是一个国王么？最大的整数并不是一个个别的心理事物，张三的意念不正是一个个别的心理事物么？固然，我们一方面可以说1925年的法国国王是国王，因为他不能不是国王；一方面也可以说1925年的法国国王不是国王，因为国王里面没有他。这两句话并不互相矛盾，正因为1925年的法国国王是没有的。（女娲氏曾炼石补天，女娲氏未曾炼石补天；最大的整数是一个数目，最大的整数不是一个数目；这些话也都可以说。）但张三的意念并不是没有的；我们说了张三的意念不是国王，不能又说张三的意念是国王。我们虽然可以说张三的意念是"1925年的法国国王"这样一个意念，我们并不说他真是法国国王；然而张三的思想的对象正是1925年的法国国王。

1925年的法国国王，在客观的宇宙里并没有，在张三的心中又是有的。这话怎么讲呢？张三的心难道不是客观的宇宙的一部分么？我们应当这样想：在客观的宇宙里没有什么？没有1925年的法国国王这样一个对象本身。在张三的心中有什么？并不是有1925年的法国国王这样一个对象本身，是有1925年的法国国王这样一个"意指对象"。因此我们既可以说张三的思想没有对象，又可以说张三的思想有对象。"没有"的是那对象本身，"有"的是这意指对象。

要讲明意指对象是什么，颇叫人难于措词。现在我们先指出：一个意指对象不是一个实际的事物，就这一点说他与意念不同。但是我们才说这句话，就会遭到种种非难。张三的思想有意指对象，这个意指对象又不成问题是女娲氏（因为张三所想的正是女娲氏），难道张三想到的女娲氏不是一个实际的事物么？张三明明想着一个实际的事物，这个实际的事物他叫他女娲氏。我们回答：女娲氏这个意指对象既可以说不是一个实际的事物，又可以说是一个实际的事物。说他不是一个实际的事物是说他自身不是一个实际的事物，说他是一个实际的事物是说他"意指地"是一个实际的事物。同样，最大的整数这个意指对象自身不是一个数目，但"意指地"是一个数目。我们甚而可以说：女娲氏这个意指对象自身不是女娲氏，但"意指地"是女娲氏。

但是张三并不想着女娲氏这个意指对象呀！张三想的干脆是女娲氏。是我们在那里想张三心中的女娲氏这个意指对象；怎么能说女娲氏这个意指对象是张三的思想的对象呢？我们回答：女娲这个意指对象对于我们的思想说居于对象本身的地位，在我们的心内又另有高一层次的意指对象。我们说女娲氏这个意指对象是张三的思想的对象，这"对象"两字指的只是"意指对象"；我们说张三心内的女娲氏这个意指对象是我们的思想的对象，这"对象"两字说的是"对象本身"。通常说"张三想着女娲氏"。其实这句话并不表示张三与女娲氏之间发生一种关系，因为并没有女娲氏这个人可以同张三发生关系。张三想着女娲氏完全是张三的事情。倘若我们用符号逻辑里面 aRL 的格式来写，a 固然是张三（或是张三的某一个思想作为），L 并不是女娲氏；把女娲氏认作 L 会产生矛盾不通的结果，因为并没有女娲氏。L 只是女娲氏这个意指对象（或是"女娲氏"这个意义）。

李四想着梅兰芳。梅兰芳与女娲氏就不同了。李四的思想既有一个意指对象，又有一个与他相当的对象本身。梅兰芳这个对象本身是在李四心外的；在李四心内的是梅兰芳这个意指对象。梅兰芳这个意指对象自身不是一个实际的事物，但"意指地"是一个实际的事物；自身不是梅兰芳，但"意指地"是梅兰芳。梅兰芳这个意指对象与梅兰芳之间有一种"同一"的关系；但并不是他们自身同一，他们只是"意指地"同一。

李四想着梅兰芳也还是李四自己的事情，可以说"同梅兰芳没有关系"。倘若我们用符号逻辑的格式来写，把 R 还同前面一样解释，那么 CRd 里面 C 固然是李四（或是李四的某一个思想作为），d 仍是梅兰芳这个意指对象（或是"梅兰芳"这个意义），不是梅兰芳。但这回李四的思想不是没有梅兰芳这个对象本身与他相当，我们总得承认在李四的思想作为与梅兰芳这个对象本身之间也有着一种关系。倘若我们用 R′ 表示这种关系，我们可以写 CR′e，这里的 e 就不是梅兰芳这个意指对象了，e 是梅兰芳自己。但 CR′e 所代表的事实对于 C——对于李四的那一个思想作为——是"内在的"，对于 e——对于梅兰芳自己——只是"外在的"。梅兰芳被李四想着还是不被李四想着，这是丝毫无所增损于梅兰芳自己的。这个事实专研究梅兰芳是不能发现的，但专研究李四就可以发现这个事实。所以李四想着梅兰芳可以说"同梅兰芳没有关系"。（这只是就"李四想着梅兰芳"这一个事实说；倘若我们牵涉到同这件事情有因果关系的别的事情，说不定就"同梅兰芳有关系"了。）

意指对象虽然不是实际的事物，但还可以说是"个别的"。昨天张三想着孔子；今天李四想着孔子。孔子自己既不在张三心内，也不在李四心内。但昨天张三心内有一个孔子，今天李四心内又有一个孔子。这两个孔子——两个意指对象——不但不是孔子自己，他们自身也不是同一个意指对象，因为一个是昨天张三心内的意指对象，一个是今天李四心内的意指对象。一个意指对象总是专属某一个思想作为的，他不能离开那个思想作为所产生的意念。意指对象"寄寓"在意念里面，意念"承载"着意指对象。一个意念倘若不承载一个意指对象，就不成其为意念。意念与意指对象的关系又是一对一的。但从另一方面看，我们所说的张三与李四的那两个意指对象孔子，虽然自身不同一，他们"意指地"都是孔子，都与孔子同一。所以他们之间也还是有一种"同一"的关系，他们"意指地"同一。

有人会说：意念与意指对象的区别是不必要的。张三的意指对象就是张三的意念。女娲氏曾炼石补天，张三的意念自身虽然未曾炼石补天，我们何尝不可以说张三的意念"意指地"曾炼石补天，因为他"意指地"是女娲氏？有意念与思想作为就够了，用不着再要一个非实际的而又是个别的"意指对象"。我们回答：说张三的意念"意指地"是女娲氏，"意指地"曾炼石补天，诚然可以。说意念就是意指对象，也未尝不可。因为我们所说的意指对象是一种抽象的事物，他根本寄寓在意念里面，与意念不能分离，可以说在实际上是与意念同一的。不过我们要明白：意念代表对象，并不是说意念与对象之间有"相似"的关系。"相似"是有程度的。究竟相似到什么程度才算有"代表"的关系，这话是没有法子回答的。"绝对的相似"在事实上大概是没有的。单说"多少相似"，任何两个事物都可以说是多少相似。而且与孔子相似的有阳虎；张三想着孔子，张三的意念与孔子相似，所以也与阳虎相似。倘若"代表"的关系只是"相似"的关系，张三的意念也同时代表了阳虎，所以张三想着孔子同时也就是想着阳虎，这是说不通的。意念代表对象，也不是说对象与意念之间有一种因与果的关系。倘若是这样，我们不但不能想女娲氏，连明天的事情都不能想了。意念必须有意指性才能是意念。意念要有意指性，必须意念本身就含有了对象。张三想着孔子，张三的意念必须含有孔子。说粗鲁一点，孔子必须跑到张三心里面去。但跑到张三心里面去的不是孔子自己（因为"张三想着孔子"这回事对于孔子自己完全是外在的），乃是与孔子自己有某种"同一"的关系的孔子这个意指对象。——我们说"同一"，不说"相似"。——意念之所以成为意念全靠这个非实际的意指对象寄寓其中。

因此张三要以孔子为思想的对象，必须把孔子转化为自己，也可以说，必须把自己"意指地"转化为孔子。张三与孔子必须有一种"同一"的关系。离开这种"同一"的关系，任何思想，任何知识都不可能。但这种"同一"不是形式逻辑上的同一，而只是意指的同一。

张三与孔子的同一，可以分四层来说明。第一，张三与张三的思想作为可以说是同一的，因为张三正想着孔子的时候，张三"生活在"他的思想作为里面，在那时候的张三可以说就是他的思想作为。第二，张三的思想作为与张三的意念只是一件事情的两方面，好像一张纸的正反两面，所以也可以说是同一的。意念好像是思想作为向对面投射的影子，但仍在张三心内。第三，张三的意念与孔子这个意指对象也可以说是同一的，因为孔子这个意指对象寄寓在张三的意念里面，孔子这个意指对象没有独立的实际的存在，可以说在实际上不外乎就是张三的意念。第四，孔子这个意指对象与孔子根本就是同一的，因为孔子这个意指对象"意指地"就是孔子自己。

我们这个说法所以不容易被人了解或是被人接受，有一个根本的原因。人们总喜欢把看自然事实的习惯来看精神的事实，于

是就不能了解这种意指的同一。张三想着孔子，这是一个精神的
事实。人们总希望能把这种精神的事实解释成一种自然的事实，
其实这等于说要把思想或知识解释成一种不是思想不是知识的东
西。在自然的事实里面不会有"意指的同一"；但离开了意指的
同一就不能有"意指性"，离开意指性决不会有思想，知识等等
事情。

又有人会提出疑问：思想有意指性，这诚然是不错的。但意
指性是否真在意念里面，这是很成问题的。说不定意指性的真正
的寄寓处是思想作为，不是意念，只是我们把他当作是在意念里
面。思想作为必须把意念当作对象本身来观看，思想才有意指
性。假若意念不被思想作为当作对象本身来观看，意念当然就没
有意指性了。但思想作为把意念当作对象本身来观看，只是思想
作为的事情，于意念自身仍是无所增益，所以意念自身还是没有
意指性。意指性好像在意念里面，其实在思想作为里面；正如同
我们赋予一串声音以意义，意义好像就在这串声音里面，其实就
这串声音（这串物理事物）自身说他还是没有意义的，意义的
真正的寄寓处不是这串声音而是我们自己。我们回答：你这个说
法确乎可以自成一说。但假若你的说法是对的，那么意念与思想
作为的关系只是偶然的，意念只作了思想作为的支持，只作了思
想作为的工具，意念的性质与语言文字相近了。在我们看来，思
想作为之所以成为思想作为就少不了意念，意念与思想作为是根
本上不能分离的，意念被思想作为当作对象本身来观看，这是意
念的内在性状所决定了的，因为意念本来就是思想作为的产物；
一串声音被思想作为拿来作外在的工具用，与这情形是不一样
的。意念不被思想作为当作对象本身来观看，不但不成为意念，
连他自身都没有了；一个辞身不被思想作为当作对象本身来观看
时，仍是一串物理事物。思想作为把辞身当作对象本身来观看，

于辞身自己所增益，这是因为辞身自己还是一串无意义的声音，并没有添上什么性质。思想作为把意念当作对象本身来观看，于意念无所增益，这是因为意念自身已含有了意指性，不是再添上意指性。意念自身就不能离开思想作为与他之间的关系，意念在这关系之中这回事对于意念自身是内在的。在我们有思想作为的时候，同时我们有种种想象，我们往往想象着一个辞身（一串声音），这种想象所产生的意象对于思想作为确乎只是一种外在的工具。我们不应当把意象与意念混为一谈，思想的意指对象并不真寄寓在意象里面。照你的说法，似乎意念只是这样一个意象，但我们所谓意念不是这样一个意象。所以你的说法实在就同说只有思想作为没有意念一样。而我们认为思想的阳动（能）阴静（所）两方面是密切结合着的，阴静这一方面（意念）并不是外在的工具，因此意指性不专属于一方面。

四　"有"，"没有"，"不同一"，"同一"

一切事物都是"有"的，绝没有"没有"的事物；因为一个事物倘若"没有"，就没有这个事物。我们说女娲氏是没有的，正因为根本没有女娲氏。但倘若连女娲氏这个意指对象都没有，我们就没有法子作"女娲氏是没有的"这个判断了。"女娲氏是没有的"这句话所以能说，所以说了有用，还是靠着女娲氏之有；但不是真有女娲氏，只是女娲氏这个意指对象得要有。

照某种哲学理论说，"有"、"没有"这些字眼只能加到意指对象上去。因为对象本身并没有两种，一种有一种没有。但意指对象确有两种：一种是与对象本身相应的意指对象，一种是不与任何对象本身相应的意指对象；前者我们说他是"有"的，后者我们说他是"没有"的。这个理论确有他的道理，可惜稍欠周密。

对象本身并没有两种，一种有一种没有，这话是很对的，因为一切对象本身都是有的。但意指对象虽然有两种，也不是一种有一种没有，因为倘若一种没有那就只有一种了。两种意指对象都是有的，但第一种意指对象与对象本身相应，第二种意指对象不与任何对象本身相应。我们不说没有第二种意指对象，我们只说第二种意指对象没有与他相应的对象本身。我们不说女娲氏这个意指对象是没有的，我们只说女娲氏是没有的，因为本来没有女娲氏，只是我们心中有女娲氏这个意指对象。说某一个事物没有，必须有一个意指对象意指地是这一个事物。说"女娲氏是没有的"实在等于说"女娲氏这个意指对象不与任何对象本身相应"。倘若有人觉得我们仍不妨用"女娲氏这个意指对象是没有的"这句话来表示这个意思，那么我们就应当区别：说女娲氏这个意指对象是有的是说他自身是有的，说女娲氏这个意指对象是没有的是说他"物指地"是没有的，也就是说并没有女娲氏。

　　既是这样，我们又可以说：有"有"的事物，有"没有"的事物。这里"事物"两字说的是意指对象，"有"，"没有"是"物指地"有，"物指地"没有。

　　任何两个事物都是"不同一"的，决没有"同一"的两个事物；因为只要是同一的，就只是一个事物，不是两个事物了。但单说"某一个事物是同一的"'又是说一句没有意义的话，因为"同一"是两项的关系。我们说"孔子与仲尼是同一的"，正因为孔子就是仲尼，孔子与仲尼不是两个事物；我们说"孔子与孔子是同一的"，正因为孔子本来只是这一个。在"孔子与仲尼是同一的"这句话里面还有两个不同的名字；在"孔子与孔子是同一的"这句话里面连名字也只有一个，不过这个名字在这句话的这个辞身里面有两个辞身罢了。但倘若孔子这个意指对象也只有一个，我们就没有法子作"孔子是孔子"或者"孔子与孔子是同一的"这个判断了。"孔子与孔子是同一的"这句话所以能说，还是靠着孔子与孔子之不同一，但不是孔子真与孔子不同一，只是第一个意指对象孔子与第二个意指对象孔子不同一。作"孔子与孔子是同一的"这个判断的人，心里面必须想两次孔子，也就是有两个意指对象孔子。

照某种哲学理论说，"同一"、"不同一"这些字眼只表示两个意指对象中间的关系，两个对象本身无所谓同一不同一。两个意指对象倘若都与某一个对象本身相应，我们就说他们是"同一"的；倘若各有各的对象本身，我们就说他们是"不同一"的。这个理论确有他的道理，可惜稍欠周密。两个对象本身总不会是同一的，他们总是不同一的。但一个对象本身与他自己确是同一的。至于两个意指对象其实也不会是同一的，他们也总是不同一的。倘若两个意指对象都与某一个对象本身相应，我们不说这两个意指对象同一，我们只说与他们相应的对象本身是相同的。我们不说墨子内心的仲尼这个意指对象与曾国藩心内的中国最大的圣人这个意指对象同一，我们只说仲尼与中国最大的圣人同一，因为中国最大的圣人确是仲尼。我们说"孔子与孔子同一"，也因为孔子只是这一个，人心中才有两个意指对象孔子。在"孔子与孔子是同一的"或是"孔子与仲尼是同一的"这个判断里面，两个意指对象自身虽然不同，还算有同一的"意义"。在"仲尼与中国最大的圣人是同一的"这个判断里面，两个意指对象不但自身不同一，连意义也不同一；但是他们只与一个对象本身相应；所以这个判断是真的。说某一个事物与某一个事物同一，必须有两个不同的意指对象，一个"意指地"是某一个事物，另一个"意指地"是某一个事物。说"孔子与孔子是同一的"实在等于说"这个意指对象孔子与那个意指对象孔子只与一个对象本身相应"。倘若有人觉得我们仍不妨用"这个意指对象孔子与那个意指对象孔子是同一的"这句话来表示这个意思，那么我们就应当区别：说这个意指对象孔子与那个意指对象孔子是不同一的是说他们自身是不同一的，说这个意指对象孔子与那个意指对象孔子是同一的或者是说他们"意指地"是同一的，或是说他们"物指地"是同一的；说他们"物指地"是同一的也就是说孔子只是这一个。

既是这样，我们又可以说：两个事物也有是"不同一"的，也有是"同一"的。这里"事物"两字说的是意指对象，"同一"、"不同一"是"物指地"同一，"物指地"不同一。（另一个解释是：这里"事物"还是对象本身，但"两个"不一定真是两个——一个与另一个，——只是一个与一个。）

下面这两个表可以帮助我们了解上一节与这一节所说的话：——

张三想着女娲氏			李四也想着女娲氏	
意念（自身）	有	是实际的事物	是心内的事物	不同一
意指对象 { 自身	有	不是实际的事物	是心内的事物	不同一
意指地	有	是实际的事物	不是心内的事物	同一
物指地 }	没有			
对象本身				

张三想着梅兰芳			李四也想着梅兰芳	
意念（自身）	有	是实际的事物	是心内的事物	不同一
意指对象 { 自身	有	不是实际的事物	是心内的事物	不同一
意指地	有	是实际的事物	不是心内的事物	同一
物指地 }	有	是实际的事物	不是心内的事物	同一
对象本身				

五　意义

由前几节我们已知道："思想"这名词可以指思想作为说，也可以指思想内容说。但"思想内容"这个名词又有好些不同的用法。我们已说过：照他的第一个用法，思想内容是思想作为所产生的意念，或是通脉意念。我们现在可以说：照他的第二个用法，思想内容就是意指对象。本节所要讲的是"思想内容"这名词的第三个用法。

张三想着"5 与 7 之和"，李四也想着"5 与 7 之和"。这两个意念不一定有"承袭"的联系，但我们还可以说他们有同一的"内容"。这"内容"就是我们所称为"意义"的那东西。

凡是两个意指对象，我们可以拿来作两种比较：（一）与他们相应的对象本身是否同一，（二）他们的意义是否同一。倘若他们各有各的对象本身，我们就说他们"物指地"不同一。倘若他们与同一个对象本身相应，我们说他们"物指地"同一；"12"，"5 与 7 之和"，"4 与 8 之和"，这样三个意念的意指对象是"物指地"同一的，因为与他们相应的对象本身只是 12 那一个数目。但是 12 这个数目跑到这三个意念里面来，穿上了三样不同的衣服。三个思想作为都以 12 为对象，但 12"如何"作他们的对象这一点并不一样。这三个意念的"内容并不同一"。我们说："12"，"5 与 7 之和"，"4 与 8 之和"是三个不同的"意义"，虽然真正的"对象"只是那一个。至于张三的"5 与 7 之和"这个意念与李四的"5 与 7 之和"这个意念"内容是同一的"；在他们心内虽然各有各的意指对象，这两个意指对象不但与同一个对象本身相应，而且是同一个"意义"的两次实现。

意指对象虽然不是实际的事物，但仍可以说是"个别的"

事物。张三与李四都想着"5 与 7 之和"。但在张三心内的是张三心内的意指对象，在李四心内的是李四心内的意指对象。通是这一个意义，因为实现在这个人心里面，那个人心里面，这个时候，那个时候，于是就分身了，就有了"个别性"，就成了意指对象。反过来说，意指对象脱离了"个别性"就是意义。前面说过：几个意念由于中间有"承袭"的联系可以被看作同一个意念（通脉意念）。但有时几个意念中间不一定都有承袭的联系，由于他们的"内容"相同他们也被看作同一个意念。照我们的用字法，我们不说他们是同一个意念或是同一个通脉意念，我们说他们有同一的意义。

"意义"这个名词原先是专用到与语言有关的情形上面的。我们常说起某一个辞身或是某一个辞的"意义"，但我们不习惯于说某一个意念的意义，在这里我们平常用"内容"两字。因为"内容"两字有很多的用法，我们现在还是愿意用"意义"两字；本来，一个有效的辞身的意义就是他所表现的意念的"内容"。（一个辞的意义也就是他的有效的辞身所可能表现的意念的"内容"。）不但两个辞身可以有同一的意义，就是两个不同的辞也可以有同一的意义。"5 与 7 之和"与"5 + 7"是两个辞，但他们的意义是同一的。照我们的用字法，既然意义不一定是辞的意义，那么一个意义不但不一定有辞身表示他，甚至也不一定有可以表示他的辞。辞的有依靠着某种约定的存在，但事实上所有的这种约定是不是够给我们用来表示所有的意义，这是谁也不敢断定的。

由上面所说我们应当已经明白：一个辞身的意义并不是他所表现的意念或是通脉意念。意念都是个别的事物，通脉意念也都是有历史性的事物。但好些意义是没有历史性的，例如"7 与 5 之和"这个意义。一个辞的意义也不是他所代表的对象本身。

"中国最大的圣人"与"孔鲤的父亲"这两个辞所代表同一个对象本身，但他们各有各的意义。"'2 加 2 等于 5'这个句子的意义"，这是一个名词。这个名词所代表的对象就是"2 加 2 等于5"这个句子的意义。假若一个名词所代表的对象就是这个名词的意义的话，那么"'2 加 2 等于 5'这个句子的意义"这个名词的意义也就是"2 加 2 等于 5"这个句子的意义了。但这是不可能的；一个名词与一个句子决不会有同一的意义，因为他们不能互相替代。况且单独说"2 加 2 等于 5"这个句子的人犯了很明显的错误，因为小孩子都知道 2 加 2 不等于 5；但单独说"'2加 2 等于 5'这个句子的意义"这个名词的人并不犯着什么错误（即令这个名词有肯定性的话），因为一个句子只要是一个句子，总有他的意义。

一个意义不一定有对象本身与他相应。"最大的整数"这个意义就是一个例子。关于这一点在下章我们还要详细说。

一个意义不一定实现为意指对象。换句话说，一个意义不一定有相当的意念。有些意义仅仅可能实现为意指对象，但事实上始终不实现。某些几兆兆兆位的数字的意义大概从没有实现过，因为这些意义的实现对于思想所加的负担太重了。（我们并不是说这些"数目"在自然界里没有实现过，我们是说代表这些数目的数字的"意义"没有实现过。）前面我们说过一个意义不一定有可以表示他的辞，现在我们又看出一个意义就是有了可以表示他的辞，还是不一定实现在意念里面。

意义不一定实现，所以一个意义的有并不依靠着思想作为，并不依靠着意念；而意指对象的有是依靠着思想作为，依靠着意念的。"3"这个意义之有并不依靠着某些思想作为或是某些意念的存在。但是我们应当区别"3"这个意义与 3 这个数目（3这个对象本身，性状，"理"）。3 这个数目之有不但不涵蕴某些

意念的存在，其实也不涵蕴意念之所以为意念或是思想作为之所
以为思想作为。"3"这个意义之有虽然不涵蕴某些意念的存在，
倒是涵蕴着意念之所以为意念与思想作为之所以为思想作为。从
这一点看我们也可以说凡是一个意义总是依靠着思想，依靠着心
的；但我们并不是说他依靠着实际上的思想或是实际上的心，他
只是依靠着思想之所以为思想与心之所以为心，依靠着"思想"
这个性状。

把本章所论总结为下图：

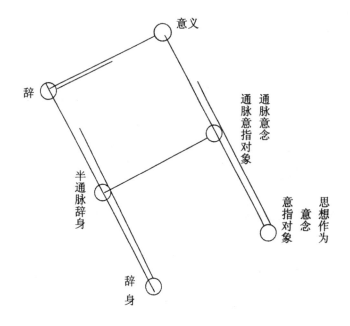

凡在图中写在一起的都是有一对一的关系的。例如思想作为与意
念的关系是一对一的，意念与意指对象的关系也是一对一的。

前面说过：几个辞身倘若表现同一个通脉意念，他们就隶属
于同一个通脉辞身。假若他们中间还都有"钞写"或"依仿"

的关系（但并没有"翻译"的联系），那么他们不但隶属于同一个通脉辞身，而且又都是同一个辞的辞身；我们说他们隶属于同一个"半通脉辞身"。孟子的原文是一个半通脉辞身，孟子的每一种翻译也都是一个半通脉辞身。所以一个通脉辞身可以有许多半通脉辞身。

"通脉辞身"在图中没有表示。通脉辞身与被表现的通脉意念是有一对一的关系的。但因为不是所有的通脉意念都被表现，我们没有把"通脉辞身"写在"通脉意念"一起。

所谓"通脉意指对象"是把凡有承袭联系的意指对象都归成一个。通脉意念与通脉意指对象的关系是一对一的。

图中的线表示一对多的关系。意义与辞的关系是一对多的。事实上一个辞会有许多意义，但严格说起来，有许多意义就得算是许多的辞，只是物理的型式恰好相同罢了。至于许多辞有同一的意义，这许多辞并不因此就不是许多辞而只是一个辞。意义与通脉意念的关系，通脉意念与意念的关系，辞与半通脉辞身的关系，半通脉辞身与辞身的关系，通脉意念与半通脉辞身的关系，也都是一对多的。

单线表示有不在关系中的。这有五项：（一）不是所有的意义都实现，不是所有的意义都有相当的意念，因此不是所有的意义都有相当的通脉意念。（二）不是所有的辞都有辞身，因此不是所有的辞都有半通脉辞身。（三）不是所有的意义都有相当的辞。（四）不是所有的通脉意念都被表现于辞身，因此不是所有的通脉意念都被表现于半通脉辞身。（五）不是所有的辞身都是有效的辞身，不是所有的辞身都表现通脉意念，因此不是所有的半通脉辞身都表现通脉意念。双线表示没有不在关系中的。例如一个意念总是隶属于一个通脉意念的；倘若一个意念不与任何别的意念有承袭的联系，他独立的还是一个通脉意念。一个通脉意念不会没有隶属于他的意念，因为至少得有一个意念才能说有这个通脉意念。一个辞也不能没有意义，因为没有意义的就不是辞。

意义与对象本身的关系因为比较复杂，在图中没有表示。关于这一点，本文为讲述方便起见，专举"名词性的"意义为例，而且专举了"单数常项名词性的"意义为例，这是把问题简单化了的。在下文我们会把这个漏洞补起来。

（《哲学评论》第 8 卷第 3 期，1943 年。）

意义的分类

——意指分析的第二章

一 整全的辞与整全的意义

上文我们讲思想，并没有指出思想与其他心理现象的区别在哪里。这个区别是不大容易规定的。我们大致可以作如下的区分：心理现象有不在显意识范围内的，有在显意识范围内的。在显意识范围内的心理现象有不是"随意所之"的，有多少是"随意所之"的。例如感觉就不是随意所之的心理现象，想象就多少是随意所之的。随意所之的心理现象有非理智的，不带抽象性的，有理智的，带抽象性的。非理智的心理现象不能直接表现于辞身，只能间接表现于辞身；惟有理智的心理现象可以为辞身所直接表现。想象不经过思想就不能表现于语言，语言由表现思想方能间接的表现思想所隐含的想象，因为想象虽然是随意所之的心理现象，但还是非理智的心理现象。（语言的节奏可以直接表现想象，但这种表现是另一方面的，经过翻译就丧失的。）理智的心理现象包括（广义的）思想作为与意念两种。

本文要讲的是思想作为，意念，与辞的分类。这个分类是按照着它们的意义来分的，根本上说起来是意义的分类。为讲述方便起见我们以辞的分类出发。

上章说过：辞有整全的与非整全的两种。因此意念也有整全的意念，有非整全的意念。非整全的意念是不能独立的，他只是整全的意念的部分。同样，意义也有整全的意义，有非整全的意义。但思想作为是单纯的事物，所以没有"非整全的"。上文说思想作为与意念的关系是一对一的，这句话要严格一点应当这样说：思想作为与整全的意念的关系是一对一的。整全的意念不一定是独立的。倘若一个整全的意念——甲——只是另一个整全的意念——乙——的部分，与甲相当的思想作为——子——并不只是与乙相当的思想作为——丑——的部分，因为思想作为不大容易说有部分。但子是丑的"预备"。子所对的意念给丑所对的意念的部分。丑所对的意念乙并不完全是丑所产生的，他是丑所完成的。丑所产生的那一部分可以是一个非整全的意念。这个非整全的意念套上甲这个整全的意念就成了乙这个整全的意念。这些情形是很复杂的，在本文我们不能多所讨论。以后我们专讲整全的辞，整全的意念，整全的意义的分类，同时也就是讲思想作为的分类，因为每一个思想作为都完成一个整全的意念。

整全的辞有纯呼叹的与非纯呼叹的两种。"啊呀！"是纯呼叹的辞，"这么高的房子！"与"这房子很高"都是非纯呼叹的辞。（纯呼叹的辞身与本能的发声——如哭声——不同。纯呼叹的辞还是依靠着一种约定；这种约定往往以本能的发声为依据，但因为是公式化了的，终究与本能的发声不完全一样。）

整全的辞既然有纯呼叹的与非纯呼叹的两种，那么思想作为，整全的意念，整全的意义也都应当有纯呼叹的与非纯呼叹的两种了。但我们是否能说一个纯呼叹的辞身表现一个理智的心理现象，这是很成问题的。惊讶、感伤等情绪既不是意念，也不是思想作为。不过我们可以说：以纯呼叹的辞（如"呜呼！"）的辞身与非纯呼叹的辞的辞身杂厕在同一篇文字内这一点来看，情绪也必须是理智化了的才能表现于辞身，不然的话就只能表现于本能的发声了。

二　整全的辞的分类

整全的辞有成句的与不成句的两种。普通往往把不成句的辞看作非整全的辞，这是因为在应用上，尤其在一篇谈话或是一篇文字里面，这种不成句的辞往往只伴随着成句的辞，并不占主要的地位，或者只代替着成句的辞，可以看作成句的辞的省略，或者只作成句的辞的部分。这种不成句的辞虽然以某一个观点看可以说是不完全的，根据我们的定义他们还是整全的辞，因为他们已有了整全的意义。

不成句的整全的辞有两种：（一）上节提到的纯呼叹的辞，（二）名词。纯呼叹的辞有感叹的与唤斥的两类。"啊呀！"是感叹的纯呼叹的辞。"喂！"是唤斥的纯呼叹的辞。名词有主格的与呼格的两类。"参乎，吾道一以贯之。"这"参乎"是呼格的名词。"回也，其心三月不违仁。"这"回也"是主格的名词。呼格的名词与主格的名词在外表上可以完全相同，不一定像上例那样有显著的差别。呼格的名词的作用在引起听话者的注意，但是与唤斥的纯呼叹的辞（如"喂！"）不同，因为呼格的名词同时还代表听话者。主格的名词在意义上比呼格的名词简单，因为一个主格的名词除了以他的方式代表他所代表的对象而外再没有别的含义。关于主格的名词我们以后还要详细讨论。

成句的辞有感叹的与非感叹的两种。感叹的成句的辞与感叹的纯呼叹的辞不同。纯呼叹的辞不但是不成句的，而且是不含着名词的；感叹的成句的辞，例如"这人这么糊涂！"是含着名词的，因为一切成句的辞都含着有名词。

一个有效的辞身的作用可以是"自表的"，也可以是"纯传达的"。自表的作用可以是非传达的，也可以是传达的。非传达的自表作用在一个人的自言自语里面可以见到。但不论是传达的或是非传达的自表作用都与纯传达的作用不同。一切感叹都是自表的，不管他是非传达的（自言自语的）还是传达的（故意在别人面前发的）；一切命令都是纯传达的，自言自语的命令是不可能的，因为自言自语的命令只是想象中的命令，一个人把自己幻想作别人，又想象着对他发命令。

整全的辞可以有三种：（一）有些整全的辞的辞身只能有自表的作用。例如感叹的纯呼叹的辞与感叹的成句的辞。（二）有些整全的辞的辞身只能有纯传达的作用。例如唤斥的纯呼叹的辞与呼格的名词。（三）有些整全的辞可以有两类辞身，一类是有自表的作用的，一类是有纯传达的作用的。例如主格的名词与非感叹的成句的辞。关于这一点我们在下面要解释。

非感叹的成句的辞有纯实践的与理论的两种。（这里所谓"理论的"只是直接属于知识的，与通常所谓"纯理论的"意思不同。不但"实践哲学"是理论的，就是事实的叙述也属于广义"理论"的范围。）主格的名词可以看作不成句的理论的辞。上文说：在意念里面观看对象就是思想作为。这话似乎把思想作为限制到理论的思想作为了。其实感叹的思想作为与纯实践的思想作为都不止是观看对象。理论的思想作为与意念是狭义的思想作为与狭义的意念。

一切命令式的或者类似命令式的句子都是纯实践的辞。命令是纯实践的辞的纯纯传达作用。不对人发命令，单单表现实践的决断，这是纯实践的辞的自表作用。倘若一个纯实践的辞身只表现一个实践的决断，他的作用只是自表的，不管他是自言自语的还是对人表示的。倘若一个纯实践的辞的辞身不仅仅表现实践的决断，并且是一道对人发的命令，他的作用就是纯传达的了。命令若是不发出来就不是命令，决断不表现于语言还是决断。

　非感叹的成句的辞又有疑问的与非疑问的两种。"狗是脊椎动物么?"与"狗是脊椎动物"都是非感叹的成句的辞，而且都是理论的辞；但前一个是疑问的辞，后一个是非疑问的辞。倘若一个疑问的理论的辞的辞身只表现一个疑问，不管这个辞身是自言自语的还是对人表示的，他的作用总是自表的。倘若一个疑问的理论的辞的辞身不仅仅表现心中的疑问，而且是询问别人，为着要别人告诉我一些什么（例如不认识路见着人问路），他的作用就是纯传达的了。询问不用语言文字就不是询问，但疑问不表现于语言还是疑问——心中的疑问。

　一个非疑问的理论的辞的辞身倘若只表现一个判断，他的作用只是自表的，不管他是自言自语的还是对人表示的。倘若他不仅仅表现判断，而是通知别人，告诉别人一些什么，他的作用就是纯传达的了。通知若是不说出来就不是通知，判断不表现于语言还是判断。我们应当注意的是通知与对人表示判断的差别。对人表示"明天一定下雨"这个判断直接的只是叫人知道我有这个判断，告诉别人，通知别人昨天下了雨是直接叫人知道（相信）昨天下了雨。

　同一个辞有两类辞身（自表的与纯传达的）这种现象引起了一个问题：究竟这两类辞身的意义是否相同？若是"意义"两字是照上文所讲的那样，我们只能说这两类辞身的意义是相同的。因为意义若是只能实现在思想作为与意念里面——我们知道命令、询问、通知都不是思想作为而是行为，我们又知道决断、疑问、判断才是思想作为——一个命令的辞身与一个自表决断的辞身在意义上就不见得有区别，他们都表现心中的决断，他们的意义都实现在决断里面。但是假若我们把意义两字的范围扩充一些，假若我们承认有一种不实现在思想里面而实现在行为里面的意义，我们也许可以说：命令的辞身的意义比自表决断的辞身的意义"多"一些，因为一个命令的辞身不仅仅表现一个思想（一个决断），同时还表现一个行为（一个命令）。并且我们可以说：一个命令的辞身与他所表现的命令是分不开的，倘若没有命令的辞身，也就没有命令这种行为（语业）了。（但一个对人表示决断的辞身的意义并不比自言自语中表现决断的辞身的意义"多"一些；虽然对人表示是故意的，这"故意"并不以影响意义的方式被表现，至于说话的行为——语业——在这里也与意义无关。）从另一方面看，纯传达作用似乎比自表作用还更原始，因此命令的意义比决断的意义虽然"多"一些，决断的意义似乎倒是从命令的意义"变出来"的。无论怎么样，假若我们采用了"意义"两字扩充的意义，那就并不是同一个辞有两类辞身，根本这两类辞身就是两个不同的辞的辞身了，虽然他们在外表上不一定有差别。

主格的名词与非疑问的理论的成句的辞，这两种辞与逻辑知识论最有密切关系，从下节起我们讨论的范围就限制到这两类辞。

三　名词性的意义

本节所要讨论的"名词"限于主格的名词。一个主格的名词是一个整全的辞，整全的辞都可以有独立的辞身，那么一个主格的名词也应当可以有独立的辞身了。但事实上可以找到的主格的名词的独立的辞身，都会引起一些怀疑，因为他们似乎都是句子的省略。街道上有人叫一声"车"！这可以是"车来了！"的省略。屋子里有人叫一声"水"！这是"拿水来！"的省略。（这"水！"是主格的名词，不是呼格的名词，因为你叫水水并不会答应你；只有在诗歌文艺里面由于人格化的想象，"水"！才可以成为呼格的名词。）书面上题着《红楼梦》三字，也可以看作"这是《红楼梦》"的省略。名词只能在句子里面出现，这个意见是非常流行的。但是我们已说过：名词是整全的辞，所以主格的名词可以有独立的辞身。那么为什么我们找不到一个很好的例子，一个主格的名词的独立的辞身可以不看作句子的省略的？这理由完全是实用的。其实在一个人的自言自叙里面就会有不能看作句子的省略的主格的名词的独立的辞身出现。因此主格的名词确有自表的独立的辞身，这是不容否认的。这样一个自表的辞身只表现一个"思观作为"，（或是他所产生的"观念"，）除此更没有别的作用。主格的名词也有纯传达的独立的辞身，这一点从上面所举的《红楼梦》一例就可以看出。不管别人的习惯怎么样，至少我们决不在书面上题着"这是《红楼梦》"或者"这里《红楼梦》开始"一类的话，我们只题《红楼梦》三个字。虽然我们题这三个字的目的是叫人知道"这是《红楼梦》"或者"这里《红楼梦》开始"一类的话，我们只题《红楼梦》三个字。虽然我们题这三个字的目的是叫人知道这是《红楼梦》，这个目的是与意义无关的。即令我们承认了把意义两字范围扩充的说法，我们还是只能说：书面上这三个字，就他本身的意义说，含有叫人想着《红楼梦》的目的，但是叫人知道这是《红楼梦》，这个目的虽然是带着有的，他是在意义之外的。

从本节这里起我们把自表作用与纯传达作用的差异撇开，专从表现思想这一方面来看各种理论的辞。

主格的名词（以后简称名词）的辞身所表现的是名词性的

意念，也称为"观念"。观念是名词性的思想作为所产生的意念，名词性的思想作为也称为"思观作为"。观念的"内容"——名词的"意义"——称为名词性的意义。

观念与其他意念的主要差别是：各种意念虽然都代表对象，名词性的意念（观念）更可以说是对象的代表。我们不大容易说一句句子代表一个对象，比较不成问题的是说一个名词代表一个——或多个——对象。"孔子"这个名词代表孔子。"孔子是鲁人"这句句子代表什么呢？这就不大好说。因为句子的作用不在"指"一个对象，唯有名词的作用在"指"一个或多个对象。我们已说过：理论的思想作为才是狭义的思想作为，因为他的作用只是"观看"。其实最狭义的"观看"恐怕只限于名词性的思想作为呢；所以名词性的思想作为又称为思观作为。

名词有常项变项两种。"孔子"是常项名词，"人"，"一个人"是变项名词。但"一切人"，"人类"，"人性"又都是常项名词。

名词又有单数非单数两种。"孔子"，"一个人"，"人类"，"人性"都是单数名词，但"一切人"是非单数名词。非单数的变项名词可以用"人"或"一些人"作例子。

名词性的意义与名词一样，可以分为（一）单数而常项的，（二）单数而变项的，（三）非单数而常项的，（四）非单数而变项的。

张三想着一匹马。这句话可以有两个意义。（一）张三想着一匹特殊的马（也许就是他自己骑的那一匹），张三的思想用话说出来也许是"这匹马"。（二）张三并不想着一匹特殊的马，张三的思想用话说出来只是"一匹马"。我们研究的是这第二种情形。我们说张三并不想着一匹特殊的马，这句话严格说起来还是有问题。因为一匹马总是一匹特殊的马，宇宙间决不会有一匹非特殊的马。（马性是非特殊的，但马性可并不是一匹马。）"一匹特殊的马"与"一匹马"这两句话实在没有什么区别。倘若张三只是想着"一匹特殊的马"，我们还是得说张三并不想着一匹马。"张三想着一匹特殊的马"，这句话严格说起来还是双关的，与"张三想着一匹马"同样双关，因为严格说起来这两句话没有多大区别。当张三只想着"一匹马"（或"一匹特殊的马"）而并不想着一匹特殊的马的时候，我们可以说宇宙间并没有一匹马是张三所想的，因为张三既不想这匹马，又不想那匹马，但是除了这匹那匹所有的特殊的马以外，宇宙间并不另外还有一匹马可以算作张三的思想的对象。那么张三的思想又没有对象了。我们应当这样说：张三的思想没有确定的对象本身，但是有确定的意指对象。（这意指对象是自身确定而"意指地"来确定的。）但是从一方面说固然没有一匹马可以看作张三的思想的对象本身，从另一方面说每一匹马又都可以看作张三的思想的对象本身。当张三想着女娲氏的时候，张三的思想绝对没有对象本身。当张三想着一匹马的时候，张三的思想只是没有确定的对象本身，但每一匹特殊的马又都可以算作张三的思想的未确定的对象本身。变项名词的辞身所表现的思想常常是没有确定的对象本身的；但大多数的变项名词，他们的辞身所表现的思想有未确定的对象本身。这里所谓"确定""未确定"是就对象本身与思想之间的关系说的，因为离开了这个关系对象本身当然无所谓"确定"、"未确定"。

　　常项名词的辞身所表现的思想，只要有对象本身的话，总是有确定的对象本身的。不过非单数的常项名词，他们的辞身所表现的思想常常不止有一个确定的对象本身而有几个（甚至无穷个）确定的对象本身。张三想着一切人。这句话也可以有两个意义：（一）张三认识宇宙间过去现在未来所有的人，而一个一个想到他们，张三的思想用话说出来非常的长——"孔子与孟子与子思与亚历山大与我与李四与……"（二）张三的神通没有这样广大，他的思想用话说出来只是"一切人"。这两种情形中我们所说的无论是哪一种情形，张三的话总是一个非单数的常项名词。这两种情形中我们所说的无论是哪一种情形，宇宙间每一个特殊的人总都是张三的思想的对象本身，而且都是张三的思想的确定的对象本身，但并不是张三的思想的唯独的对象本身。张三想着"一切人"与想着"人类"又不同。"人类"不是非单数的常项名词而是单数常项名词。把一切人总起来作为一类，就是人类。若是张三想着"人类"，人类就是张三的思想的确定而唯独的对象本身。数理逻辑不用非单数名词，就是因为有了这个法门，把单数名词来代替了非单数名词的功用。

下表给我们一个醒目的总算：

（一）单数常项名词：

（甲）有确定的唯独的对象本身的。例："孔子。"

（乙）没有对象本身的。例："女娲氏。"

（二）单数变项名词：

（甲）有未确定的唯独的对象本身而没有未确定的非唯独的对象本身的。例："一个人。"

（乙）有确定的唯独的对象本身的。例："孔子的所有的妻子"。

（丙）没有对象本身的。例："一切狐狸精。"

（三）非单数常项名词：

（甲）有确定的非唯独的对象本身的。例："一切人。"

（乙）有确定的唯独的对象本身的。例："孔子的所有的妻子。"

（丙）没有对象本身的。例："一切狐狸精。"

（四）非单数变项名词：

（甲）有未确定的非唯独的对象本身的。例："一些人。"

（乙）有未确定的唯独的对象本身而没有未确定的非唯独的对象本身的。例："一个一次方程式的所有的答案。"

（丙）有确定的非唯独的对象本身的。例："两个小于三的正整数。"

（丁）有确定的唯独的对象本身的。例："孔子的一个或一些妻子。"

（戊）没有对象本身的。例："一些狐狸精。"

上表所列的有十三类，可以归并为两大类：（一）的（甲），（二）的（甲）、（乙），（三）的（甲）、（乙），（四）的（甲）、（乙）、（丙）、（丁），都是有对象本身的名词；（一）的（乙），（二）的（丙），（三）的（丙），（四）的（戊），都是没有对象本身的名词。

除了上述的分类之外，名词又有假定有对象本身的与不假定有对象本身的两大类。前者我们称为"指定名词"，后者我们称为"非指定名词"。这两类的名词往往在外表上看不出区别。例如在"女娲氏究竟有没有？"这句子里面的"女娲氏"这个名词是不假定有女娲氏的，所以是非指定名词。但在"女娲氏究竟生在西历纪元前哪一年？"这句子里面的"女娲氏"这个名词是假定有女娲氏的，所以是指定名词。（不过这句子也还可以有另一个解释，就是说"在中国神话里面一般所承认的女娲氏的生年合于西历的哪一年？"照这样解释，"女娲氏"这名词就不是指定名词了。）

名词是无所谓真妄的。但有些名词含着有妄的假定。假如"女娲氏"当作指定名词用，就含着一个妄的假定，因为他假定有女娲氏。这种含着有妄的假定的名词我们称为"根谬的名词"。根谬的名词并不一定是自相矛盾的名词。根谬的名词是我们不应当用的名词；普通往往认为这类名词为"无意义的"名词。——1925年法国就没有国王，说"1925年的法国国王"不是无意义么？但"无意义"三字是不恰当的。自相矛盾的名词尚且有意义。何况根谬的名词不尽是自相矛盾的呢！

把根谬的名词除外以后，非根谬的名词就没有真妄可言。我们也可以这样说：非根谬的名词全是有效力的。当然，根谬的名词一定是无效力的。（这与上文所讲的"有效""无效"完全是两回事，不应当混淆了。）

下表把名词的指定非指定，根谬非根谬（有效力无效力），有对象本身没有对象本身，这中间的关系表明得很清楚：

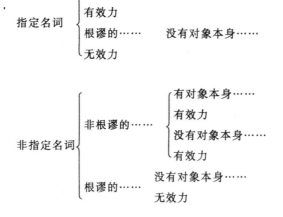

指定名词
- 非根谬的……　有对象本身……　有效力
- 根谬的……　没有对象本身……　无效力

非指定名词
- 非根谬的……
  - 有对象本身……　有效力
  - 没有对象本身……　有效力
- 根谬的……　没有对象本身……　无效力

常项名词又可以分为"直接的"与"描述的"两类。假定"孔子"是一个直接的单数常项名词（"孔子"是否直接的名词以后还要讨论），那么"中国最大的圣人"就是一个描述的单数常项名词。这两个名词的意义并不相同，而有同一的对象本身。假定孔子与孟子与子思与亚历山大与张三与李四与……是一个直接的非单数常项名词，那么"一切人"就是一个描述的非单数常项名词。我们已说过：数理逻辑不用非单数名词。我们还可以注意：数理逻辑虽然用描述的单数常项名词，但是并没有用他的必要。这一点在怀特海与罗素的著作里面解释得很清楚，我们不必再细述了。（参看 *Principia Mathematica*，Part Ⅰ，Section B，★ 14.）

　　我们已注意到"张三想着一匹马"的问题。张三想着一匹马与张三骑着一匹马，这里面的逻辑是完全不同的。张三骑着一匹马，张三总不能不骑着一匹特殊的马。张三想着一匹马，张三尽可以不想着任何那一匹特殊的马。其实不但变项名词可以引起这样的问题，常项名词也已可以引起与这相似的问题。张三想着孔子与张三打孔子一拳，这里面的逻辑也是不相同的。孔子是中国最大的圣人，所以张三打孔子一拳，也就打了中国最大的圣人一拳。但张三想着孔子，不一定想着中国最大的圣人（想着中国最大的圣人也不一定想着孔子），说不定张三不知道孔子是中国最大的圣人，所以才打了他一拳。但是不论张三想着孔子也好，想着中国最大的圣人也好，与张三的思想相应的对象本身总是孔子，（因为中国最大的圣人是孔子。）所以就某一意义说，张三想着中国最大的圣人也就是想着孔子，不过不是直接的想着孔子而是间接的想着他，甚至连自己都不知道是想着孔子。反过来，张三想着孔子也可以说就是想着中国最大的圣人，因为孔子是中国最大的圣人，不管张三知道不知道孔子是中国最大的圣人。

　　张三想着中国最大的圣人，李四想着孔鲤的父亲。中国最大的圣人是孔子，孔鲤的父亲也是孔子。所以孔子是与张三的思想相应的对象本身，也是与李四的思想相应的对象本身。张三的思想与李四的思想有同一的对象本身——孔子。孔子是孔鲤的父

亲，可是张三并不想着孔鲤的父亲，张三只想着中国最大的圣
人。孔子是中国最大的圣人，可是李四并不想着中国最大的圣
人，李四只想着孔鲤的父亲。张三与李四不但有不同的意指对象
（这是不用说的），就是所想的内容——意义——也不同。但是
张三想着中国最大的圣人，就某一意义说，就是间接的想着孔子
（虽然张三并不想着孔子），也就是想着孔鲤的父亲（虽然张三
并不想着"孔鲤的父亲"），因为孔子是孔鲤的父亲。同样，李
四想着孔鲤的父亲，就某一意义说，就是间接的想着孔子（虽
然李四并不想着孔子），也就是想着中国最大的圣人（虽然李四
并不想着"中国最大的圣人"），因为孔子是中国最大的圣人。

倘若我们让 a 代表"中国最大的圣人"这个意义，b 代表
"孔鲤的父亲"这个意义，让 c 代表"孔子"这个意义，让 k 代
表孔子自己。让 m 代表张三在想着中国最大的圣人那时候的思
想作为，让 n 代表李四在想着孔鲤的父亲那时候的思想作为，让
S 代表赵五在直接的想着孔子那时候的思想作为，让 R 代表一个
思想作为与他的意念的内容（意义）的关系，让 R′代表一个思
想作为与与他相应的对象本身的关系（不管这关系是否直接
的），那么我们可以说：

（一）mRa，nRb，sRc。

（二）~mRc，nRc；就这一方面说，张三并不想着孔子。

（三）mR′k，nR′k，sR′k——在这里 k 是 m 的（也是 n 的，
也是 s 的）确定而唯独的对象本身；就这一方面说，张三所想的
是孔子。

倘若我们再让 øX 代表"X 是中国人并且没有别的中国人比
X 更圣明或与 X 一样圣明"，让 ψX 代表"X 生孔鲤并且 X 是男
子"，那么我们又可以说：

（一）（⌐X）（øX）=（⌐X）（ψX）= k；中国最大的圣人

就是孔鲤的父亲也就是孔子。

（二）mR′（⌉X）（øX），nR′（⌉X）（ψX）

（三）～sRa，sR′（⌉X）（øX）；就一方面说赵五并不想着中国最大的圣人，就另一方面说赵五所想的是中国最大的圣人。

（四）～mRb，～nRa，mR′（⌉X）（ψX），nR′（⌉X）（øX）；就一方面说张三并不想着孔鲤的父亲，李四并不想着中国最大的圣人，就另一方面说张三所想的是孔鲤的父亲，李四所想的是中国最大的圣人。

倘若我们让 e 代表“一匹马”这个意义，让 h 代表一匹马（e 是常项，h 是变项），让 t 代表昨天张三想着一匹马这思想作为，让 v 代表今天张三想着他所骑的那匹马这思想作为，让 R 代表思想作为与所想的意义的关系，让 R′代表思想作为与确定的对象本身的关系，让 R″代表思想作为，与或确定或未确定的对象本身的关系，那么我们可以说：

（一）tRe，～vRe；就这一层说，昨天张三是想着一匹马，今天张三倒不是想着一匹马。

（二）～（Eh）tR′h，（Eh）vR′h；就这一层说，昨天张三并不想着任何一匹马，今天张三确是想着一匹马。

（三）（h）tR″h，（Eh）vR″h，～（h）vR″h；就这一层说，昨天张三想着任何一匹马，今天张三虽然想着一匹马，却不是想着任何一匹马。

四　命题性的意义

我们把非疑问的理论的成句的辞一概称为“命题性的辞”。命题性的辞的辞身所表现的是“命题性的意念”与“命题性的思想作为”。命题性的辞的意义——命题性的意念的“内容"——称为"命题性的意义"。

命题性的思想作为大别有三种：（一）非指定的，称为"设想作为"；（二）指定的，称为"判断作为"；（三）半指定的，称为"臆测作为"。照样。命题性的意念也分为"设想"、"判断"、"臆测"三种，命题性的辞就分为"设想辞"、"判断辞"、"臆测辞"三种，命题性的意义分为"设想意义"、"判断意义"、"臆测意义"三种。

臆测往往跟随着有关概然性的判断。说"也许"差不多等于说某一命题的概然性不等于零，说"大概"差不多等于说某一命题的概然性大于二分之一。关于概然性本文不能多所讨论。在这里我们只指出：臆测作为与设想作为是完全不同的。一个人尽可以设想："我是一只蝴蝶"。但除了哲学家之外没有人会这样臆测："我怕真是一只蝴蝶。"

"命题"两字，有人用来指命题性的辞，有人用来指命题性的意义。我们不妨拿这两个字当作"设想意义"的简称。

设想张三是湖北人与判断张三是湖北人，这两种情形里面后一种情形似乎比前一种情形"多"一点什么。这所多的就是指定，判断，罗素的"⊢"那符号所表示的。照这样看，似乎一个判断一定包含一个设想，一个判断作为一定有一个设想作为他的预备。但其实并不如此。假言判断作为固然需要一个设想作为为他的预备，这个设想作为可是只管着前半句。判断作为并不一定有设想作为为他的预备，但是一个判断作为同时也可以看作一个设想作为；因为判断作用比设想作用多一点，所以有判断作用的地方当然同时就有了设想作用，并不需要两个思想作为来担任这两种作用。前面我们用"设想作为"四个字，只是指着仅有设想作用而没有判断作用的思想作为。（通常"设想"两字的用法当然是如此。）借用经院哲学的术语来说，一个判断作为虽然不是一个设想作为，也不 actualiter 含有一个设想作为，但他确是 virtualiter 含有一个设想作为。其实不但判断作为如此，一切成句的辞的辞身所表现的思想作为都是 virtualiter 含有一个设想作为的。因此一切成句的辞的意义或者就是设想意义，或者含有（至少在某意义内可以看作含有）设想意义。我们确可以这样看：设想意义——命题——添上一点什么，就成为判断意义，决断意义等等。

从另一方面说，判断作为比设想作为又似乎要"原始"，要直接一点，设想作为好像只是判断作为磨掉了他那一点积极意味而变成的。但我们决不能因此就说设想意义含有判断意义，我们宁可承认这个奇怪的情形：设想意义被含于比他更"原始"的判断意义之中。

判断作为虽然不一定需要设想作为为他的预备，可是不论判断作为也好，设想作为也好，都需要思观作为为他的预备。判断总是"关于"什么的判断，设想总是"关于"什么的设想。一句句子的"主词"所指的对象，常常就是整个思想作为所"关"的对象。这主词所表现的思观作为是整个思想作为所不可少的预备。因此一切命题性的辞都含着有名词；其实不但命题性的辞，一切成句的辞都含着有主格的名词。

命题性的思想作为以什么为对象本身呢？对于这问题可以有两个看法。（一）命题性的思想作为的对象本身就是一个命题所"关"的对象本身（通常为"主词"所指的）。假若有人判断："张三是湖南人，"这判断的对象本身就是张三自己。假若有人判断："四是偶数，"这判断的对象本身就是四这个数。（二）命题性的思想作为的对象本身是一个"事实"或是一个"道理"。"四是偶数"这判断的对象本身就是四是偶数这个道理，"张三是湖南人"这判断的对象本身就是张三是湖南人这个事实。

　　假若有人判断："四是奇数，"四这个对象虽是有的，但并没有四是奇数这个道理。"四是奇数"这个命题性的意义虽然也是有的，但是照第二个看法，因为没有相当的对象本身（四是奇数这个道理），所以是一个妄命题。照第一个看法，对象本身（四这个数）还是有的，但并不是如这命题所说的那样，因此这命题是妄的。同样，倘若有人判断："张三是陕西人，"照第一个看法，虽然对象——张三——是有的，但因为张三不是陕西人，所以这个判断是妄的。照第二个看法，根本因为对象——张三是陕西人这个事实——是没有的，所以这判断是妄的。

　　这两个看法并不相冲突。就一方面说，第一个看法比较来得基本。因为当我们说"张三是湖南人，"严格说起来，我们还没有把张三是湖南人这个事实当作对象——当作一个什么——来看，我们的对象只是张三。到我们用"张三是湖南人这个事实"这个名词（说不定当作另一句句子的主词）的时候，我们才把张三是湖南人这个事实当作一个对象来看。当我们只说"张三是湖南人"的时候，张三是我们所指的对象，至于张三是湖南人这个事实还不能说我们所"指"的对象。我们知道有些哲学家根本还不承认有张三是湖南人这个事实这类的对象本身，也不承认有四是偶数这个道理这类的对象本身。因为他们只能有第一个看法。但就另一方面说，倘若我们承认了这类的对象本身——我们总称他们为"命题性的对象"——那么"四是偶数这个道理"这个名词以四是偶数这个道理为所指的对象，但四是偶数这个道理在未作名词所指的对象之"先"，更原始的是他能作"四是偶数"这个判断辞的对象——固然不是这判断辞所"指"的对象，因为判断辞就整个说是无"所指"的。这时候他还没有作所指的对象——还没有被当作一个什么来看——但我们已不妨说他作了对象，因为等他作所指的对象的时候似乎他已是

"二次"作对象了。

命题性的意义与命题性的对象（事实或是道理）是必须区别的。前者有真有妄，后者无妄无真。一个命题性的意义若是有一个命题性的对象与他相应，他就是"真"的；若是没有，他就是"妄"的。

"四是偶数"，"'四是偶数'这个意义"，"四是偶数这个道理"，这三个辞的意义是不同的。第一个辞的意义是命题性的意义，他就是第二个辞所指的对象本身。第二个辞的意义与第三个辞的意义都是名词性的意义。第三个辞所指的对象是命题性的对象。第一个辞没有所指的对象，他的对象就是第三个辞所指的对象。这里一个命题性的意义，两个名词性的意义，一个命题性的对象，四者都应当区别。对于前一个名词性的意义说命题性的意义居于对象本身的地位，但并不成为命题性的对象。对于这命题性的意义与后一个名词性的意义说那命题性的对象才居于对象本身的地位。

明知没有充分理由而作臆测，是臆测作为。应当注意的是：有关概然性的判断作为不就是臆测作为。有充分理由而作判断（不论是无关概然性的还是有关概然性的），或者认为理由充分而作判断，这是推断作为。判断作为有"推断作为"与"直断作为"两类。从一个或多个已知的前提推得结论，这是推断作为。直接由命题的"自明性"（不论这命题真有自明性还是我们以为他有）或者直接由感官的呈现而作判断，这是直断作为。

臆测作为只是臆测作用，判断作为不但有判断作用，并且有证明作用（或似证明作用）。臆测作为所产生的意念只是一个"臆测"，判断作为所产生的意念虽然包含一个"判断"，但不只是这个"判断"。判断作为在所有的理论的思想作为里面他最独特的一点，就是他所产生的意念，有被"筷舍"的一方面，这就是说"理由"的那部分。说理由的那部分好像只在括弧里面，他伴随着结论，然而又不算在这判断作为所获的结果里面，惟有结论才是所获的结果。表现判断作为的辞身，也可以只把结论说出，也可以把前提一并说出。（例如我们说："既然四是偶数。四的倍数一定全是偶数。""既然四是偶数"六个字不在判断作为所获的结果里面。）我们应当区别一个判断作为所产生的"全意念"与他所产生的"果获意念"。全意念的"内容"是一个"证明（或似证明）意义"，果获意念的"内容"只是一个"判断意义"。判断意义加上理由那部分（或是标出前提，或是标出自明性）才成为证明意义。

因此一个证明意义一定包含一个判断意义，这个判断意义是整个证明意义的中心。可注意的是：证明意义包含判断意义，判断意义包含设想意义，判断意义与设想意义包含（在主词地位的）名词性的意义，三个"包含"各有各的特点。判断意义（或设想意义）包含名词性的意义，这两个意义一起实现的时候需要两个思想作为，一个思观作为与一个判断（或设想）作为，这思观作为是这判断（或设想）作为的预备。但前面已说过，判断意义包含设想意义，这两个意义一起实现的时候并不需要两个思想作为（一个设想作为与一个判断作为），只需要一个判断作为就够了。（当然这个判断作为还是需要一个思观作为为他的预备。）同样，一个证明意义包含一个判断意义，实现的时候也不需要两个思想作为，只需要一个判断作为就够了。（标出前提的那部分也许需要一个或多个思想作为，但这些既不就是推断作为，也不是占中心地位的判断作为，占中心地位的判断作为与推断作为是一个思想作为，不是两个思想作为。）然而证明意义包含判断意义，在材料方面还往往比判断意义多一点东西，判断意义包含设想意义，在材料方面并无所增益于设想意义，这是很不

同的一点。就这一点说，证明意义包含判断意义还多少与判断
（或设想）意义包含名词性的意义有点相似，最特别的是判断意
义包含设想意义那种包含。证明意义包含判断意义，这判断意义
是证明意义的中心部分，判断（或设想）意义包含名词性的意
义，这名词性的意义也可以说是判断（或设想）意义的中心部
分，因为他给了我们整个判断（或设想）意义"所关"的对象。
但是判断（或设想）意义所增益于名词性的意义的那部分，并
没有被"筏舍"的意味，他倒是整个判断（或设想）意义的着
重部分，因为这是相当于我们对于那所关对象所说的什么；而证
明意义所增益于判断意义的那部分，有被"筏舍"的意味，不
属于所获结果那一方面。从这一点看，当然证明意义包含判断意
义这种包含是最独特的，而其他两种包含都没有这种情形。我们
虽然用"筏舍"两字表示这种情形，并不是说被筏舍的就是不
重要的；只是从现象本身看，确可以发现这种筏舍的意味。当人
们的思想集中在求结论的时候，达到结论的步骤虽然是不可少
的，人们确是着重在结论的求得。求得结论之后，把结论牢牢地
抓住不放，达到结论的步骤记得不记得好像没有多大关系。但话
又说回来，这步骤才是证明意义最重要的部分，因为一个证明意
义有效力没有效力，全看这步骤怎么样。当我们反省的把这步骤
当作主要的对象来检查，这时候这步骤就不再有被筏舍的意味，
他反被看作我们的主要结果了。没有一个数学家不注重"证明"
的求得，他也很费时间把"证明"记熟；不像初学数学的人那
样只把所得的结论（定理、公式）记住，为着是好应用。但是
这反省的阶段确是"二次"的，不是原始的，在这反省的阶段
里原来的证明意义已经被"化为"一个复杂的判断意义了。原
来我们说："既然四是偶数，四的倍数一定全是偶数。"现在我
们说："从四是偶数这个道理可以得到四的倍数全是偶数这样一

个结果。"原来那句所表示的是一个证明意义，现在这句所表示的是一个判断意义。

一个证明辞有效力没有效力，不但要看所获结果方面（他的中心部分判断辞）有效力没有效力，还得看他所给的理由是否真充分。一个判断辞有效力没有效力，只在他所断定的命题是真是妄。一个设想辞有效力没有效力，只看他有没有妄的假定，只要他没有妄的假定，不管命题是真是妄他总是有效力的。我们先把判断辞与设想辞的根谬非根谬，有对象本身没有对象本身（这"对象本身"指的是命题性的对象），有效力无效力，表列如下：

$$
判断辞
\begin{cases}
非根谬的
\begin{cases}
有对象本身\cdots\cdots有效力\\
没有对象本身\cdots\cdots无效力
\end{cases}\\
根谬的\cdots\cdots没有对象本身\cdots\cdots无效力
\end{cases}
$$

$$
设想辞
\begin{cases}
非根谬的
\begin{cases}
有对象本身\cdots\cdots有效力\\
没有对象本身\cdots\cdots有效力
\end{cases}\\
根谬的\cdots\cdots没有对象本身\cdots\cdots无效力
\end{cases}
$$

一个证明辞的辞身所表现的意念，我们要判断他有没有谬误，得从两方面看：（一）每一个前提必须是真的。这还不够，每一个前提必须是"已证明的"才行；这就是说在这个判断作为之"先"，思想者曾有过一个以这个前提为结论的推断作为或断定这个前提的直断作为，这个在先的判断作为的全意念又必须先是没有谬误的。（二）结论必须为前提所涵蕴着，而且这涵蕴必须相当直接，相当"透明"。究竟怎么才算透明，这是很不容易说的。但是如果我们没有这个"透明"的要求，那么数学里面一切很长的"证"都成为不必要的，都可以缩短成一句，所有的许多步骤都取消了，这显然是不行的。满足（一）与（二）两项要求的证明，才算是没有谬误的证明。（直断辞是没有前提的，所以用不着第一项要求，相当于第二项要求的就是直断辞的命题必须真是"自明"的，或者确确实实报告感官所见的。）

若是一个证明不满足这两项要求，他就是有谬误的，不管结论是真是妄。不满足第一项要求的证明是前提里面有一个不曾被证明；虽然有一个在先的证明是以这个前提为结论的（或是直断这个前提的），可是这个证明已经先是有谬误的（先已不满足这两项要求）。不满足第二项要求的证明是结论不为前提所涵蕴，或者虽为前提所涵蕴而这涵蕴是很不透明的，需要分成许多步骤的；或者一个直断的命题不真是自明的。有谬误的证明都是根谬的证明，都含有妄的假定，即令结论是真的也没有用；他们或者假定前提都已被证明而事实上不是如此，或者假定前提（相当直接的）涵蕴着结论而实在不是如此。没有谬误的证明都是有效力的证明，他们的结论也一定是真的，有效力的。

最可注意的是：名词性的意念，设想，乃至证明，这三种意念都是非根谬的就是有效力的，根谬的就是无效力的。独有判断可以有非根谬而无效力的。换句话说，那三种意念只要是错误的就是根谬的，惟有判断虽是错误的，并不一定有错误的假定，并不一定是根谬的。

说到证明，我们就不可避免的接触到两个问题。一个是关于"思想者"的问题，一个是同一个思想者的思想作为中间的"先后"问题。前面说过，一个证明所用的前提必须是已证明的，这就是说，在这个判断作为之先，思想者曾有过另一个判断作为是证明那前提的。其实这里还有一点是我们忽略了的，就是那个在先的判断作为所下的判断必须还没有被放弃，换句话说，思想者的见解就这个判断说并没有改变。倘若两个思想者对于同一问题有相反的判断，我们决不会因此指斥他们思想矛盾；他们两个中间随便哪一个都不见得矛盾，只在他们两个思想者之间有互相矛盾的情形，这就不是所谓自相矛盾，不是以己之矛攻己之盾那种矛盾。但是倘若同一个思想者前后两个判断互相冲突，情形就不同了。倘若这个思想者在下第二个判断的时候确是已经把第一个判断正式放弃，我们当然不能指斥他思想矛盾。倘若这个思想者在下第二个判断的时候并没有把第一个判断正式放弃，他还继续信任他的第一个判断，在这情形下我们才能指斥思想者的矛盾。这三个情形中间第一个是思想者根本不同一，第二个情形是思想者虽然是同一个，可是前一个思想作为的思想在后一个思想作为发生的时候并不继续"有效"（这与评值方面的"有效力"不同），第三个情形是思想者既是同一个，前一个思想作为的思想在后一个思想作为发生的时候又还是继续有效的。这第三个情形里面所包含的"先后"我们称为"连贯的先后"。

连贯的先后是一个很重要的观念。一篇讲演，一篇论文，一本书里面前前后后所表现的意念，都是连贯的。但是这些连贯的意念并不构成一个庞大的复合的意念，因为在思想作为方面并没有一个相当的庞大的思想作为，只有一大串思想作为而已。我们由此可以了解，为什么听半句话是要不得的，而读半本书不见得同样的要不得。一本书本来不只是一句话呀！但是虽然如此，有些书是后半本假定前半本的，单读前半本固然可以，单读后半本不读前半本就弄得没头没脑，一到先后不仅仅是连贯的先后而有"后"假定"先"那样的情形，这先后就有了逻辑的意义。

我们已知道，要判断一个证明辞的辞身是否有效力，是否没有谬误，我们不能单看这个辞身，我们还得看他的"上下文"。因此单看一个证明意义，我们往往不能断定他是否有效力，我们得看他实现的情形，看他实现时候的"上下文"（其实只要"上下"就够了。）或者我们让许多证明意义组织成一个有逻辑先后的意义网，然后来断定在这个意义网里面某一个证明意义是否有效力。我们知道名词性的意义，设想意义，判断意义，都可以一个单独检查，看他是否有效力，独有证明意义会发生上下文的问题，这是非常值得注意的一点。同一个证明意义，实现在这个"上下文"里面有效力的，实现在另一个"上下文"里面也许就没有效力。例如在几何学教科书中间把较后的"证"移到前面来，就会失去效力而成为错误的了。

通常数学书中所谓一个"证"，常常是不止一个步骤，因此不能看作单是一个证明意念，而应当看作许多证明的连贯。我们如果把一个"证"再添上了"不可缺的上文"，就是一直由自明公理步步往下推演，直到得出某一个定理而后止，这样一个"补满了"的"证"有效力没有效力，就不再依靠"上下文"了。我们已说过，这样一个庞大的"证"并不是一个复合的意念，他是许多意念的连贯。每一个步骤是一个意念，但这个意念有效力无效力又还是靠着这个意念的上下文。因此这整篇的"证"固然不依靠上下文，里面每一个意念，每一个我们所谓说明是依靠上下文的。进一步看，这整篇"证"的统一性似乎没有每一个证明意念的统一性那样绝对。虽然这统一性不是只由于时间上先后的联系，而确是由于逻辑上先后的联系（在后的"假定"在先的），因此我们如果把"意念"、"意义"等名词的范围扩大一些，我们不妨把这个看作一个庞大的意念，其"内容"也可以看作一个整个的意义，——可是这整篇东西永远是"开门"的，我们时时可以加新的步骤，新的发现在后边，从逻辑方面说这整篇东西绝没有"完了"的时候，与其中的一个个证明（原来我们所谓"意念"）都是一句句圈断了的不同。（一个补满了的"证"虽然从他所证明的只是最后那个结论这一点看，是"完了"的，但是前面许多步骤的那些结论不能说是都被筏舍了；从每一步骤所得结论都可以是永久的产业这一点看，我们可以无限制的在后边添上新的结论，扩大已有的产业。）事实上为方便起见，一篇文章，一本书总得有一个结束，但是我们不受任何逻辑的强制不许我们再做一篇文章，再做一本书来接续着这篇文章这本书。唯一使我们事实上不再可能这样做的是一个人死了，或者整个社会毁灭了，但这与逻辑上的可能性全不相干。

（《哲学评论》第 8 卷第 6 期，1944 年 3 月。）

《周易》释词

贞

"贞"字见于《周易》卦爻辞者百十有一，审其文义，每与"事"字相通。《屯》九五称"小贞吉大贞凶"；《小过》称"可小事不可大事"；《睽》称"小事吉"，义皆相近。《说文》："贞卜问也"；《易》称"贞"乃指所问之事；《左传》"贞，事之干也"。（说本俞樾）

卦爻辞中"贞"字无单用者，或称"利贞"，或称"贞凶"，或称"贞吝"、"贞厉"。旧训"贞"为"正"，而于"小贞"、"大贞"之辞不免迂说，或别求他解；不知"正"者"政"也，亦"事"也。盖"利贞"者，利于所问之事也；"贞凶"、"贞厉"者，所问之事有凶厉也；"利女贞"者，利于女子之事也；"利君子贞"者，利于君子所问之事也；"利幽人之贞"者，利于囹圄中人所问之事也；"利武人之贞"者，利于武人之事也；"利牝马之贞"者，利于牝马蕃息之事也。"利贞"与"利建侯"、"利有攸往"、"利涉大川"同一语法。"贞吉"与"征吉"、"取女吉"、"有攸往无咎"亦同一语法。"利贞"、"贞吉",其"贞"字不更与他字组合者,如代数式,犹作"利 x"、"x 吉",x 为变项,随所问之事,以他词代入可也。《文言传》曰:"不言所利,大矣哉!""利贞"之无所特指可知矣。依此说,则《屯》称"利贞",复称"勿用有攸往"者,著例外也;《恒》称"利贞",复称"利有攸往"者,著其尤利者也。余仿此。

《讼》六三"食旧德贞厉终吉",旧有误读"食旧德贞"为一句者:"贞厉"之当连读,观《象传》但举"食旧德"三字可知。《师》"贞丈人吉无咎",旧误读"贞"字断句,"贞丈人吉"当连读。《象传》虽以"师贞"为说,未可据以定句读也。《困》"亨贞大人吉无咎",旧亦有误以"亨贞"为句者;"亨"字当断句,"贞大人吉"连读,观《象传》可知。《恒》六五"恒其德贞妇人吉夫子凶",旧误读"恒其德贞"为一句;然《象传》称"妇人贞吉",已可见"贞"字当连下读,"恒其德"与九三"不恒其德"相反。"贞妇人吉夫子凶"者,问妇人之事则吉,问夫子之事则凶也。《坤》用六称"利永贞",《讼》初六称"不永所事","永贞"即"不永所事"之反矣。《比》称"无永贞无咎",与《贲》九三"永贞吉"同一语法,读"贞"字断句者非。《革》上六称"征凶居贞吉",《咸》六二称"凶居吉","居贞吉"与"居吉"义通,盖言居处之事则吉,出征或他事则凶也。《噬嗑》九四称"利艰贞吉",《大壮》上六称"艰则吉",义亦相通。《坤》六三称"可贞",《蛊》九二称"不可贞",《小过》称"可小事不可大事","贞"与"事"义通,观此益显。"可贞"、"不可贞",所问之事可不可也;《颐》六五"不可涉大川",与"不利涉大川"相仿,然则"可贞"犹"利贞"也。又《旅》"小亨旅贞吉","旅贞"两字当连读,否则重举卦名,《易》无此例。《旅》之宜于"旅贞"(军旅之事），犹《家人》之"利女贞"耳。

"贞"字亦有直训为"问"，作动词用者。《豫》六五"贞疾恒不死"，则因疾不愈而有问，其占为"不死"也。《屯》六二"女子贞不字十年乃字"，则女子因"不字"而有问，"十年乃字"其占也。《升》上六称"利于不息之贞"，"字"与"息"盖皆"生育"之意；"利于不息之贞"，则不生育者得生育矣。（或谓"不息之贞"与"永贞"义近，《坤》用六"利永贞"亦即《乾》之"自彊不息"，足备一说。）《剥》初六、六二皆言"蔑贞凶"，《益》九五称"勿问元吉"，《革》九五称"未占有孚"，"蔑贞"与"勿问"、"未占"当同义。无卜筮而知吉凶，吉凶已著不烦卜筮也。

总计"贞"字与"吉"、"凶"等字连用之方式，共十有二：曰"利贞"或"利于……贞"，曰"小利贞"，曰"不利……贞"，曰"可贞"，曰"不可贞"，曰"勿用……贞"，曰"贞吉"，曰"贞凶"，曰"贞吝"，曰"贞厉"，曰"……贞无咎"，曰"……贞悔亡"。又"贞"字与他字组合者十九类：曰"小贞"，曰"大贞"，曰"安贞"，曰"疾贞"，或"贞疾"，曰"居贞"，曰"旅贞"，曰"永贞"或"元永贞"，曰"艰贞"，曰"蔑贞"，曰"女贞"或"女子贞"，曰"妇贞"或"贞妇人"，曰"贞夫子"，曰"君子贞"，曰"贞大人"，曰"贞丈人"，曰"幽人贞"或"幽人之贞"，曰"武人之贞"，曰"牝马之贞"，曰"不息之贞"。兹悉为表列如下。表中数字，第一数示"贞"字与他字组合之类别，第二数示"贞"字与"吉"、"凶"等字连用之类别。排列不尽依次序，取便比较。

1.1　利贞。（《乾》，《屯》，《蒙》，《临》，《无妄》，《大畜》，《咸》，《恒》，《大壮》，《萃》，《渐》，《兑》，《涣》，《中》，《孚》，《小过》，《明夷》

　　　　　　六五，《损》九二，《鼎》六五。）

　　　　利贞亨。（《离》。）

　　　　利贞无咎。（《随》。）

　　　　利贞悔亡。（《革》。）

1.2　小利贞。（《遯》，《既济》。）

1.4　可贞。（《损》，《坤》六三。）

　　　　可贞无咎。（《无妄》九四。）

1.5　不可贞。（《节》，《蛊》九二。）

5.5　不可疾贞。（《明夷》九三。）

5.0　贞疾恒不死。（《豫》六五。）

1.7　贞吉。（《需》，《颐》、《蹇》，《需》九五，《比》六
　　　　　　二、六四，《谦》六二，《豫》六二，《随》初九，
　　　　　　《临》初九，《遯》九五，《大壮》九二，《晋》
　　　　　　初六、六二，《家人》六二，《解》九二，《损》
　　　　　　上九，《姤》初六，《升》六五，《未济》九二。）

　　　　贞吉亨。（《否》初六。）

　　　　贞吉悔亡。（《咸》九四，《大壮》九四，《巽》九五，
　　　　　　《未济》九四。）

　　　　贞吉无悔。（《未济》六五。）

1.8　贞凶。（《师》六五，《随》九四，《颐》六三，《恒》
　　　　　　初六，《巽》上九，《中孚》上九。）

　　　　贞凶悔亡。（《节》上六。）

10.8　蔑贞凶。（《剥》初六、六二。）

2.7—3.8　小贞吉大贞凶。（《屯》九五。）

4.7　安贞吉。（《坤》，《讼》九四。）

6.1　利居贞。（《屯》初九，《随》六三。）

6.7　居贞吉。（《颐》六五，《革》上六。）

7.7　旅贞吉。（《旅》。）

8.1　利永贞。（《坤》用六，《艮》初六。）

8.7　永贞吉。（《贲》九三，《益》六二。）

8.6　勿用永贞。（《小过》九四。）

8.11　元永贞无咎。（《比》。）

8.12　元永贞悔亡。（《萃》九五。）

9.1　利艰贞。（《明夷》，《大畜》九五。）

　　　利艰贞吉。（《噬嗑》九四。）

9.11　艰贞无咎。（《泰》九三。）

1.9　贞吝。（《泰》上六，《恒》九三，《晋》上九，《解》
　　　六三。）

1.10　贞厉。（《履》九五，《大壮》九三，《晋》九四，
　　　《革》九三，《旅》九三。）

　　　贞厉无咎。（《噬嗑》六五。）

　　　贞厉终吉。（《讼》六三。）

12.10　妇贞厉。（《小畜》上九。）

12.7—13.8　贞妇人吉夫子凶。（《恒》六五。）

11.1　利女贞。（《家人》，《观》六二。）

11.0　女子贞不字十年乃字。（《屯》六二。）

14.1　利君子贞。（《同人》。）

14.3　不利君子贞。（《否》。）

15.7　贞大人吉无咎。（《困》。）

16.7　贞丈人吉无咎。（《师》。）

17.1　利幽人之贞。（《归妹》九二。）

17.7　幽人贞吉。（《履》九二。）

18.1　利武人之贞。（《巽》初六。）

19.1　利牝马之贞。（《坤》。）

20.1　利于不息之贞。(《升》上六。)

0.0　得童仆贞。(《旅》六二。)

《离》"利贞亨",与《大过》"利有攸往亨",《萃》"利见大人亨",《噬嗑》九四"利艰贞吉"同一语法。(《萃》卦辞有两"亨"字,旧多以为衍一字,非是。首称"亨"者泛言,再称"利见大人亨"者,专就"见大人"一事而论。)此"利"、"亨"两字及"利"、"吉"两字并用之例。三句"亨"字皆连上读,旧读多误。《否》初六"贞吉亨",《泰》"吉亨",《鼎》"元吉亨",则"吉"、"亨"两字并用之例。观此可知"利"也,"亨"也,"吉"也,意义相去当不远。惟"利"字用于句首,必连下读;"吉"、"亨"两字断句,非连上读,即独立以泛指。三字或用一字或兼用两字,皆不相妨也。高亨直训"亨"为祭享,非是。卦爻辞中惟"用亨"之"亨"作"荐享"解,《大有》九三"公用亨于天子",《随》上六"王用亨于西山",《升》六四"王用亨于岐山吉无咎",《困》九二"利用亨祀"是也。余皆用引申义;否则单言祭享而不著"利"、"可"、"用"、"吉"等字,不成占辞矣。言引申者,牺牲既熟("烹")荐于神明("享"),馨香上达("通"),神明乐而降福,故"亨"字有得福之义。苟获罪于神明,神明斯不来享("飨"),亦不降福矣。

《旅》六二"得童仆贞"一条,无所归宿。下文九三称"丧其童仆贞厉",则此条似当作"得童仆贞吉"。然《象传》称"得童仆贞",不称"得童仆",经文又似不误。盖"得"、"丧"亦"利"、"不利"之类;"得童仆贞"者,问童仆之事,其占为"得"(得童仆),与九三"丧其童仆"相反也。《坤》称"利西南得朋","利"、"得"两字兼用,下但云"东北丧朋",不复先以"不利"二字。文或繁或省皆不拘也。

"贞"字与"悔"字对举者，如《咸》九四"贞吉悔亡"，《节》上六"贞凶悔亡"，《未济》六五"贞吉无悔"。"贞悔"之"悔"与"悔吝"之"悔"，未必非一字矣。（参阅"悔"字。）

"贞"字与"征"字对举者，如《损》九二"利贞征凶"，《革》九三"征凶贞厉"。果系对举，则"贞"字之范围，似只限于"用静"或"作内"，而不及"作外"焉。盖"贞"虽泛训为"事"，实有"常务"、"正务"之含义；《易》不可以占险，则非常之事在范围外者，苟未及特举，不当遂视为已摄于常例之内也。然则《屯》称"利贞，勿用有攸往"；《恒》称"利贞，利有攸往"，固可谓"贞"字之范围本不摄"有攸往"也。此说与前论代数式一节稍异，姑两存之以备参考。

卦爻辞中"贞"字其义略如上述。然"贞"字远见于甲骨文，后世所用自"卜问"引申之义极繁复。既训"贞"为"事"矣，吾人于所务，必专注固守始克有成，故"贞"亦训为"固"。《文言传》"贞者事之干也"，"贞固足以干事"，皆见《左传》。"贞"者"政事"，"正务"，故"贞"又训为"正"。《师》、《象传》曰："贞正也"。（按《象传》释经不尽依句读，与《象传》不同。）"贞"者"常务"，不摄"作外"，故"贞"又训为"静"。"淑女"，"静女"，"贞女"，皆"女正位乎内"者也。又"正"者"当"（去声）也，故"贞"又训为"当"（平声），为"值"。又凡作事必有目的，有趋尚，故"贞"字亦有趋尚专主之义。《系辞传》："吉凶者贞胜者也，天地之道贞观者也，日月之道贞明者也，天下之动贞夫一者也。"审其文义，此所谓"贞"，盖谓"趋"也，"务"也，"尚"也，"主"也，较之卦爻辞中仅作"所问之事"解者，已自别有一天地矣。

用

卦爻辞中"用"字，有与常义"用"字同者，如《萃》"用大牲吉"，《渐》上九"其羽可用为仪"等；有训"以"者，如《大过》初六"藉用白茅"，《坎》上六"系用徽纆"，《革》初九"巩用黄牛之革"等。一为外动词，一为介词，两义相去不远。除此而外，用别义者居多数。约而言之，可得三说。

（一）"用"与"利"义通，故《屯》称"勿用有攸往"，《剥》称"不利有攸往"，《乾》九二称"利见大人"，《升》称"用见大人"。"利用"二字连用者尤多，如《谦》六五"利用侵伐"，上六"利用行师征邑国"；《益》初九"利用为大作"，六四"利用为依迁国"等；依此说则亦如"吉亨"二字，义近而连用也。此说之不可通，但举《复》上六"用行师终有大败以其国君"可见。又若"用"果训"利"者，何故一称"勿用"，一称"不利"，而不言"不用"、"勿利"乎？

（二）王引之引《说文》"用，可施行也"，训"用"为"施行"。依此说则"勿用"二字断句者，泛言不可有所施行也。（《师》上六"小人勿用"，旧多解作"勿用小人"，非本义。）"勿用有攸往"，犹言"勿有攸往"，"不可有攸往"；"用见大人勿恤"，犹言"见大人勿恤"；"利用侵伐"，犹言"利侵伐"；"用行师终有大败以其国君"，犹言"行师终有大败以其国君"；《谦》初六"君子用涉大川吉"，犹言"君子涉大川吉"；《益》六三"用凶事无咎"，犹言"凶事无咎"；《小过》九四"勿用永贞"，犹言"不可永贞"。利"用侵伐"与"勿用有攸往"同一语法，非"利用"二字义近而连用也。

至"用师"（《泰》上六）、"用狱"（《噬嗑》）之"用"，其义为"运用"，与常义"用"字尚接近。"用誉"（《蛊》六五）之"用"，则"得"也，"有"也，"受"也，"享"也；《旅》六五"终以誉命"，亦"终受誉命"之意。二义合常义之"用"——对物之"使用"（"用大牲"、"用徽纆"）及对人之"任用"（《巽》九二"用史巫"）——与"施行"之"用"，共为五义。

（三）王说善矣，然余颇疑"用"字非单纯"施行"之意，乃与卜筮有涉。希腊文"用"字（Chraomai）以"求神谶"为基本义。《说文》以"用"字为"从卜"。《易》"用九"、"用六"之"用"尤与筮法不能分离。盖"贞"者"卜问"，"用"者既卜问而"施行"也。五义之中，"施行"一义，若省"用"字，果与不省"用"字无别，将谓"用"字无作用矣；今明其与卜筮有涉，则不省与省异也。

"用九"、"用六"之"用"，盖"筮得"而非"施行"之意。"初九"，"初六"、"九二"、"六二"，乃"用初九"、"用初六"、"用九二"、"用六二"之省。"用九"谓筮得纯九，"用六"谓筮得纯六；纯则九六不系于一爻，故不复著"初"、"二"等字以别之也。旧解以"用九"、"用六"为全部《周易》之释例，虽因误解"用"字致不得其真义，实乃有所本者。盖以其他爻辞皆省"用"字，而此不省"用"字，故可以此例彼耳。夫揲蓍之数，有九、有八、有七、有六。四者之间，八最易得，其次为七，其次为九，其次为六。七九奇，为刚爻，八六偶，为柔爻。七八易得，为静爻；九六不易得为动爻。计其机数，凡筮，得卦一爻动者最多，其次为二爻动，其次为六爻俱不动，其次为三爻动，其次为四爻动，其次为五爻动，其次为六爻俱动。《周易》爻辞，似为得卦一爻动者而设；以其机数最大也。（参阅《左传》）若动者不止一爻，是否当观卦辞，抑但观最上一动爻之爻辞，抑认为"不告"而不必更观卦爻辞，今不易考。（或言五爻动则占不动之爻，以爻辞虽称"九"、"六"，亦该"七"、"八"，称"九"、"六"者以一爻动之机数最大，五爻动之机数甚微故也；然此仅备一说耳。）独《乾》、《坤》二卦六爻俱动，乃特为设"用九"、"用六"之辞，其故何也？曰：凡刚爻皆《乾》爻，柔爻皆《坤》爻，一画即得"乾"、"坤"之名。《乾》、《坤》虽六画，犹一画也。六爻皆九，是为纯九；六爻皆六，是为纯六。纯九则六九犹一九，纯六则六六犹一六，故特为设"用九"、"用六"之辞。《左传》以《乾》"用九"为"《乾》之《坤》"，足证非上九爻辞矣。且也《周易》卦辞六十四条，爻辞三百八十四条，合之共四百四十八条；不益以"用九"、"用六"两条，则四百五十之数不得完成，而《乾》、《坤》之用有所不周也。

悔

　　殷人龟卜，必一正一反，两相对勘。筮法用八卦亦一"贞"一"悔"而成六十四式。盖"贞"者分内之事，"悔"者意外之变；"贞"曰"内卦"，"悔"曰"外卦"。筮例"贞我悔彼"，"贞"是自家一边，"悔"是敌对一边，亦取正反之义。《易》卦中吉凶最直接最分明者《泰》与《否》。《泰》正面三画皆曰"可"，反面三画皆曰"否"，故吉；《否》，正面三画皆曰"否"，反面三画皆曰"可"，故凶。疑此两卦为六十四卦中最原始而极端之情形，一如八卦中之《乾》、《坤》。

　　筮法"贞悔"之"悔"，或书作"𣫍"，与《易》占辞"悔吝"之"悔"（卜辞作"每"）盖同出一义。《爻辞》称"贞吉悔亡"者四，"贞"与"悔"对举，则"悔吝"之"悔"即

"贞悔"之"悔"也。《系辞传》"悔吝者忧虞之象也","悔吝者言乎其小疵也"。"小疵"与"忧虞"乃同一事实之客观主观两方面，就事实言曰"小疵"，就反应言曰"忧虞"。《夬》九三称"有惕"，与《乾》上九"有悔"同一语法，"悔"与"惕"皆从"心"，义或有相似处。《卦爻辞》中"悔"字，盖去"忧"义不远。（今俗云"晦气"，未必不源于此。）至"悔艾"之"悔"，复自"忧悔"之义引申得之，非占辞之"悔"也。

大抵"贞"为卜问之本题，"悔"为意外之事或阻碍。《卦爻辞》或称"有悔"（《乾》上九），或称"小有悔"（《蛊》九三），或称"无悔"（《同人》上九，《复》六五，《咸》九五，《大壮》六五，《涣》六三，《未济》六五），或称"悔亡"（《革》，《咸》九四，《恒》九二，《大壮》九四，《晋》六三、六五，《家人》初九，《睽》初九、六五，《夬》九四，《萃》九五，《革》九四，《艮》六五，《巽》六四、九五，《兑》九二，《涣》九二，《节》上六，《未济》九四），或称"悔有悔"《困》上六），或称"悔迟有悔"（《豫》六三），或称"悔终吉"（《鼎》九三）。凡此皆论意外之厄之有无。"悔亡"者，犹言论及"悔"的方面，则"无有"也。与"无悔"义通。"悔有悔"者，言论及"悔"的方面，则有"悔"而非无也，与"有悔"义通。"悔迟有悔"者，言论及"悔"的方面，后乃有"悔"也。"悔终吉"者，言有"悔"而终吉也。

"元永贞悔亡"，"贞"、"悔"两字相连，与"元永贞无咎"、"艰贞无咎"语法相似。盖"永贞"有"继续努力"之意，"艰贞"有"艰苦奋斗"之意，二者非仅就事类而言，乃涉及态度者。"元永贞悔亡"，"贞"的方面"无永贞"则"悔"可无也。

《复》初九"无祗悔"，"祗"、"悔"二字连用，义本相近。

"祗"，疾病也。（郑康成说。）《坎》九五"祗既平"，亦谓疾病既愈也。（王引之说。）《家人》九三"悔厉吉"，"悔厉"二字连用，义亦相近。"厉"，鬼为虐也。大抵某种现象，古以厉鬼为解释，则"厉"字亦代表此种现象。例如疫病之来，其势猛烈而迅速，不能以常理解释，即谓之"厉"，《遯》九三"有疾厉"是也。旧训"厉，危也"，义亦不远。《卦爻辞》或称"厉"（《遯》初六）或称"有厉"（《大畜》初九），或称"贞厉"（《履》九五）。

"吝"与"悔"不同者，"吝"有难义，与"忧悔"之义微异。（参阅高亨《周易古经今注》。）又"吝"不与"贞"相对，《泰》上六称"贞吝"可见。

（《清华学报》第 15 卷第 1 期，1948 年 10 月。）

其　他

评《东西乐制之研究》*

　　这本10年前出现的书，到现在还是中国出版界一部有数的佳著。它的材料的丰富，胜过西洋一般论乐制的书。它的分析的准确，在近来国内无论谈国乐或西乐的书里可说找不出第二本。王君本着爱护中国文化的热忱，费了不少的苦工，才作成此书；据他自己说，"计算音值，往往至于深夜"，这是我们读者应当万分地敬仰他并感谢他的。

　　王君说："吾将登昆仑之巅，吹黄钟之律，使中国人固有之音乐血液，重新沸腾。"这是何等深远的期望！许多自命开明的中国人，以为中国没有什么高尚的音乐，音乐不是中国民族之所长。岂知在中国古代，音乐是唯一的艺术，也代表了艺术的一切。古书上唯有关于音乐的记载，才是十足地表现着艺术的眼光的。这类记载一半自然是神话，但尽足以表示古人对于音乐的欣赏力。至于诗文书画等等的欣赏，完全是后起的。古代的两大派政治哲学，儒与道，都与音乐有密切的关系。"兴于诗，立于

　　*　原文无标题，此标题为编者所加。《东西乐制之研究》为王光祈著，1924年1月中华书局出版。——《沈有鼎文集》编者注

礼，成于乐"，是孔子对于音乐在生活与教育中地位的指明。从这句话可以知道音乐是我国古代文化发达的最高点。"子在齐闻韶，三月不知肉味"，绝对不是无根的传说。这种儒家特意要倡导的沉毅和平的廊廊音乐与从道家人生态度出发的，高逸淡泊的山林音乐，性质全然不同。两种古乐，都是含有极深的意义的。只看道家的庄子，谈哲学时也要用"昭文之鼓琴"来作譬喻。音乐无疑的是古代中华民族精神生活的极诣！

周哀时，廊廊音乐废弛，乐官多散之四方。"大师挚适齐，亚饭干适楚，三饭缭适蔡，四饭缺适秦，鼓方叔入于河，播鼗武入于汉，少师阳击磬襄入于海"。这段重要的记载，不啻宣布中国古代文化的结束。海内唯一的大乐队队员都一一散失不能再凑合起来了。音乐失去了社会性的作用和交响的性质，如孔子所说的："始作，翕如也；从之，纯如也，皦如也，绎如也，以成"；它确是渐渐地转变为个人性的独奏乐了。到西汉时，古乐已完全沦亡。只有一些关于乐制的理论，还保存着。（古代希腊也一样；我们尽有证据相信那时的音乐非常发达，但现在只有那时的乐制尚可考见，音乐的内容我们能知道的差不多等于零。）此后历代帝王竞尚艳乐，只拿音乐当一种消遣品。乐器大半由文化较低的外国输入，严密的十二律宫制渐渐变为糊涂不准确的七律旋宫制；退化的痕迹异常明显。这时中国已由动的文化转移到静的文化，由音乐的文化转移到书画的文化，由科学哲学的文化转移到唯物与出世的文化了。音乐在后来也有相当的发展；并且还有人知道利用古代的乐器，来奏新的曲调。最值得我们注意的，倒是山林音乐的发达。唐诗里写的"为我一挥手，如听万壑松；客心洗流水，余响入霜钟"，是何等的境界！等唯心论复兴的时候，很有人主张恢复古代的廊廊音乐，但无从恢复起，一切试验终归失败。明清时，中国旧文化已到末途：音乐这东西，只成为抒情的小玩意。古乐里那种伟大的魄力，充实的生命，深厚的情感，超脱的意趣，再往那里找去！音乐在表面上尽管由简趋繁，其实不免是平庸化与柔媚化，没有多少真正的发展。其中虽间有古调独弹的逸士，也如空谷足音。到此正当西洋近代音乐胚胎时期，中国已变为一个没有音乐的国家了。

我们生长在现今这个混沌的时代，旧文化已结束，新文化还没有产生，然而我们可以预先断定：未来的中国文化是一个动的文化，音乐的文化，社会性的文化。在某种意义内，中国民族确是世界上最富有音乐性的民族。它的潜藏着的能力，受着西洋文化的熏习，将起一空前的酝酿与发展。中国民族将在音乐里表现它的沉毅和平苍郁神秘的灵魂。可是在现在功利主义盛行，事事抄袭西洋（音乐也在内），没有民族自觉意识的中国，一般人听说音乐是建国道术之一，定要笑为迂阔无当的。不过时机尚早，我们且待事实来证明。

王君根据汉书律历志，说中国古代的标准度量衡，都起于黄钟之律。无论这是不是事实上的程序，至少这个富有哲学意味的说法，很能够表现古人的抽象力与文化的高度。先有了标准音，然后从标准音产生标准尺，标准量与标准衡，真是神秘之至！这或者也有一个实际的原因。古代生活简单，日用的器具，短几分长几分是没有多大关系的；独有乐器，要是度量不一致，便不能相和。合奏乐是古代宗教仪式不可缺少的部分，因此标准音就急于一切了。倒恐怕并不如王君所说，因为物质容易消长变更，所以用一个不变的东西——音——来作度量衡的标准。事实上标准音的严格规定，还有待于物质：古人用秬黍这种天然的产物，也含有很深的意义。因为人为的器具是没有宇宙性的；用天然的产物来定标准音以及度量衡，就都要表示这些标准本身是特殊的，有宇宙性与神秘性的。它们于是很像是自然的单位，不是强设的单位了。实际上也因为天然的产物，古今同理，可以作为万世的标准。（虽然个体有大有小，但平均是有一定的，所以用许多秬黍连接起来，来定长度，这又含有统计学的趣味。）这都是古人用心的地方，后人不注意，弄到究竟古时的黄钟是什么音也闹不清楚，真是辜负了古人！

"黄钟之管长九寸圆九分，下生者三分损一，上生者三分益一"，这是古人计算十二律管的方法。王君说，"只在管身长短方面计算，而少在管口大小方面注意，古人这个办法是不对的"。但王君何以知道古人所定管口的大小不是随着管身的长度而变更呢？王君又说："以竹声度调，不能应用那种三分损益的呆板算法。"因此王君又自己替我们算出十二律管的精确长度。但这个算法是假定了管口大小不变；说不定照古人的意思，管口的内周长度是随着管身长度的损益而损益的，十二律管都"相似"，所以三分损益法没有什么不可用的地方。

在理论上，用三分损益法往下推算，所生的律是没有限制的。京房凑足六十律，钱乐之一直凑满三百六十律，王君都替它们一一用西洋方法计算音值，这是前人所未有的工作。可惜王君的计算法，有一个缺点，特别在计算钱氏三百六十律时，出了重大的毛病。王君说："本篇为简便起见，对于纯五阶之数，只取五位小数，因而所求得之其他各音数目，略与普通算法不同；读者幸勿误以表中之数为一成不变者也。"其实这个办法是不对的。要算得诸阶音值有五位可靠的小数，便应当替那一两个基本阶的音值多预备几位小数才行。实际上纯五阶的音值是：

$$6\left(\frac{\log 3}{\log 2}-1\right)=3.509775004 \text{ 有奇；}$$

我们看第六位小数是5，第七八两位小数都是零，因此知道计算三百六十律时，纯五阶只消用六位小数，就可以算出诸律的五位可靠小数。王君只少用一位，便出了乱子。（王君又说"西洋书籍，记载欧洲各律音值往往互有出入"。其实记载法通行的只有两种，一种是截至某位小数，以下一概舍去，一种是四舍五入，所以出入差不多只能在末一位小数，不能有比这更大的出入；若有便是算法或记载的错误。）我们可以举两个例。现在照王君的算法，"亿兆"一律的音程值是 5.98962，实际上应当是 5.99115有奇。这出入就不很小了。"安运"一律，王君算出是 6.00743，实际上应当是 6.00922 有奇。据此我们又得到以下的结果：

钱氏系统中两个邻音距	照王君算法所得音值	实际上的音值
从亿兆到半黄钟的距离	0.01038	0.00884 有奇
从黄钟到倍安运的距离	0.00743	0.00922 有奇

实际上三百六十律里头，最近黄钟（或半黄钟）的一律，是亿兆，不是安运（或倍安运）。安运一律（我们指倍安运），离"色育"比离黄钟还近些。这是一个很重要的关系。看上表就可知道照王君的算法，结果正好与实际相反。亿兆是第三百零七律。要找比亿兆更近黄钟的律，实际上一定要推到第六百六十六律（我们称此律为"复初"）才出现，决不是第三百六十律安运。

　　用三分损益法，律律相生，虽然没有终止，但在这过程中也有自然的段落。十二律是一个自然段落。因为在十二律系统内，邻音距只有两个，就是"大一律与小一律"。十二律又是一个优越段落。因为拿这两个邻音距来比较，大一律只包容一个小一律，不能包容两个小一律。第十三律"执始"产生时，同时也产生了一个新的邻音距，就是从黄钟到执始的距离（我们称它为"往执始")。往执始是大一律与小一律之差，它本身比小一律小，所以是一个殊胜音差。十二律以后，十七律也是一个自然段落；因为在十七律系统内，邻音距中已没有大一律，只有小一律，与往执始两个。但十七律不是一个优越段落。因为小一律可以包容三个往执始而有余。第十八律"迟内"产生时，同时又产生一个新的邻音距，就是从迟内到半黄钟的距离（我们称它为"迟内反"）。迟内反是小一律与往执始之差，但它本身比往执始大，所以不是一个殊胜音差。他仿此。十二律以后的优越段落是四十一律，五十三律，三百零六律，六百六十五律。所以第一个比执始更近黄钟的律，是第四十二律"迟时"；第一个比迟时更近黄钟的律，是第五十四律色育；第一个比色育更近黄钟的律，是第三百零七律亿兆；第一个比亿兆更近黄钟的律，是第六百六十六律复初。换句话说，往执始的距离不及"迟时反"来得小，迟时反又不及"往色育"（京氏音差）小，往色育不及"亿兆反"（这应当是钱氏音差）小，亿兆反又不及"往复初"小。四个音距，同往执始一样，都是殊胜音差。至于三百五十九律虽然是自然段落，却不是优越段落。所以从黄钟到第三百六十律安运（倍安运）的距离——"往安运"——也不是殊胜音差；我们已知道它比亿兆反要大一些。这些结果，看下表最醒目。表中的"往大吕"就是大一律，"应钟反"就是小一律，为理论上完备起见，我们先从二律说起。

　　往林钟　　林钟反　　二律（优越）
　　　往林钟＝林钟反＋往太簇（殊胜）
　　林钟反　　往太簇　　三律
　　　林钟反＝南吕反＋往太簇
　　南吕反　　往太簇　　五律（优越）

南吕反 ＝ 往太簇 ＋ 应钟反（殊胜）

往太簇　　应钟反　　七律

　往太族 ＝ 往大吕 ＋ 应钟反

往大吕　　应钟反　　十二律（优越）

　往大吕 ＝ 应钟反 ＋ 往执始（殊胜）

应钟反　　往执始　　十七律

　应钟反 ＝ 迟内反 ＋ 往执始

迟内反　　往执始　　二十九律

　迟内反 ＝ 未育反 ＋ 往执始

未育反　　往执始　　四十一律（优越）

　未育反 ＝ 往执始 ＋ 迟时反（殊胜）

往执始　　迟时反　　五十三律（优越）

　往执始 ＝ 迟时反 ＋ 往色育（殊胜）

迟时反　　往色育　　九十四律

　迟时反 ＝ 方制反 ＋ 往色育

方制反　　往色育　　一百四十七律

　方制反 ＝ 无休反 ＋ 往色育

无休反　　往色育　　二百律

　无休反 ＝ 九野反 ＋ 往色育

九野反　　往色育　　二百五十三律

　九野反 ＝ 八荒反 ＋ 往色育

八荒反　　往色育　　三百零六律（优越）

　八荒反 ＝ 往色育 ＋ 亿兆反（殊胜）

往色育　　亿兆反　　三百五十九律

　往色育 ＝ 往安运 ＋ 亿兆反

往安运　　亿兆反　　六百六十五律（优越）

　往安运 ＝ 亿兆反 ＋ 往复初（殊胜）

附殊胜音差表：

林钟反 ＝ 2.49022

往太簇 = 1.01955

应钟反 = 0.45112

往执始 = 0.11730

迟时反 = 0.09922

往色育 = 0.01807

亿兆反 = 0.00884

往复初 = 0.00037

　　在各个优越段落之间还有程度的比较。应钟反可以包容三个往执始，所以十二律的优越程度并不算低，往执始只能包容一个迟时反，所以四十一律的优越程度可以说比较低。迟时反能包容五个往色育，所以五十三律的优越程度非常的高。往色育只能包容两个亿兆反，所以三百零六律的优越程度也不算高。亿兆反能包容二十三个往复初，所以六百六十五律的优越程度简直高到了极点。优越程度越是高，不平均律越是比较来得平均。

　　我们若把京氏六十律，削去最后凑数的七律，就剩下五十三律。17世纪比人梅尔克都也曾主张用五十三律，不过他的五十三律是平均律。（王君根据德国吕满音乐辞典，只抄得五十二律，缺少一律。我们应当在王君书中第211页最后两律之间，补入一律。因为是平均律，计算音制都没有什么困难。）上面已说过，五十三不平均律的优越程度非常的高，所以与五十三平均律没有很大的区别。王君没有注意到这一点，不曾来把京氏六十律与梅氏五十三律的密切关系研究一下，很是可惜。我们观察五十三平均律每两邻律间的距离是0.11320，五十三不平均律中邻律间的距离大部分是0.11730，有十二处是0.09922，可以说相差不大。这两个系统比较起来，音程值最大的差数，也不逾0.01773，一般的差数都比这个还要小得多。我们知道五十三平均律里的协和音阶，比较上是很醇的。它的五阶（进三十一律）与纯律五阶只差 0.00034，真是微细之极。它的长三阶（进十四律）与纯律短三阶也只差 0.00669，都比钱氏音差还要小。（不满五十三律的平均律制，五阶都不及五十三平均律制来得醇。不过二十八平均律制里的长三阶，倒比五十三平均律制还要醇些，但相差也无几。）五十三不平均律里的五阶与纯律五阶是完全没有差别的，只有一处（从依行到半黄钟）有 0.01807 的差数，也不算很大。它的长三阶（如从夷则到半黄钟）与西洋纯律长三阶不过差 0.00976，有八处（如从黄钟到争南）只差 0.00830；它的短三阶（如从黄钟到夹钟）与西洋纯律短三阶也一样差 0.00976；有九处（如从分积到半黄钟）只差 0.0083 都与钱氏音差很相近。这两种五十三律制，真是难兄难弟了。

　　王君的书，名为"东西乐制之研究"，其中论中国乐制的部分，差不多占了全书篇幅的二分之一，很足以表现王君爱护中国文化的苦衷。不过我们还嫌王君偏重乐制的理论，忽略了中国俗乐乐制的事实。古乐亡后，中国人理论上尽管讲严格的十二律，甚至于增添到不合实用的三百六十律，事实上到后来最通行的，乃是不准确的七律旋宫制，就是工尺谱的七种调；所谓小工调，尺字调等等。不准确的音律虽然不是"第一义"，但也有不准确的妙处。但所谓不准确者，自然假定有一个准确的音阶，这个准确的音阶在中国俗乐里是什么呢？大家都承认工尺谱中的上尺工，六，五相当于宫，商，角，徵，羽，即 do, re, mi, sol, la；乙字相当于变宫 ti，也没有什么异议。独有凡字，一般理论家根据古代乐制，一定要说它是变徵 fi，不是一般人所说的 fa；事实上我们听京调中的凡字，唱起来乃是介乎变徵 fi 与婴角 fa 之间的一个音，比较还离 fa 近、离 fi 远。这个音充满了中国式的情绪，虽然通常只作辅助音用，听了觉得有一种特殊的美感，是西洋音乐里没有的。我们检查昆曲北曲中转调的地方（京调与昆曲南曲是没有转调的），虽然不写明转调，总喜欢拿凡字作 do 用，拿上尺作 sol la 用，拿六五作 re mi 用。凡字音离工字较近，离六字较远的假定（近 fa 的假定），与这种转调法是符合的。甚至乙字，也有离五字比离上字近的倾向，时常作 ti，有时也作嘤羽 te 用。可见凡、乙两字是代表两个经过音，没有十分严格的音值的。我们若将凡字与工字六字的距离，乙字与五字上字的距离，都规定为相等就成为一个全音的四分之三，这样七音的关系，我们若从尺字数起，就与近代波斯、亚剌伯的"主调"组织完全相同了（参看王君书中的"补记"），这是很有趣味的事。

　　以上所说，都是补充王君原书的话。读者必须参阅原书，才能完全明白。

　　　　　　　　（《清华学报》第 11 卷第 1 期，1936 年 1 月。）

作者论著目录

专 著

墨经的逻辑学 中国社会科学出版社，1980 年 9 月。

沈有鼎文集 人民出版社，1992 年 10 月。

合 著

逻辑通俗读本 金岳霖等著，中国青年出版社，1962 年初版。

形式逻辑简明读本（修订本） 中国青年出版社，1983 年第 3 版。

论 文

On Expressions（**论表达式**）《哲学评论》第 6 卷第 1 期，1935 年 3 月。张尚水中译，《沈有鼎文集》。

On Finite Systems（**论有穷系统**） 《清华学报》第 10 卷第 2 期，1935 年 4 月。张清宇中译，《沈有鼎文集》。

评《东西乐制之研究》 《清华学报》第 11 卷第 1 期，1936 年 1 月。

周易卦序骨构大意 《北京晨报》"思辨"专刊第 36 期，1936 年 5 月 6 日第 11 版。

周易卦序分析 《哲学评论》第 7 卷第 1 期，1936 年 9 月。

论自然数 《哲学评论》第 7 卷第 2 期，1936 年 12 月。

中国哲学今后的开展 《哲学评论》第 7 卷第 3 期，1937 年 3 月。

真理底分野　《哲学评论》第 7 卷第 4 期，1940 年。

语言、思想与意义　《哲学评论》第 8 卷第 3 期，1943 年。

意义的分类　《哲学评论》第 8 卷第 6 期，1944 年 3 月。

《周易》释词　《清华学报》第 15 卷第 1 期，1948 年 10 月。

Paradox of the Class of All Grounded Classes（所有有根类的类的悖论）　The Journal of Symbolic Logic, Vol. 18, No. 2, June 1953. U. S. A.（《符号逻辑杂志》第 18 卷第 2 期，1953 年 6 月，美国。）张清宇中译，《沈有鼎文集》。

Two Semantical Paradoxes（两个语义悖论）　The Journal of Symbolic Logic, Vol. 20, No. 2, June 1955. U. S. A.（《符号逻辑杂志》第 20 卷第 2 期，1955 年 6 月，美国。）张清宇中译，《沈有鼎文集》。

评《墨家的形式逻辑》《人民日报》1957 年 2 月 23 日。

初基演算　《数学学报》第 7 卷第 1 期，1957 年 3 月。

论"思维形式"和形式逻辑《光明日报》1961 年 11 月 10 日。

唯物主义者培根如何推进了逻辑科学　《培根哲学思想》，商务印书馆，1961 年。

《指物论》句解　《光明日报》1963 年 1 月 18 日。

《公孙龙子》的评价问题《哲学研究》1978 年第 6 期。

公孙龙考（一）　《哲学研究丛刊·中国哲学史论文集》（第一辑），山东人民出版社，1979 年。

A " Natural " Enumeration of Non-Negative Rational Numbers（非负有理数的一个"自然"枚举）The American Mathematical Monthly, Vol. 87, No. 1. January 1980. U. S. A.（《美国数学月刊》第 87 卷第 1 期，1980 年 1 月，美国。）张清宇中译，《沈有鼎文集》。

"纯逻辑演算"中不依赖量词的部分　《数学学报》第 24 卷第 5 期，1981 年 9 月。

谈公孙龙　《全国逻辑讨论会论文选集》（1979），中国社会科学出版社，1981 年。

评庞朴《公孙龙子研究》的《考辨》部分　《中国哲学史研究集刊》，上海人民出版社，1982 年。

序伍非百《中国古名家言》
伍非百：《中国古名家言》，中国社会科学出版社，1983年。

论《墨经》四篇之编制　同上。

《墨子经上、下》旁行本始于何时？　《逻辑学论丛》，中国社会科学出版社，1983年10月。

《墨经》中有关原始诡辩说的一个材料　《社会科学战线》1984年第2期。

《公孙龙子》考　《中国哲学史研究》1989年第3期。

手　稿

The Dialecticians' Paradoxes of Ancient China（中国古代辩者的悖论）　《沈有鼎文集》，人民出版社，1992年。涂又光中译，《沈有鼎文集》。

《墨经》中有关"不定称判断的争论"　同上。

论原始"离坚白"学说的物理性质　同上。

公孙龙"二无一"诡论原文和今译的对照　同上。

现行《公孙龙子》六篇的时代和作者考　同上。

A Calculus of Individuals and Truth-Values（个体与真值的演算）
中国社会科学院哲学所逻辑室编：《摹物求比》，社会科学文献出版社，2000年2月。张清宇中译，中国社会科学院哲学所逻辑室编：《理有固然》，社会科学文献出版社，1995年8月。

有关三段论的几个问题　中国社会科学院哲学所逻辑室编：《摹物求比》，社会科学文献出版社，2000年2月。

模态与数理逻辑　同上。

现行《公孙龙子》的主要论题及三个公孙龙　同上。

关于因明的三张图表　同上。

Theory of Simple Type（简单类型论）　同上。

给全国首届因明学术研讨会的贺信　同上。

听讲者记录

关于周延问题　中国社会科学院哲学所逻辑室编：《摹物求比》，社会科学文献出版社，2000年2月。

论模态　同上。

在金岳霖学术思想讨论会上的发言　同上。

书　信

牛津来书　中国社会科学院哲学所逻辑室编：《摹物求比》，社会科学文献出版社，2000年2月。

致王浩的信件　《沈有鼎文集》，人民出版社，1992年10月。

作者年表

1908 年

11 月 25 日，生于上海市。

1915 年

是年，入上海第二师范附小读
书。

1921 年

是年，入上海南洋大学附中读
书，对逻辑学发生兴趣，对《易
经》的哲学价值也很有体会。

1925 年

秋，入清华大学哲学系学习，
是该系的第一届学生。沈晚年说：
"老师金岳霖、同学陶燠民和我三
人有共同创立清华哲学系的荣誉。
从后来的发展和成就来看，这样的
荣誉我和陶燠民实在担当不起。这
完全是金先生一个人的功劳。"他
对数理逻辑深入思考，颇多收获；

他钻研康德哲学，对佛家哲学也很
有信心。

1929 年

是年，从清华大学毕业。

同年，考取公费留美，在哈佛
大学谢弗和怀德海指导下进行学习
和研究。曾用数理逻辑处理复杂的
模态问题。

1931 年

是年，获哈佛大学硕士学位。

同年，赴德国，在海德堡大学
从事研究工作。

1932 年

是年，在德国弗赖堡大学海德
格尔指导下，从事研究工作。

1934 年

是年，回国，在清华大学哲学
系任教。

是年，由金岳霖介绍参加中国哲学会。

1935 年

3 月，在《哲学评论》发表 *On Expressions*，对精确语言的逻辑结构作了解析。

是年，晋升为清华哲学系教授，指导研究生。

1936 年

1 月，在《清华学报》发表评王光祈《东西乐制之研究》的文章。赵元任认为此文很深，许多专家都不一定看得懂。

秋，殷福生到北平投奔金岳霖求学，沈经常指导殷学习逻辑。

9 月，在《哲学评论》发表《周易卦序分析》。胡世华认为这是《易经》卦序的真正科学的研究。李学勤撰文，称沈文是"中外最短的现代哲学论文"，是对《周易》研究的"一大贡献"，实在是"意味深长"。

1937 年

1 月，在南京召开的第三届中国哲学会年会上宣读《中国哲学今后的开展》论文，预言"哲学在中国将有空前的复兴，中华民族将从哲学的根基找到一个中心思想，足以扶持中国民族的更生。"贺麟认为沈说出了"非卓有见地的人不敢说的话"。

7 月，随清华大学师生南下。

10 月，在长沙临时大学哲学心理教育系任教，讲授数理逻辑、形上学。

11 月，闻一多作诗嘲戏哲学家："惟有哲学最诡恢，金公眼罩郑公杯，吟诗马二评红袖，占卜冗三用纸枚。""冗三"即沈。

1938 年

曾试为西南联合大学校歌谱曲。

1939 年

4 月，随长沙临时大学师生转到云南昆明，在西南联大哲学心理系任教，讲授维特根斯坦哲学、逻辑原理和周易哲学。

1940 年

是年，讲授形上学和德国哲学名著选读。

1941 年

是年，讲授逻辑问题、胡塞尔原著习读。

1942 年

是年，讲授形上学、维特根斯坦、晚周辩学。

1944 年

11 月，中国哲学会昆明分会

召开讨论会。洪谦批评冯友兰的新理学之基本命题不如玄学富有诗意。沈与金岳霖发言为冯"解围"，形成一场"有趣的辩诘"。

是年，讲授形上学、逻辑问题、易传与易学。

1945 年

8 月，贺麟在《当代中国哲学》书稿中称沈为国内对西洋数理逻辑"有相当深的研究"的学者之一。

是年，讲授形上学、哲学德文习读。

是年，赴英国牛津大学访问，旁听哲学课程，自习希腊文，读 Aeschylus 的 *Prometheus Bound* 和 Plato 的 *Apology*，*Crito*，*Phaedo*。他很欣赏英国学者辩论时引经据典、不伤感情的作风。

1947 年

是年，应 Hughes 的请求，为英译冯友兰《新论道》写书评。因为不同意冯的一些说法，结果完成了自己关于"辩者"的一篇文章。

1948 年

是年，从牛津回国，继续在清华大学哲学系任教。

1952 年

4 月，金岳霖在一篇自我批评的文章称沈"在概念游戏方面有特别的能力"。

10 月，高等学校院系调整，到北京大学哲学系任教。据汪子嵩回忆，当年北大哲学系逻辑组是"学术辩论最热烈的地方"，金岳霖、沈有鼎、周礼全"祖孙三代是其代表"。

1953 年

6 月，*Paradox of the Class of All Grounded Classes* 在美国《符号逻辑杂志》发表，有学者称此为"沈氏悖论"。

1954 年

5 月，开始在《光明日报·哲学研究》副刊连载《墨辩的逻辑学》一文，至 1956 年结束。胡绳曾建议将此文印成单行本。

1955 年

9 月，调到中国科学院哲学研究所工作。

11 月，哲学所成立逻辑研究组，沈到逻辑组工作。

1956 年

是年，在哲学所评为研究员 4 级。

是年，撰《论三段论第四格》，打印出来征求意见，未发表。

1957 年

据沈说，曾对《墨辩的逻辑学》加以扩充至十五万字左右，后来送中华书局准备出版。据书局说，这部书稿送给专家审读，至今不知下落。

1959 年

是年，同金岳霖等编写《逻辑通俗读本》，撰《论证》一章。

1960 年

春，参加金岳霖领导的《逻辑》一书的编写工作。

5 月，随哲学所科研人员到东北三省参观学习。

是年，研究康德哲学，曾用英文撰写论文，未完。

1961 年

4 月，在"纪念培根诞生 400 周年学术讨论会"上作《唯物主义者培根如何推进了逻辑科学》的报告。后由梁存秀推荐，在中国科技大学就此题目做过讲演。

秋，陈正英、孙中原来逻辑组进修，沈讲墨经逻辑。

是年，指导张尚水、倪鼎夫学习希尔伯特和阿克曼的《数理逻辑基础》，亲自讲授高阶逻辑部分。

1963 年

1 月，在《光明日报》发表

《〈指物论〉句解》一文。哲学所中国哲学史组曾集体学习该文。

是年，与王淑媛女士结婚。金岳霖以逻辑研究组同仁名义设席丰泽园为新人贺喜。

是年，指导周礼全、张尚水、诸葛殷同、宋文淦等学习 Church 的 *Introduction to Mathematical Logic* 一书。

1965 年

8 月，参加哲学所逻辑组关于逻辑学如何为五亿农民服务问题的讨论，并积极要求到农村去调查农民学逻辑的情况。

1966 年

是年，"文革"开始，沈仍默默研究中国数学史和天文学史问题。

1968 年

12 月，工人、解放军毛泽东思想宣传队进驻中国科学院哲学社会科学部。根据宣传队的要求，沈到哲学所集中吃住，参加运动。

1969 年

1 月，因提出某"最高指示"中的一个标点用得不对，被批判。而沈却在一片口号声中睡着了。

1970 年

5 月，随哲学所人员一起赴河

南息县谢寨大队走"五七"道路，在菜园参加劳动。

干校期间，李泽厚常常同沈讨论康德。

1971 年

年底，返京，回所参加学习。

1972 年

7 月，在金岳霖家会见第一次回国的国际著名数理逻辑学家王浩。从此两人通信讨论学术问题。以后王浩每次到京也必见沈师。

冬，应哲学所一些学者的请求，讲亚里士多德的《工具论·论辩篇》。

1973 年

5 月，应邀在哲学所逻辑组讲《古典逻辑的周延问题》。

6—7 月，讲《模态问题》、《工具论·论辩篇》。

1974 年

与王浩在通信中讨论有关数学、模态等问题，并评价柏克霍夫、歌德尔、胡塞尔、康德、休谟以及王浩的《从数学到哲学》。

据杨向奎回忆，70 年代，曾同沈、刘绍光在陶然亭茶馆"谈"数学、物理、逻辑、哲学、爱因斯坦、普朗克、罗素等。

1975 年

5 月，在致王浩的信中称自己是"唯名论"的立场，不是清华逻辑实在派。

10—12 月，在哲学所逻辑组讲《先秦名辩思想》（5 次）。

1976 年

7 月，在哲学所讲《命题演算的 8 种范式》（两次）。

8 月，在致王浩的信中说：过去认为康德哲学是最哲学的哲学，现觉得康德的清楚比起托马斯、笛卡儿、莱布尼茨来差得太远太远。

1977 年

1 月，在哲学所逻辑组讲《几个有关逻辑的认识的重要概念》（两次）。

12 月，参加北京地区逻辑工作者座谈会，讨论逻辑学发展规划。

1978 年

4—6 月，在哲学所逻辑室讲《公孙龙子》，对该书逐篇逐段做了解说。

5 月，参加全国逻辑讨论会，提交《〈公孙龙子〉的评价问题》论文。

8 月，致函王浩，谈构造性数学，认为"这是我最宝贵的思想，恐怕不易使人了解"。

8月，中共中央批准创建中国社会科学院研究生院，聘沈为研究生导师。

10月，张清宇、郭维德、巫寿康、王小平、李树琦考取沈的硕士研究生，张、郭为数理逻辑方向，巫、王、李为中国逻辑史方向。周芜从人民大学转到哲学所，由沈代培。

是年，林邦瑾、浦其瑾请沈指导制约逻辑研究。

1979 年

1月，参加京津地区逻辑工作者座谈会，讨论逻辑发展规划。

8月，参加第二次全国逻辑讨论会，提交《谈公孙龙——兼论〈墨辩〉三派》论文。会上成立中国逻辑学会，沈被推选为理事。

9—12月，在逻辑室为研究生讲《墨经的逻辑学》。

是年，继续指导林邦瑾等研究制约逻辑。

1980 年

1月，继续讲《墨经的逻辑学》。

1月，*A "Natural" Enumeration of Non-Negative Rational Numbers* 在《美国数学月刊》发表后，英国学者 Fisher、加拿大学者 Liberman 等曾来函向作者索取论文。

9月，《墨经的逻辑学》由中国社会科学出版社出版。

10月，哲学所《科研通讯》发表署名文章，称《墨经的逻辑学》"把《墨经》逻辑的研究工作提高到一个新的水平"。

11—12月，在哲学所逻辑室讲《惠施、公孙龙》。

12月，任中国逻辑史研究会顾问。

是年，应中国社会科学出版社邀请，审读伍非百《中国古名家言》书稿，并为之作序，认为作者"以敏锐的眼光，紧紧抓住了逻辑学和其他学问所不同的特点，因此不囿于俗见，对古书时有独创的新解"。

1981 年

1月，继续讲《惠施、公孙龙》。

1月12日，人民日报发表吴家珣、刘培育文章《读沈有鼎〈墨经的逻辑学〉》，肯定《墨经的逻辑学》使《墨经》有关的文字"能够读懂了"，许多地方有了"确解"，同时展现了"《墨经》的逻辑体系"。

3—6月，应邀为北京师范大学逻辑研究生班和进修教师讲授中国逻辑史课程。

6月，沈的硕士研究生张清宇、郭维德、巫寿康、王小平、李树琦和代培生周芜通过论文答辩毕业。

7月，在致王浩的信中称自己和金老（岳霖）一样是"蜘蛛结网派"。

10月，经国务院学位委员会第三次会议通过，沈为博士生导师。

11月，温公颐致函哲学所，称《墨经的逻辑学》"融会贯通对《墨经》作出系统的分析，这是难能可贵的"。

1982年

7月，偕夫人参加中国伦理史研究座谈会。会间，悉钱耕森翻译了冯友兰1934年出席布拉格"第8次国际哲学会"用英文撰写的论文 *Philosophy in Contemporary China*，遂索读，做了多处改正，并签沈有鼎校。

8月，参加数理逻辑讨论会，作《关于模态逻辑》的学术报告。会上成立符号逻辑研究会，沈任顾问。

10月，出席金岳霖从事科研和教学工作56周年庆祝大会。

11月，《中国哲学年鉴（1982）》在"新书选介"栏目介绍了沈的《墨经的逻辑学》。

1983年

3月，任《中国大百科全书·哲学》卷编委会委员。

6月，《中国哲学年鉴（1983）》介绍沈的生平和学术成果。

7月，为全国首届因明学术讨论会发贺信，称"因明的逻辑学是世界三大各自发展的文化中产生出来的具有各自特点的三个不同的逻辑学传统之一"，"科学地整理出这一由印度和中国共同创造的逻辑学传统的历史……是一项很有意义的促进四化的工作"。

9月，录取巫寿康为中国逻辑史方向的博士研究生。

10月，任中国逻辑学会第二届理事会顾问。

11月，任中国逻辑史研究会第二届理事会顾问。

12月，沈著《墨经的逻辑学》获哲学所（1976—1980）优秀科研成果一等奖，合著的《形式逻辑简明读本》（第3版）获二等奖。

1984 年

1 月,在讨论《中国大百科全书·哲学》卷"中国逻辑史"条目初稿时说,"逻辑史不是研究思维的形式及其规律的形成和发展的历史",而是"人类对(人类)思维的形式及其规律的(发现和)认识的发展过程"。

4—5 月,应邀为北京师范大学逻辑进修班讲授中国逻辑史专题课。

10 月,《逻辑与语言学习》第5 期发表王又今文章,称沈把对《墨经》的校勘和注释"提高到一个前所未有的高度"。

1985 年

3—6 月,在中国社会科学院哲学所举办的"因明与中西逻辑史讲习班"上讲授墨经逻辑。

4 月,致函刘培育,讨论对《墨经的逻辑学》一书的再修改问题,后来觉得工程太大而未作。

12 月,为"金岳霖学术思想讨论会"题词,称金岳霖是一位"独立思考的哲学家","朴素唯物,排众议,独嘉约翰森;太极本真,开讲座,思超怀德海"。沈在讨论会上发言,说他和金老在1949 年之前走的是"不同的哲学道路"。

是年,计划写一本关于逻辑模态和本体论模态的书,将自己的和西方的研究成果结合起来,给以批判的叙述和哲学意义的说明。

1986 年

3 月,为博士生巫寿康出毕业考试试题。基础课:试述《墨经》和公孙龙的关系;专业课:试述不成、不定、相违三种因过的大意。

3—4 月,约刘培育每周到沈家一次,听讲对《墨经》的新理解。

12 月,邀请刘培育、巫寿康、张清宇、诸葛殷同整理自己的著作。

年底,离休。

1987 年

7 月,任金岳霖学术基金会学术委员会顾问。

8 月,任中国逻辑学会第三届理事会顾问。

10 月,《中国大百科全书·哲学》卷(中国大百科全书出版社)专列"沈有鼎"条。

是年,沈的博士生巫寿康获博士学位。学位论文题目是《〈因明正理论〉研究》。

1988 年

5 月,《哲学大辞典·逻辑学》卷(上海辞书出版社出版)专列"沈有鼎"条。

7 月,任中国逻辑史研究会第三届理事会顾问。

1989 年

3 月 30 日,在北京逝世,享年 81 岁。

是年,《文史哲》第 6 期发表杨向奎《论沈有鼎》一文,称沈"是一位才华横溢的哲学家","其博学与机锋,谈经夺席,当代仅有"。

(刘培育整理)